JN294732

はじめて学ぶ 健康・スポーツ科学シリーズ 8

スポーツ医学【内科】

赤間 高雄 編

浅川　伸
伊東 和雄
内田　直
児玉　暁
坂本 静男
清水 和弘
曽根 博仁
夏井 裕明
難波　聡
渡部 厚一 著

化学同人

シリーズ刊行にあたって

「はじめて学ぶ 健康・スポーツ科学シリーズ」は，健康・スポーツ科学，体育系の大学や専門学校で学ぶ1，2年生が，その後に続く専門課程（コース）に進むために身につけておくべき知識をわかりやすくまとめた「教科書シリーズ」である．

スポーツが好きで大学や専門学校に入学しても，高等学校までの知識が不足していると入学後の講義が難しく感じられ，「夢」を諦めてしまう学生も少なくない．大学や専門学校での専門的な講義は，高校で学んだ保健体育の知識だけでなく，生物や物理といった人間の生命活動に関わる，幅広い基礎的知識が必要とされる．本シリーズでは，健康・スポーツ科学，体育系の大学や専門学校に入学した学生が「夢」を諦めることなく，意欲的に勉学に打ち込めるように，広範な基礎的知識を学びやすく構成し，基礎づくりのための教科書をそろえることをめざした．

わが国は世界でもまれな「長寿国」として知られている．健康で生き生きした生活をサポートする専門家としては，科学的な事実に基づく知識や経験を有することが必要条件である．健康・スポーツ科学，体育系で学ぶ学生の皆さんは，将来その分野の専門家として，国民の健康の維持・増進に大いに貢献していくことが期待される．

また，オリンピック・パラリンピック競技大会やワールドカップにおける選手の活躍は，私たちに夢と希望，感動を与えてくれる．世界で活躍する選手を指導するコーチは，競技力向上のために，健康・スポーツ科学の最新の知識に触れておくことが求められる．科学・技術の進歩によって，これまで知られていない驚くべき事実が明らかにされ，指導法やトレーニング法が一変されることも少なくないからである．

健康・スポーツ科学，体育系の専門課程は，人文社会科学，自然科学におけるさまざまな学問分野を複合的に学ぶ履修体系であるが，このシリーズは自然科学分野に絞って構成した．各巻の編集は，本シリーズの刊行に賛同いただき，それぞれの専門分野で中心的役割を担う先生方にお願いし，実際にその分野で活躍中の先生方に執筆していただくことができた．また学ぶ楽しさが味わえる写真や図表を豊富に取り入れ，各章ごとに学ぶポイントや役立つ知識，復習問題を掲載した．巻末には専門用語の解説や推薦図書を紹介しているので，ぜひ役立ててほしい．

この「教科書シリーズ」は，中学校や高等学校の保健体育教員，健康運動指導士，トレーニング指導士，アスレティック・トレーナー，障害者スポーツ指導者等の資格取得を目指す学生や一般の方々においても幅広く活用してもらえると信じる．本シリーズで学んだ知識を礎に，質の高い「専門家」として健康・スポーツ，体育系分野のさまざまな立場で活躍してくれることを期待している．

「はじめて学ぶ 健康・スポーツ科学シリーズ」
シリーズ編集委員一同

シリーズ編集委員

中谷　敏昭	天理大学体育学部教授	博士（医学）
鵤木　秀夫	兵庫県立大学経済学部教授	博士（学術）
宮西　智久	仙台大学体育学部教授	博士（体育科学）

執筆者

◎赤間　高雄	早稲田大学スポーツ科学学術院 教授 医学博士	1章,6章,8章
浅川　伸	公益財団法人日本アンチ・ドーピング機構 専務理事　博士（スポーツウェルネス学）	15章
伊東　和雄	有限会社マスターワークス 代表取締役 早稲田大学スポーツ科学学術院 講師（非常勤）	3章
内田　直	早稲田大学名誉教授 博士（医学）	14章
児玉　暁	新潟大学医歯学総合研究科 特任准教授 博士（スポーツ医学）	9章
坂本　静男	早稲田大学名誉教授 医学博士	5章,11章
清水　和弘	国立スポーツ科学センター スポーツ研究部 主任研究員 博士（スポーツ医学）	2章,12章
曽根　博仁	新潟大学大学院医歯学総合研究科 教授 博士（医学）	9章
夏井　裕明	日本女子体育大学体育学部 教授 博士（医学）	10章
難波　聡	埼玉医科大学医学部 准教授 医学博士	13章
渡部　厚一	筑波大学体育系 教授 博士（スポーツ医学）	4章,7章

（五十音順．◎印は編者）

はじめに

　2020年の東京オリンピック・パラリンピックの開催に向けて，スポーツ科学への関心はますます高まっています．「はじめて学ぶ　健康・スポーツ科学シリーズ」は，健康科学，スポーツ科学や体育を専攻する大学生が入門の教科書として利用できるように企画されました．

　本書『スポーツ医学【内科】』は，大学の半期の授業で使用することを前提に，15章の構成にしています．各章は，それぞれの専門領域について実際に大学で講義を行っている先生がたに執筆していただきました．1章は，ガイダンスとして，スポーツ医学（内科）で取り扱う範囲を紹介しています．2章と3章は，スポーツ医学（内科）において基本的な共通知識となる事項（メディカルチェック，健康管理，応急処置）について解説しています．4章から9章は，主要な器官系（呼吸器系，循環器系，消化器系，腎・泌尿器系，血液・免疫・アレルギー，内分泌代謝系）について，それぞれ1章ずつにまとめて説明しています．これらの章では，原則として，はじめに各器官系の解剖と生理のポイントを述べ，続いて，急性スポーツ障害，慢性スポーツ障害，アスリートのコンディショニングに重要な一般的疾患，そして，慢性疾患をもつ者の運動について解説しました．

　10章から15章は，スポーツ医学（内科）の分野でトピックスとして取り扱うべき事項を取りあげています．10章は，スポーツ活動に伴う障害として頻度の高い皮膚の障害をまとめています．11章では，致死的になり得るスポーツ障害として重要な熱中症について解説しています．12章は，アスリートのコンディショニングに重要な疲労について，そのメカニズムや評価，オーバートレーニング症候群などを説明しています．13章は，スポーツ医学分野で取り扱う事項のうち，女性に特有な問題をまとめました．近年，女性アスリートの活躍が注目されており，女性スポーツ医学は重要性を増しています．14章は，スポーツ活動における精神医学的問題について解説しています．最後の15章は，スポーツ医学において主要な領域の1つとなってきたアンチ・ドーピングについて，国際的動向を含めてまとめました．

　本書は図を多く掲載し，スポーツ科学を学ぼうとする学生にとって，わかりやすい教科書になるように作成しました．本書がスポーツ科学の入門書として，多くの学生に利用されることを願っています．

2014年3月

編者　赤間高雄

目次

1章 スポーツ医学（内科）とは ... 1

① スポーツと医学 ... 2
(1) 病気の原因と発症　2
(2) スポーツ障害とは　3
(3) 病気の環境要因はストレッサーでもある　3
(4) 体力とストレス　4

② スポーツ医学（内科）で取り扱うこと ... 6
(1) 競技スポーツにおけるスポーツ医学（内科）　6
(2) 生涯スポーツにおけるスポーツ医学（内科）　10

復習トレーニング ... 12

2章 メディカルチェックと健康管理 ... 13

① アスリートのコンディショニング ... 14
(1) 「コンディショニング」とは？　14
(2) アスリートにおけるコンディショニング　15

② アスリートの健康管理とメディカルチェック ... 17
(1) 健康管理体制　17
(2) メディカルチェック　18

③ 生涯スポーツにおけるメディカルチェック ... 22

復習トレーニング ... 27

3章 スポーツ現場の応急処置 ... 29

① 意識障害 ... 32
(1) 徴候，症状　32
(2) 応急手当：チンリフト（頭部後屈あご先挙上法）　32
(3) 回復体位（リカバリーポジション）　34

② 心肺蘇生 ... 34
(1) 胸骨圧迫の方法　34
(2) 人工呼吸の方法　35
(3) AED（自動体外式除細動器）の使用方法　35
(4) 心肺蘇生と AED 使用の手順　36

③ 全身けいれん ... 37
(1) 徴候，症状　37
(2) 応急手当　37

④ ショック ... 38
(1) 徴候，症状　39
(2) 応急手当　39

⑤ 呼吸困難 ... 40

復習トレーニング ... 41

4章　呼吸器系　43

① スポーツ活動と呼吸器系：解剖と生理のポイント……44
- (1) 呼吸器系の構造と機能　44
- (2) 運動と酸素運搬　44

② 急性スポーツ障害……45
- (1) 過換気症候群　45
- (2) 気胸　46
- (3) 高山病，高地肺水腫　47
- (4) 水死，溺死　48

③ 慢性スポーツ障害：気管支喘息……48

④ アスリートのコンディショニングに重要な一般的疾患……50
- (1) 上気道感染症　50
- (2) 気管支喘息　52

⑤ 慢性呼吸器疾患をもつ者の運動……52
- (1) COPD　52
- (2) 呼吸リハビリテーション　53

復習トレーニング……54

5章　循環器系　55

① スポーツ活動と循環器系：解剖と生理のポイント……56

② 突然死……57
- (1) はじめに　57
- (2) スポーツにおける内因性突然死：非競技スポーツ選手と競技スポーツ選手での違い　58
- (3) 最近の競技スポーツ選手での突然死の原因　60
- (4) スポーツに関連した突然死のメカニズム　62
- (5) スポーツのためのメディカルチェック（スクリーニング）　62

③ スポーツ心臓……65

④ 慢性循環器疾患をもつ者の運動：虚血性心疾患……67

復習トレーニング……69

6章　消化器系　71

① スポーツ活動と消化器系：解剖と生理のポイント……72
- (1) 消化器系の構成　72
- (2) 小腸における栄養素の消化吸収　74
- (3) スポーツ活動が消化器系に与える影響　74

② 急性スポーツ障害……76
- (1) 腹痛　76
- (2) 下痢　76
- (3) 消化管出血　77

③ 脂肪肝……77

④ アスリートのコンディショニングに重要な一般的疾患：旅行者下痢症……77

⑤ 慢性肝疾患をもつ者の運動……78

復習トレーニング……79

7章　腎・泌尿器系　81

1. スポーツ活動と腎・泌尿器系：解剖と生理のポイント……………… 82
   (1) 腎・泌尿器系の構造と機能　82
   (2) 運動と腎機能　82
2. 急性スポーツ障害……………………… 83
   (1) 急性腎不全　83
   (2) 電解質異常　84
   (3) 赤色尿　84
3. 運動性タンパク尿……………………… 86
4. 慢性腎疾患をもつ者の運動………… 87

復習トレーニング…………………………… 88

8章　血液，免疫，アレルギー　89

1. スポーツ活動と血液，免疫，アレルギー：解剖と生理のポイント……… 90
   (1) 血液，免疫，アレルギーの概要　90
   (2) スポーツ活動が血液，免疫，アレルギーに与える影響　94
2. 急性スポーツ障害……………………… 95
   (1) 運動誘発アナフィラキシー　95
3. 慢性スポーツ障害：貧血……………… 97
   (1) 定義と原因　97
   (2) 症状と治療，予防　98
4. アスリートのコンディショニングに重要な一般的疾患：花粉症………… 99
   (1) 原因と症状　99
   (2) 治療　100
5. 慢性疾患をもつ者の運動：HIV感染症……………………………… 101
   (1) 原因　101
   (2) 治療　101

復習トレーニング…………………………… 102

9章　内分泌代謝系　103

1. スポーツ活動と内分泌代謝系：解剖と生理のポイント………………… 104
   (1) スポーツ活動とエネルギー代謝　104
   (2) スポーツ活動と内分泌系　106
   (3) 継続的な運動トレーニングによる内分泌代謝への影響　108
2. 急性スポーツ障害：低血糖，脱水症………………………………… 109
   (1) 運動性低血糖　109
   (2) 脱水症　111
3. 慢性スポーツ障害：高尿酸血症…………………………………… 113
4. 慢性疾患をもつ者の運動：糖尿病，脂質異常症……………………… 114
   (1) 糖尿病　114
   (2) 脂質異常症　117

復習トレーニング…………………………… 119

10章 皮膚　　*121*

❶ スポーツ活動と皮膚：解剖と生理のポイント……………………… *122*
- (1) 皮膚は人体最大の臓器である　*122*
- (2) 皮膚の基本構造　*122*
- (3) 皮膚付属器の構造　*124*
- (4) 皮膚の多彩な機能　*125*
- (5) 皮膚のタイプ　*126*

❷ アスリートに多い皮膚疾患……… *127*
- (1) 日焼け　*127*
- (2) たこ，うおのめ　*128*
- (3) 靴ずれ，まめ　*129*
- (4) あせも（汗疹）　*129*
- (5) 水虫　*129*
- (6) 巻き爪，爪の血豆　*130*
- (7) テープかぶれ　*131*
- (8) 日常のスキンケア　*131*

復習トレーニング…………………………… *132*

11章 スポーツ活動と熱中症　　*133*

❶ 体温維持の機構……………… *134*
❷ 熱中症の発生メカニズム………… *134*
❸ 熱中症の発生状況………………… *135*
- (1) 熱中症死亡事故の現状　*135*
- (2) 学校における熱中症死亡事故の状況　*135*

❹ 熱中症の予防対策………………… *137*
- (1) 熱耐容能について　*137*
- (2) 暑熱環境の判定とスポーツ実施許可　*138*
- (3) 暑熱環境下でのスポーツ実施時に行うべきこと　*138*

❺ 熱中症発生時の救急処置………… *138*

復習トレーニング…………………………… *141*

12章 スポーツ活動と疲労　　*143*

❶ 疲労のメカニズム………………… *144*
- (1) ホメオスタシスとストレス，急性疲労　*144*
- (2) 自律神経系，内分泌系，免疫系および慢性疲労　*145*

❷ コンディショニングにおける疲労の評価…………………… *146*
- (1) 自己評価記録　*147*
- (2) 自律神経系指標　*149*
- (3) 免疫系指標　*150*
- (4) 内分泌系指標　*151*
- (5) 疲労評価法　*152*

❸ オーバートレーニング症候群…… *153*

復習トレーニング…………………………… *155*

13章 女性スポーツ医学　　*157*

❶ スポーツ活動と月経……………… *158*
- (1) 月経とは　*158*
- (2) 月経周期と月経随伴症状　*160*
- (3) 月経周期とパフォーマンス　*160*
- (4) スポーツによる月経異常　*162*
- (5) 無月経に続発する問題点　*163*

❷ 妊娠とスポーツ…………………… *165*
- (1) 妊婦スポーツ　*165*
- (2) 妊婦スポーツを行うための条件　*166*
- (3) 妊婦スポーツの効果　*168*
- (4) メディカルチェック　*169*

❸ 中高年女性の生涯スポーツ……… *170*
- (1) 中高年女性のスポーツ活動の意義　*170*
- (2) スポーツの種類，中高年者に適したスポーツ　*171*
- (3) スポーツを行う場合の注意点　*172*
- (4) 中高年女性スポーツの実際　*173*

復習トレーニング…………………………… *174*

14章 スポーツ精神医学　175

❶ うつ病 ……………………………… *176*
- (1) うつ病の診断　*177*
- (2) うつ病の原因　*177*
- (3) アスリートとうつ病　*177*
- (4) うつ病の予防と治療　*178*
- (5) 競技復帰へのポイント　*179*

❷ オーバートレーニング症候群 …… *180*

❸ 睡眠障害 …………………………… *181*
- (1) 精神生理性不眠症　*181*
- (2) 睡眠不足症候群　*182*
- (3) 睡眠時無呼吸症候群　*183*

❹ パニック障害 ……………………… *183*

❺ 摂食障害 …………………………… *185*
- (1) 神経性無食欲症　*185*
- (2) 神経性大食症　*186*
- (3) アスリートにみられる摂食障害　*186*

復習トレーニング …………………………… *188*

15章 アンチ・ドーピング　189

❶ スポーツとドーピング …………… *190*
- (1) ドーピングとは？　*190*
- (2) ドーピング防止機関の設立　*190*
- (3) WADA Code とは　*193*

❷ ドーピング防止活動への公的機関の関与 ……………………… *195*
- (1) UNESCO 国際規約　*195*
- (2) スポーツにおけるドーピングの防止に関するガイドライン　*196*
- (3) スポーツ基本法とスポーツ基本計画　*197*

❸ ドーピング防止教育啓発および情報提供活動 …………………………… *198*
- (1) 日本の「ドーピング防止規則違反」の現状　*199*
- (2) 「ドーピング防止規則違反」が発生した場合　*199*
- (3) 「うっかりドーピング」を防止するために　*200*

復習トレーニング …………………………… *201*

参考文献 ……………………………………… *203*

推薦図書 ……………………………………… *207*

用語解説 ……………………………………… *209*

索　引 ………………………………………… *213*

復習トレーニングの解答は，小社ホームページに掲載されています．
→ http://www.kagakudojin.co.jp/

1章 スポーツ医学（内科）とは

1章のPOINT

- ◆ スポーツ医学（内科）は，競技スポーツ活動におけるアスリートのコンディションに関係する医学的問題（内科的スポーツ障害と一般的疾患）と，健康増進のための生涯スポーツ活動における医学的問題を対象にする．
- ◆ 病気の原因は遺伝要因と環境要因に分けることができ，環境要因はストレッサーと考えられる．
- ◆ スポーツ障害の発症にはスポーツ活動に関連した環境要因が大きく関わる．急性の内科系スポーツ障害には突然死や熱中症など，慢性の内科系スポーツ障害には貧血やオーバートレーニング症候群などがある．
- ◆ 生涯スポーツにおいては，生活習慣病の治療と予防のための運動処方，慢性疾患を有する者のスポーツ活動の可否が問題となる．

1 スポーツと医学

医学は病気や怪我の診断・治療・予防を研究して，ヒトに対して実践する学問領域である．**スポーツ医学**は，スポーツに関連する病気や怪我を対象にした医学という意味の専門分野の名称である．

スポーツ医学のうち，スポーツ活動に伴う怪我や故障を対象にする外科系を**スポーツ医学（外科）**といい，スポーツ活動に伴う病気を対象にする内科系を**スポーツ医学（内科）**という．

（1）病気の原因と発症

一般に病気の原因は遺伝要因と環境要因の2つに大別され，ほとんどの病気には両方の要因が関係している．

遺伝要因というと，遺伝病のような特別な病気だけが関係していると考えがちだが，「ある病気になりやすい体質」と考えれば，多くの病気に該当することがわかるだろう．たとえば，高血圧や糖尿病は遺伝要因が関係するので，高血圧になりやすい家系や糖尿病になりやすい家系が存在する．多くの病気は，その人にもともと存在する遺伝要因にプラスして，さまざまな環境要因が累積し，ある限界まで達すると病気が発症すると考えられる（図1.1a）．

環境要因は，急激に蓄積されると急性発症し，環境要因の蓄積がゆっくり進めば徐々に発症すると考えられる．急性発症の例としては，インフルエンザがある．インフルエンザは，病原体のインフルエンザウイルスが鼻やのどの粘膜に侵入して急速に増殖し，1〜2日で発症する．また，徐々に発症する疾患の例としては，**2型糖尿病**があげられる．2型

(a) 一般的な病気の発症　　(b) 生活習慣病の発症　　(c) スポーツ障害の発症

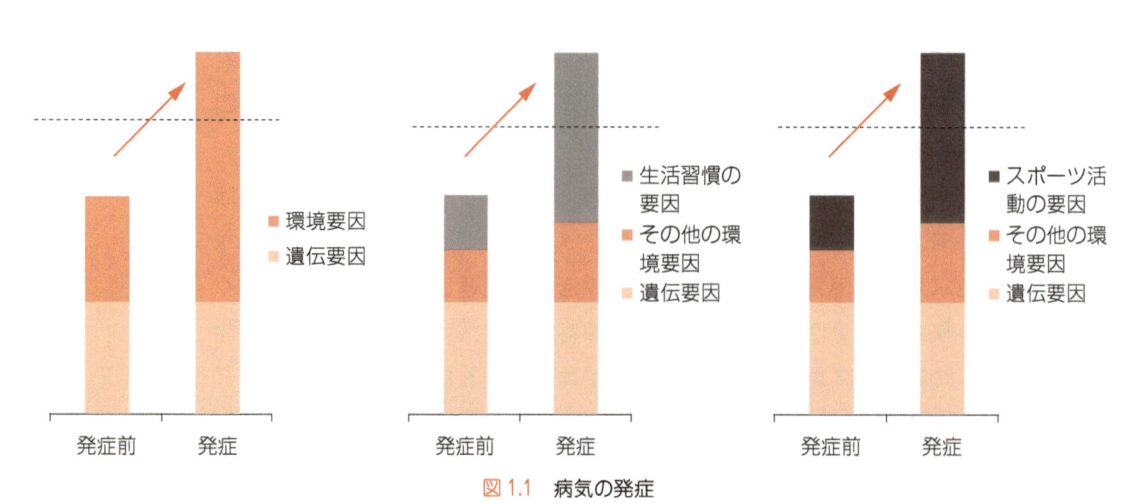

図1.1　病気の発症

糖尿病は，もともとその人がもっている遺伝要因に加えて，食べすぎや運動不足などの環境要因が何年も続くと，ほとんど自覚症状なく，いつの間にか発症する．

病気の環境要因として，運動習慣（運動不足），食習慣（食べすぎ），飲酒や喫煙などの嗜好品などがあり，これらの生活習慣がとくに関わる疾患を**生活習慣病**という（図 1.1b）．生活習慣病には，がん，脳血管疾患，心臓病，2 型糖尿病，高血圧，高コレステロール血症（脂質異常症），高尿酸血症などがある．

（2）スポーツ障害とは

スポーツ活動に関連した環境要因（運動，疲労，暑熱など）が大きく関与する病気を**スポーツ障害**と呼び（図 1.1c），そのなかの内科系の病気を**内科系スポーツ障害**という．

スポーツ障害は急性スポーツ障害と慢性スポーツ障害に分類される．スポーツ障害の発症にはスポーツ活動が密接に関わっているので，スポーツ障害の診断，治療，予防にはスポーツ活動に関する詳細な情報が必要になる（表 1.1）．スポーツ障害の治療や予防のためには，スポーツ障害の環境要因となるスポーツ活動内容について修正や改善を検討しなければならない．

（3）病気の環境要因はストレッサーでもある

病気の原因としての環境要因は，さまざまなストレッサーと考えることができる．**ストレッサー**とは，おもに体外から作用して体内にストレスを引き起こすものという意味である．

表 1.1　スポーツ障害の診断，治療，予防に必要な情報

- 問診項目
    - 現病歴（いつから，どのような症状）
    - 既往歴，家族歴
    - 職業，住所
    - スポーツ活動関係
        - 競技，種目，ポジション
        - 練習方法（量，質，休養）
        - 練習環境（施設，用具）
        - 指導者（指導方法）
        - 栄養
- 診察所見
- 検査結果
    - 尿，血液，X 線，など

ヒトの体は約60兆個の細胞から成り立っており，細胞1個1個が生きていることでヒトが健康に生きていける（図1.2）．細胞が生きている体内の環境（内部環境：温度，pH，栄養分，電解質，酸素，水など）は，細胞が生きるのに適した一定の状態に保たれている（内部環境の恒常性，**ホメオスタシス**．図1.3）．

ストレッサーは体内の環境の恒常性を乱すもので，ストレッサーによって内部環境の恒常性が崩れると，それをもとの状態に戻そうという反応が起こる．ストレッサーによって引き起こされた内部環境の恒常性の乱れと，それに対する反応を**ストレス**という（図1.4）．

ストレスというと，不安や緊張などの心理的なストレスのみを考えがちだが，ストレスにはもっと多くの種類があり，ストレッサーの種類によって分類することができる．ストレッサーは，寒冷，暑熱，あるいは化学物質などの**物理化学的ストレッサー**，細菌やウイルスなどの**生物的ストレッサー**，運動，空腹，不眠などの**生理的ストレッサー**，不快や恐怖などの**精神的ストレッサー**に分類できる（表1.2）．

（4）体力とストレス

ストレッサーに反応して内部環境のホメオスタシスを維持する力は体力の一部とも考えられ，防衛体力と呼ばれる．体力は行動体力と防衛体力とで構成され，**行動体力**は運動する能力で体力テストによって測定される筋力や持久力などの体力であり，**防衛体力**は，さまざまなストレッサーに対する抵抗力で，健康なコンディションを維持する能力である（表1.3）．病気に負けない体力をつけたい，あるいは，体力が落ちて病気になったという場合の体力が防衛体力である．

> **知っておくと役に立つ！**
> **行動体力と防衛体力**
> 行動体力は体力テストで測定する運動能力であり，防衛体力はさまざまなストレスに抵抗して健康なコンディションを維持する能力である．防衛体力は内分泌系・自律神経系・免疫系が担っており，適度なストレス刺激によって向上させることができる．

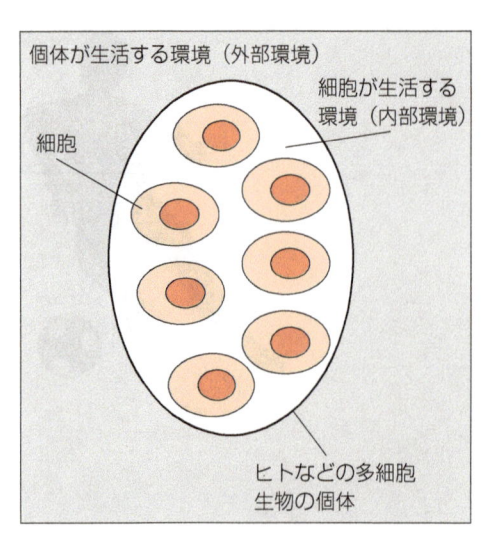

図1.2 多細胞生物の外部環境と内部環境

表1.2 病気の環境要因：ストレッサーの分類

・物理化学的ストレッサー
　寒冷，暑熱，低酸素，高酸素，低圧，高圧，振動，化学物質など

・生物的ストレッサー
　細菌，ウイルスなど

・生理的ストレッサー
　運動，空腹，口渇，不眠，疲労，時差など

・精神的ストレッサー
　不快，苦痛，恐怖，不満など

表 1.3 体力の分類

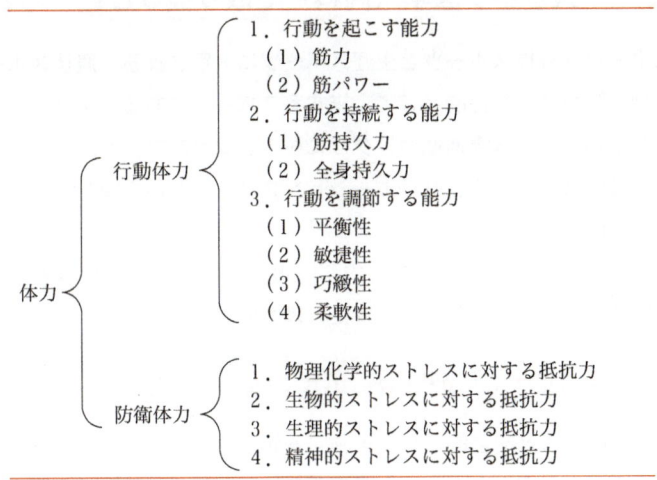

体力
- 行動体力
  - 1．行動を起こす能力
    - （1）筋力
    - （2）筋パワー
  - 2．行動を持続する能力
    - （1）筋持久力
    - （2）全身持久力
  - 3．行動を調節する能力
    - （1）平衡性
    - （2）敏捷性
    - （3）巧緻性
    - （4）柔軟性
- 防衛体力
  - 1．物理化学的ストレスに対する抵抗力
  - 2．生物的ストレスに対する抵抗力
  - 3．生理的ストレスに対する抵抗力
  - 4．精神的ストレスに対する抵抗力

池上晴夫,『運動処法の実際』, 大修館書店（1999）p.99 より一部略.

　アスリート（競技者や選手とも呼ばれる）は行動体力が高いが，防衛体力も高いとは限らない．アスリートの防衛体力を高めて，さまざまなストレッサーに対する抵抗力を高めることが，アスリートの良好なコンディションの維持（すなわち**コンディショニング**）にとって必要である．ストレッサーに対して内部環境のホメオスタシスを維持するように反応するのは，内分泌系・自律神経系・免疫系であり，これらの系が主として防衛体力を担っている．

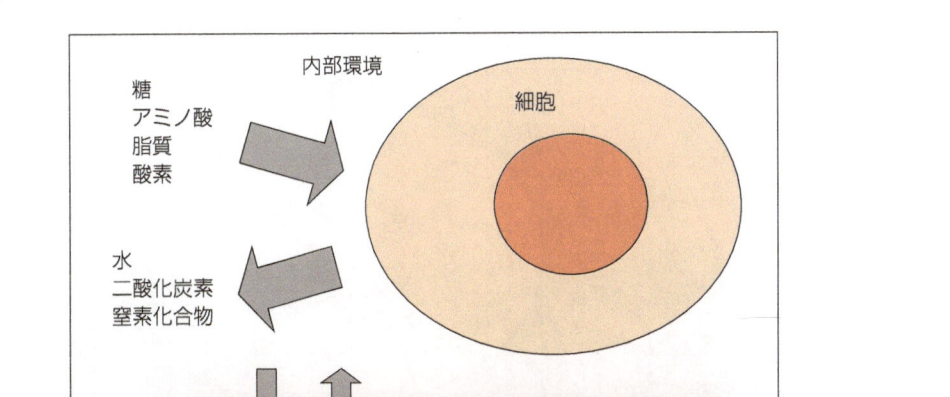

図 1.3　内部環境の恒常性（ホメオスタシス）
循環する血液は，細胞が必要なものを供給し，不要なものを回収する．
細胞が生活する環境（内部環境）が快適な一定の状態に保たれる（ホメオスタシス）．

2 スポーツ医学（内科）で取り扱うこと

スポーツは競技スポーツと生涯スポーツに大別される．**競技スポーツ**は試合に勝つことを目的として実施するスポーツである．**生涯スポーツ**は生涯にわたって健康増進やレクリエーション目的で行うスポーツのことで，健康スポーツやレクリエーションスポーツという呼び方もほぼ同じ意味で使われる．

この章では，スポーツ医学（内科）の取り扱う具体的な事象について，競技スポーツと生涯スポーツに分けて概説する．

（1）競技スポーツにおけるスポーツ医学（内科）

試合に勝つことを目的として実施する競技スポーツでは，アスリートが試合のときに実力を十分に発揮することが重要である．そのアスリートがその時点でもつ最高の力を出し切れるように，競技力に影響するすべての要因を最適なコンディション（状態）に整えていく過程を**コンディショニング**という．

アスリートの競技力に影響する要因としては，病気や怪我，精神（メンタル），栄養，体力（フィットネス），スキル（技術），用具，スケジュール，戦術・戦略など多くのものがあげられる（表1.4）．

コンディションに影響を与えるこれらの要因のうち，アスリートの病気の診断・治療・予防がスポーツ医学（内科）の取り扱う事柄であり，具体的には，急性の内科系スポーツ障害，慢性の内科系スポーツ障害，およびコンディショニングに重要な一般的疾患がある．

表 1.4 競技力に影響する要因

- 病気や怪我
- 精神（メンタル）
- 栄養
- 体力（フィットネス）
- スキル（技術）
- 用具
- スケジュール
- 戦術・戦略

和久貴洋ら，国立スポーツ科学センター年報 2004（2005），p.66〜67 より作成．

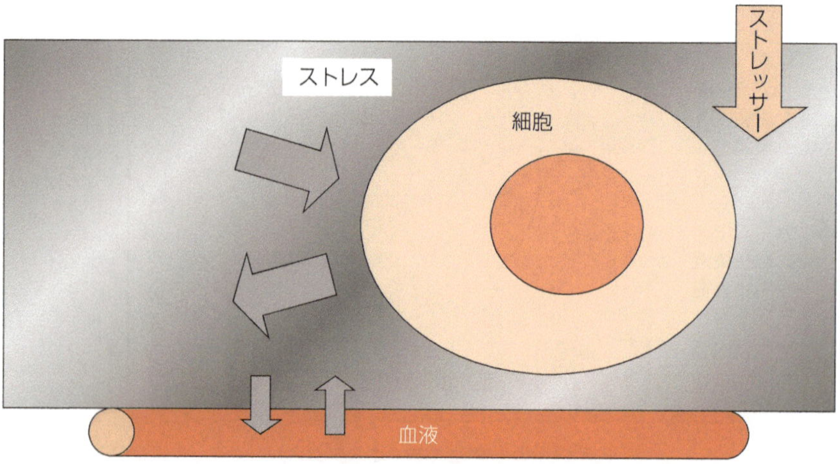

図 1.4 ストレス
ストレッサーにより引き起こされた内部環境の乱れとそれに適応するための反応を，ストレスという．

① 急性の内科系スポーツ障害（代表的なもの）
(a) 突然死

発症から24時間以内の内因性死亡（怪我ではなく病気による死亡）で，予測できなかった死亡を**突然死**という．スポーツ活動中に突然死亡する事故の原因は，外傷性や熱中症を除くと，循環器（心臓や大血管）の疾患がほとんどであるといわれる．

突然死の原因になる循環器疾患には年齢的な特徴があり，中高年の場合は冠動脈硬化性心疾患（狭心症，心筋梗塞），若年者の場合には肥大型心筋症が多くみられる．これらの循環器疾患は事前の自覚症状に気づきにくいことが多いので，突然死を予防するためには，潜在的な循環器疾患を積極的にメディカルチェックで発見することが重要である．

(b) 熱中症

暑熱環境で発症する疾患を総称して**熱中症**といい，熱中症は，熱失神，熱けいれん，熱疲労，熱射病に分類される．熱失神と熱けいれんは比較的軽症，熱疲労は中等症，熱射病は最重症で，毎年のようにスポーツ活動による熱射病死亡事故が発生している．熱中症事故では発症した本人が不幸なだけでなく，スポーツ指導者の責任が厳しく問われる．スポーツ指導者は熱中症を正しく理解して常に予防対策を実行し，もし熱中症が発生した場合には早期に発見して迅速に対処しなければならない．

熱中症の治療は，涼しい場所で休ませて水分（スポーツドリンクや食塩0.1〜0.2％の飲料水）補給を行う．熱疲労や熱射病で高体温の場合には体の冷却が必要で，全身に水をかけて送風する方法と冷却剤を太い血管の走行部位（頸部，腋窩(えきか)，鼠径部(そけい)）に当てる方法がある．

> 熱中症
> 第11章も参照．

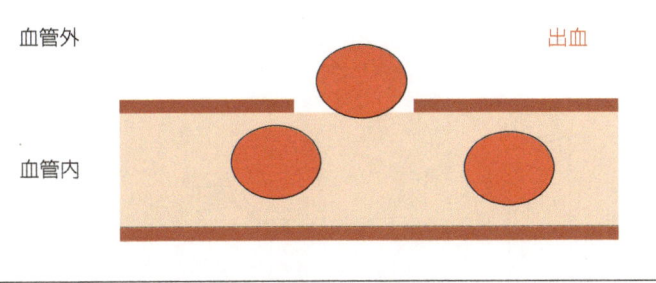

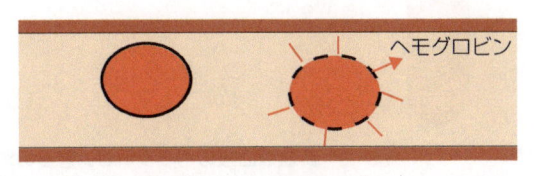

図1.5 出血と溶血

熱中症の予防としては，暑熱環境を適切に評価して熱中症発症の危険性の高い環境では運動の量や強度を制限する，個人差（暑さに慣れているか，暑さに強いか）に注意する，暑いときは涼しい服装で運動する，十分に水分を補給することなどが重要である．

(c) 赤褐色尿

　スポーツ活動後にみられる**赤褐色尿**（赤色～紅茶色，コーラ色）には，3種類（血尿，ヘモグロビン尿，ミオグロビン尿）あるが，いずれも肉眼では区別できない．

　血尿は血液が混入した尿で，外傷性の腎損傷などで起こる．**ヘモグロビン尿**は，スポーツ活動に伴って血管内で赤血球が破裂（**溶血**）し，赤血球中から放出されたヘモグロビンが尿に混入したものである（図1.5）．**ミオグロビン尿**は，筋肉が急激に障害されて筋肉中のミオグロビンというタンパク質が血液中に漏れ出し（**横紋筋融解**），尿中に混入したもので，熱射病や急激な激しい運動によって起こる．ミオグロビンは腎臓に対して毒性があり，ミオグロビン尿は急性腎不全の原因となる．

② 慢性の内科系スポーツ障害（代表的なもの）

(a) 貧血

> **貧血**
> 第8章も参照．

　貧血は血液中のヘモグロビン量が減少した状態であり，めまいや失神のことではない（図1.6）．ヘモグロビンは赤血球中に存在し，空気中から取り込んだ酸素を肺で結合して，血流によって運搬し，内部環境に酸素を供給する．ヘモグロビンが減少すれば酸素の運搬能力が低下するので，スポーツ活動における持久力が低下する．したがって，貧血では，息切れしやすい，疲れやすいといった症状が典型的である．

　貧血は，一般人よりもアスリートに多くみられ，また男性よりも女性

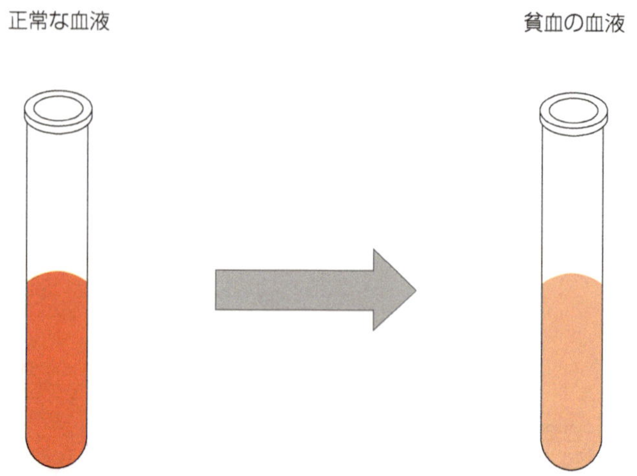

正常な血液　　　　　　　　貧血の血液

図1.6　貧血は血液のヘモグロビン濃度の減少
貧血では血液の色が薄くなる（実際は肉眼でわかるほどではない）．

に多い．ヘモグロビンの材料のひとつが鉄で，アスリートや女性は鉄不足になりやすいため，貧血にもなりやすい．アスリートの貧血では鉄不足による**鉄欠乏性貧血**が最も多いが，ほかにスポーツ活動の反復に伴う溶血の繰り返しが原因になる場合もある．

(b) オーバートレーニング症候群

オーバートレーニング症候群は過剰なトレーニングが原因でさまざまな症状が現れた状態で，トレーニングをするアスリートにだけ出現し，トレーニングをしない一般人にはこの病名は存在しない．オーバートレーニング症候群は過剰なトレーニングというストレッサーによる障害と考えられ，症状としては，慢性的な疲労感，睡眠障害，うつ気分，免疫機能低下などがある．アスリートが慢性的な疲れ易さや調子の悪さを訴えたときには，まず，貧血とオーバートレーニング症候群を考える必要がある．

> オーバートレーニング症候群
> 第12章も参照．

③ **アスリートのコンディショニングに重要な一般的疾患（代表的なもの）**

(a) 感染症

防衛体力のひとつに生物的ストレスに対する抵抗力があげられる．これは病原性微生物による感染症に対する抵抗力のことであり，すなわち，**免疫機能**のことである．免疫機能は運動によって影響をうけ，高強度のトレーニングは免疫機能を低下させて，感染症に罹患しやすくする（図1.7）．

> 免疫機能
> 第8章も参照．

海外で開催される国際総合競技大会期間中で，実際に，アスリートが罹患する疾患は上気道感染症（かぜ症候群）と胃腸炎が多い（図1.8）．**上気道感染症**は文字どおり感染症であり，胃腸炎のうち下痢の原因も感染症であることが多い．また，アスリートでは水虫（真菌感染症）や単

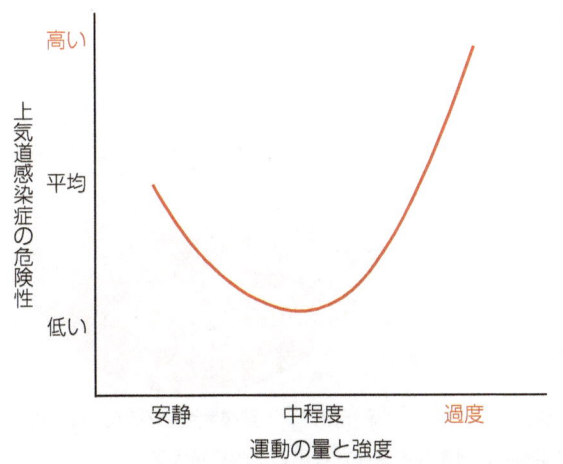

中程度の運動は免疫機能を高めて上気道感染症の罹患の危険性を低下させる．過度の運動は免疫機能を低下させて上気道感染症に罹患しやすくなる．

図1.7 運動と上気道感染症
D. C. Nieman. *Med. Sci. Sports Exerc.*, **26**（2），129（1994）より日本語訳を一部改変して作成．

純ヘルペス（ウイルス感染症）などの皮膚感染症もよくみられる．アスリートのコンディショニングでは，免疫機能の維持と感染症の予防が重要である．

また，血液によって感染する感染症として，**B 型肝炎**と**C 型肝炎**および**ヒト免疫不全ウイルス**（human immunodeficiency virus, **HIV**）感染症が知られており，スポーツ外傷に伴う出血の処置では感染予防に注意する必要がある．

（2）生涯スポーツにおけるスポーツ医学（内科）

① 生活習慣病とスポーツ

日本は高齢化が進み，65 歳以上の高齢者人口が総人口に占める割合は 2015 年には 26.8％（4 人に 1 人が高齢者），2035 年には 33.4％（3 人に 1 人が高齢者）になると予測されている．高齢化が進むと，慢性疾患をもった高齢者や寝たきりの高齢者が増加することが予想され，それを支える社会的負担が増大する．

高齢化社会では，高齢者も社会において積極的な役割を果たすことが求められ，高齢者が健康を維持して，介護を必要としない自立した日常生活を送る年数（**健康寿命**）を延ばす方策が必要となっている．

日本では，健康寿命の延伸を目標として，2000 年（平成 12）に **21 世紀における国民健康づくり運動（健康日本 21）**を策定し，2008 年（平成 20）から**すこやか生活習慣国民運動**，2011 年（平成 23）から **Smart Life Project** として「適度な運動」，「適切な食生活」，「禁煙」を推進して，生活習慣病の予防を呼びかけている．「適度な運動」としては，Smart Walk として 1 日に 10 分間の苦しくならない程度の早歩

図 1.8　国際総合競技大会期間中に日本代表選手が罹患した内科系疾患

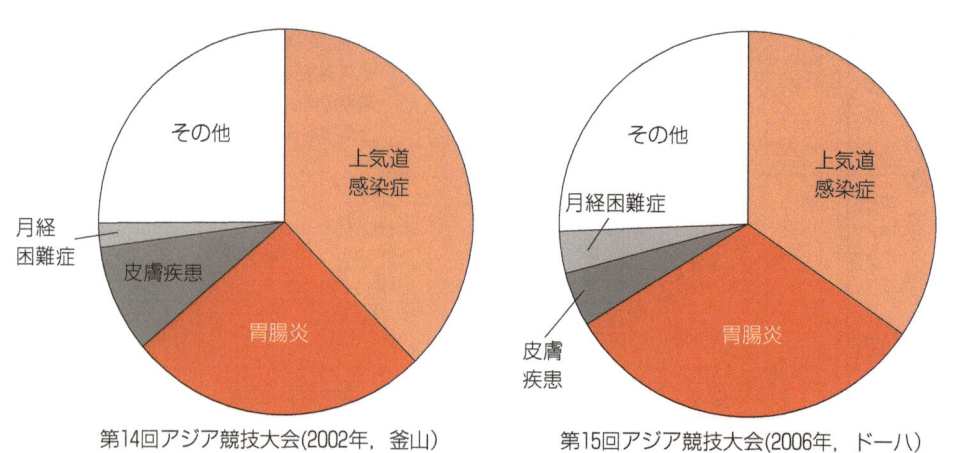

第14回アジア競技大会(2002年，釜山)　　　第15回アジア競技大会(2006年，ドーハ)

第 14 回アジア競技大会（2002/釜山）報告書，日本オリンピック委員会（2003），p.148．第 15 回アジア競技大会（2006/ドーハ）報告書，日本オリンピック委員会（2007）p.147 より作成．

きを推奨している．

　２型糖尿病，高血圧，脂質異常症などの生活習慣病の共通基盤は，内臓脂肪型肥満である．運動不足や食べすぎなどで内臓脂肪型肥満になり，それに加えて，高血糖，高血圧，脂質異常のうちいずれか２つ以上をあわせもつ状態である**メタボリックシンドローム**になる．

　メタボリックシンドロームは，２型糖尿病，高血圧，脂質異常症などの生活習慣病になりやすく，動脈硬化も進行しやすい．これらの生活習慣病やメタボリックシンドロームにおいては運動自体が原因治療になるので，適度な運動が推奨されるが，他方，これらの疾患では動脈硬化が進行しやすいので，強すぎる運動は危険である．とくに冠動脈（心筋に酸素を運ぶ動脈）の動脈硬化が進行すると狭心症や心筋梗塞を引き起こして，運動中の突然死の原因となる．これらの危険性がある者に対しては，**運動負荷試験**（心電図をモニターしながら段階的に運動強度をあげて，安全に運動できる強度を測定する）を行ってから，治療として適切な強度の運動を指示する（**運動処方**）．

② 慢性疾患とスポーツ

　生活習慣病以外の慢性疾患の患者においても，スポーツ活動の実施は重要である．スポーツは，気分の改善，生きがい，社会とのコミュニケーション，体力の保持，quality of life（**QOL**）の改善などの効用がある．

　しかし，慢性疾患では心臓，肺，肝臓，腎臓，骨関節，筋肉，あるいは神経などが疾患により障害されていることがあり，スポーツ活動自体が，これらの障害された器官に負担をかけて疾患の悪化を招くこともある．慢性疾患の患者においては，主治医の適切な評価のもとに，安全に

突然死
p.7 参照．第５章も参照．

１日10分間の早歩きで健康寿命を延ばそう

実施できるスポーツ活動を選び，疾患の悪化を引き起こさない範囲で実施することが必要である．

復習トレーニング

次の文章のカッコの部分に適切な言葉を入れなさい．

❶ 病気の原因は（　　　　　）要因と（　　　　　）要因とに分類される．生活習慣病は（　　　　　）要因として生活習慣がとくに関わる病気である．

❷ スポーツには，試合に勝つことを目的とした（　　　　　）スポーツと健康増進を目的とした（　　　　　）スポーツがある．

❸ メタボリックシンドロームは（　　　　　）に加えて，高血糖，高血圧，脂質異常のうち2つ以上が合併した状態で，動脈硬化が進行しやすい．

2章 メディカルチェックと健康管理

2章のPOINT

◆ アスリートが試合で最高の競技パフォーマンスを発揮するためには，日々のトレーニングに努めることが重要であるが，自身の健康管理をしっかり行うことや，怪我や故障をしないことも重要である．

◆ 第2章では，アスリートが試合で勝つために必要な「コンディショニング」の考え方を学び，さらにアスリートの健康管理のための体制づくりや内科的メディカルチェックの一般的な内容について学ぶ．

1 アスリートのコンディショニング

（1）「コンディショニング」とは？

コンディショニングという言葉を聞いて，それぞれに思い浮かぶイメージがあるだろう．たとえば，満足いくまでトレーニングを行うこと，しっかり睡眠をとること，十分な栄養を摂取することなどがあげられるのではないだろうか．以前は「コンディショニング」という言葉は，トレーニング科学の領域において，**ピークパフォーマンス（最大の競技力）を発揮させるためのトレーニング内容の組み立て方**」として使用されていた．

しかし現在ではさらに広義に使用されており，アスリートに限った言葉ではなく，すべての人がより良いスポーツ活動を行っていくため，健康に生活していくための基盤づくりといった意味あいも込められている．スポーツ活動が多様化する現代において，「コンディショニング」という言葉は，医学や科学の分野だけにとどまらず，スポーツ活動を行う人間が生活する社会やコミュニティ，行政や法律にまで枠を広げて考えていく必要がある．

2011年（平成23）6月にスポーツ基本法が公布された．これは1961年（昭和36）に制定されたスポーツ振興法を全面的に改正し，スポーツに関する施策の基本事項を定めた法律である．**スポーツ基本法**は，スポーツに関する基本理念の制定や国・地方公共団体によるスポーツに関する施策の策定と実施の責務，スポーツ団体によるスポーツ推進の努力などを明らかにし，国民の心身の健全な発達や活力ある社会の実現，国

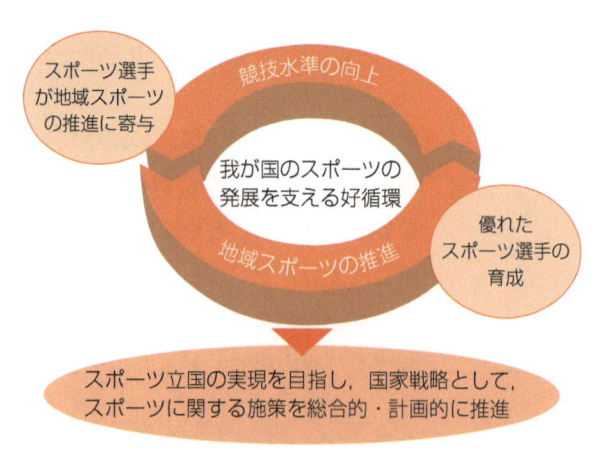

> **知っておくと役に立つ！**
>
> **アスリートのコンディショニング**
>
> アスリートが試合において最大のパフォーマンスを発揮するために「コンディショニング」は必須であるが，アスリートのコンディションにはさまざまな因子が影響することを念頭に置いておこう．アスリートとアスリートを取り囲む環境について，幅広い視野から考えることが重要である．

スポーツ基本法
http://www.mext.go.jp/component/a_menu/sports/detail/__icsFiles/afieldfile/2011/08/24/1310250_01.pdf#search＝'スポーツ基本法＋リーフレットより作成'．

際社会の調和ある発展に寄与することを目的としている．

　このような背景から「コンディショニング」とは，選手個人，サポートスタッフ，組織，国と，その実行者は多種多様であるが，多様化する現代のスポーツにみあった解釈をするべく，さらに議論を深めて発展させていく必要がある．

（2）アスリートにおけるコンディショニング

　アスリートにおける「コンディショニング」とは，「ピークパフォーマンスの発揮に必要なすべての要因を，ある目的に向かって望ましい状況に整えること」と定義されている．いい換えると，アスリートにおけるコンディショニングとは，「勝つためにできる，すべての準備を整えること」である．

　そこで考えてみると，試合でピークパフォーマンスを発揮するために必要なこととして，日々のトレーニングの内容を充実させることに加え，アスリートの健康管理の徹底，スポーツ障害やスポーツ外傷の予防や治療，暑熱環境などの競技環境への対策，競技ルールの内容確認（ルール変更の有無や変更点の確認など），試合相手に関する情報の収集と対策，ドーピング検査に関する情報（居場所情報の提出や禁止薬物リストの確認など）など，さまざまなことが思い浮かぶ．これらを整理すると，「身体的因子」，「精神的因子」，「環境的因子」，「情報的因子」に分類することができる（表2.1）．

　身体的因子には，行動を起こす能力（筋力，瞬発力），行動を持続する能力（筋持久力，全身持久力），行動を調整する能力（柔軟性，平衡性，協応性，敏捷性），身体組成（筋量，脂肪量，骨量，体水分量など），

知っておくと役に立つ！

マルチサポート・ハウス
先のロンドンオリンピックでは，マルチサポート・ハウスが選手村の近隣に設置された．ここでは，日本食の提供やリカバリー・リラックス設備の設置（炭酸泉や高気圧カプセルなど），ドクターやトレーナーの常駐，疲労度チェックのブースの設置がなされた．つまり，環境的因子を充足させた国の支援による大規模なコンディショニングとも考えられる．

ならびに生体の恒常性の維持（ホメオスタシス：種々のストレッサーに対する抵抗力）に関わる神経系や内分泌系，免疫系などがあげられる．

精神的因子としては，試合時や試合前に感じるプレッシャーや恐れ，不安，緊張，モチベーションなどがあげられる．

環境的因子としては，試合環境（気温や湿度，グラウンドの状態など），遠征先の環境（食べ物，治安など），移動（長距離移動，航空機移動など），スケジュール，試合やトレーニングに使用する用具や器具，サポートスタッフの質や人数，競技を充実させるための費用などがあげられる．

情報的因子としては，試合に関する戦術や戦略，試合環境の情報，競技ルール，ドーピング検査に関する情報などがあげられる．

これらの各因子は，ピークパフォーマンスの発揮に単独で関わることもあれば複合的に相互に影響しあうこともある．身体的因子を万全にすることは精神的因子に影響し（例：体調がきちんと整っていれば十分なトレーニングが行え，自信につながる），環境的因子が充実していれば，効率よく身体的因子を充実させることができる（例：医師やトレーナーなどのスタッフが充実していることで健康管理体制が充実する）．

このように，アスリートが試合でピークパフォーマンスを発揮し，勝利するためには，これをおびやかす不安要素をひとつひとつ取り除いていくことや，足りない部分を充実させていくことがコンディショニングである．

▶▶▶▶▶▶▶▶▶▶▶▶▶▶▶▶▶▶▶▶▶▶▶▶▶▶▶▶▶▶▶▶▶▶▶▶▶▶

表2.1 アスリートのコンディションに影響を及ぼす因子

身体的因子	形態	身体組成，姿勢など
	行動体力的因子	筋力，筋持久力，全身持久力，柔軟性，平衡性，敏捷性など
	防衛体力的因子	神経系，内分泌系，免疫系が営むストレッサーに対する抵抗
	技術的因子	スキル，フォーム・動作など
精神的因子	競技に関わる精神的因子	プレッシャー，不安，緊張，モチベーション，マスコミ対応など
	競技外に関わる精神的因子	悩み，不安，人間関係など
環境的因子	競技環境	暑熱・寒冷，湿度，高所，グラウンドの状態など
	遠征先の環境	天候，食事，衛生，感染症，治安，交通など
	移動	時差，航空機環境，長距離移動など
	スケジュール	試合日程，練習・休養のタイミング，減量，環境順化など
	栄養	栄養状態，栄養管理，食品衛生など
	睡眠	睡眠時間，睡眠の質など
	用具・器具	ウェア，シューズ，プロテクター，テーピングなど
	サポートスタッフ	コーチ，ドクター，トレーナーなどの質，コミュニケーション，信頼関係など
	費用	運営費，人件費，遠征費など

2 アスリートの健康管理とメディカルチェック

　アスリートの身体的因子を万全の状態に仕上げるため，もしくはスポーツ現場での事故の予防や病気・怪我・故障の予防には，健康管理やメディカルチェックは必須である．そのためには，健康管理体制をきちんと整備し，アスリート自身によるケアを徹底させ，さらにチームスタッフや外部専門家（ドクター，栄養士，心理専門家など）によるサポートを充実させることが重要である．アスリートの健康管理が効果的に進められているか，定期的なメディカルチェックによって健康状態を評価することも必要である．

（1）健康管理体制

　一般に健康管理は，セルフケア（自己ケア），プライマリーケア（一次ケア），セカンダリーケア（二次ケア）と階層的に構成されている．これはアスリートの健康管理にもあてはめることができる（図2.1）．

　セルフケアはアスリート本人による自己管理であり，健康管理の基本・基盤である．これが充実することでプライマリーケア，さらにセカンダリーケアが活かされる．

　したがってアスリートは，自己による健康管理の重要さを自覚すべきであり，自己管理の具体的な方法も把握しておくべきである．

　プライマリーケアは，セルフケアでは解決しない健康上の問題への対処である．プライマリーケアの役割は，スポーツ外傷（スポーツによる怪我）やスポーツ障害（スポーツによる故障），疾病に対する処置だけではなく，その悪化の防止や予防，リハビリテーションも含まれる．ア

> **知っておくと役に立つ！**
>
> **プライマリーケア，セカンダリーケア**
> プライマリーケアやセカンダリーケアは，アスリート自身によるセルフケアが十分なされることで効力が発揮される．したがって，アスリートが自身の健康管理をしっかりできるよう，まわりのスタッフによる教育活動も重要である．

表2.1 続き

情報的因子	戦術・戦略	自チームの分析，対戦相手の分析，レフェリング分析など
	環境情報	遠征先の環境，競技環境，練習環境など
	競技ルール	ルール内容，用具の規格，計量など
	ドーピング・コントロール	禁止物質・禁止方法の情報，治療使用特例など

アスリートが全試合でピークパフォーマンスを発揮し，試合で勝利するために，考慮すべき主な因子．
臨床スポーツ医学編集委員会編，『スポーツ損傷予防と競技復帰のためのコンディショニング技術ガイド』，臨床スポーツ医学 2011年臨時増刊号，28，3 (2011) を改変．

スリートにセルフケアの重要性や方法を教育することもプライマリーケアに含まれる．

プライマリーケアの担当者を健康管理担当者としてチーム内で明確にしておくことが，健康管理を進める上で重要である．健康管理担当者は，スポーツ医学の知識を有するスポーツドクターやアスレティックトレーナーが担当することが望ましい．また健康管理担当者には，プライマリーケアの実施能力だけではなく，セルフケアの推進とセカンダリーケアの環境整備が求められる．

セカンダリーケアは，チーム内のスタッフでは解決できない問題に対してチーム外の専門家が行う対処である．スポーツドクター，栄養士，心理専門家などの各分野の専門家が担当する．セカンダリーケアを効果的に進めるため，チームの健康管理担当者が外部専門家との連携体制を整備し，アスリートと専門家との調整役となることでよりスムーズに健康管理を進めることができる．

（2）メディカルチェック

スポーツ活動に伴う病気はスポーツ医学（内科）の領域で扱われ，内科系スポーツ障害と呼ばれる．また，スポーツ活動に伴う怪我や故障はスポーツ医学（外科）で扱われ，スポーツ活動に伴う怪我をスポーツ外傷，故障を外科系スポーツ障害と呼ぶ（表 2.2）．

内科系スポーツ障害としては，突然死や熱中症といった急性の障害や，貧血やオーバートレーニング症候群（競技力低下や慢性疲労などが含まれる）といった慢性の障害があげられる．

スポーツ外傷としては，創傷，骨折，脱臼，捻挫，打撲などの急性の

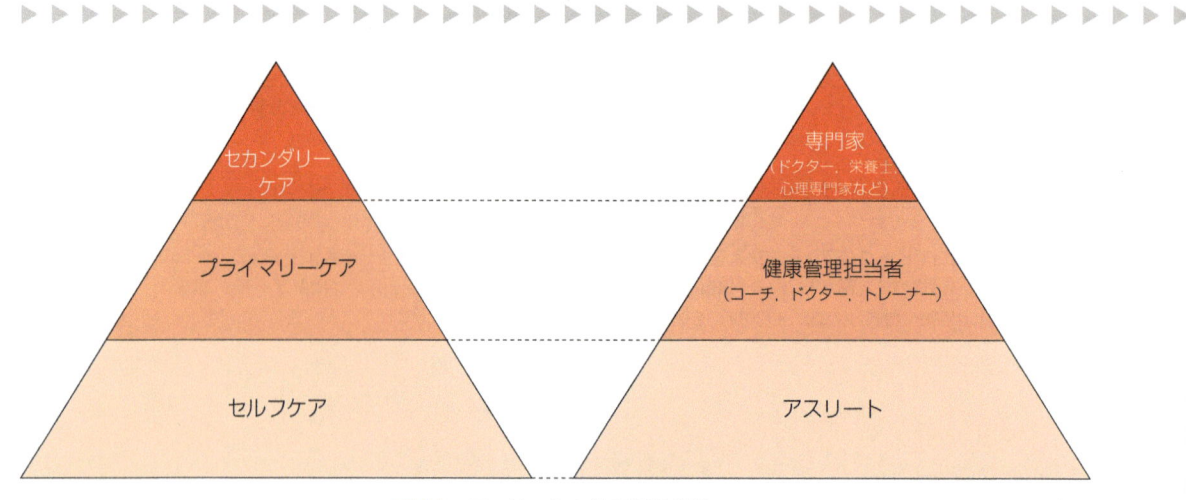

図 2.1 アスリートの健康管理体制
アスリートにおける健康管理は，アスリート自身によるセルフケア，チームの健康管理担当者によるプライマリーケア，外部専門家によるセカンダリーケアと階層的に構成されている．

外傷があり，**外科系スポーツ障害**としては**オーバーユース症候群**（使いすぎ症候群）といった慢性の障害があげられる．メディカルチェックは一般でいう健康診断に相当し，このようなスポーツに伴う病気や怪我・故障の早期発見・早期治療や予防，健康管理に役立つ医学的データを収集することが目的で実施される．

アスリートにおける内科的な問題で最も重要なものは，スポーツ活動中の**突然死**である．一見健康な若いアスリートにおいて運動中に心室頻拍や心室細動が突如発症し，急死する例が散見される．突然死の原因としては，外傷性や熱中症を除くと，循環器（心臓や大血管）の疾患が大部分であり，若年者では，肥大型心筋症や冠動脈奇形があげられる．したがって，突然死の予防のためにもメディカルチェックで循環器疾患を発見することが非常に重要である．

メディカルチェックの内容は，国際的にも共通の内容が確立されておらず，各機関やスポーツドクターによって作成されたものが実施されているのが現状であり，ここではおもなメディカルチェックの内容について紹介する．メディカルチェックは，問診，診察，検査で構成される．健康管理担当者が中心となって計画し，医師の協力により実施する．

① **問診**

問診は，診察や検査に比べて情報量が多く費用もかからないため，最も有用な方法である．アスリートの競技特性や競技レベルなどを考慮して，基本的な質問事項をもとにチームドクターがチーム状況や個人の状況にあわせた**問診票**を作成することが望ましい．問診では，過去にどのような疾病にかかったのか（**既往歴**），現在感じる症状や異常はあるか（**自覚症状**），現在抱えている症状や異常のきっかけや経過の内容（**現病**

> **知っておくと役に立つ！**
> **スポーツ活動中の突然死**
> スポーツ活動中の突然死は，アスリートにおいても多く認められることを念頭におかなければならない．おもに循環器系の異常による心停止が原因とされている．メディカルチェックをしっかり受けることが重要であり，日々の体調管理もまた欠かせない．

表 2.2 スポーツ活動に伴う病気，怪我，故障

	病気	特徴	発症	例
スポーツ医学（内科）	内科系スポーツ障害	スポーツ活動に伴う病気	急性	突然死，熱中症，赤褐色尿
			慢性	貧血，オーバートレーニング症候群
スポーツ医学（外科）	スポーツ外傷	スポーツ活動に伴う怪我	急性	創傷，骨折，脱臼，捻挫，打撲
	外科系スポーツ障害	スポーツ活動に伴う故障	慢性	オーバーユース症候群（使いすぎ症候群）

歴），両親・祖父母・兄弟などの血縁者で抱えている疾病（**家族歴**）などが調査される（表2.3）．

突然死では，身内に原因不明の突然死や若年で心臓病を患っている人がいる場合は本人にも生じる確率が相対的に高いため，問診では注意を要する．また，強い息切れや疲労感などの自覚症状は心臓病やオーバートレーニング症候群などに関わる可能性があるため，とくに注意深く尋ねる必要がある．

② 診察

診察では，視診，聴診，触診，血圧の測定などが行われる（表2.3 参照）．**視診**では，歩行，表情や顔色，体格，皮膚の色・つや，腫れや変形などに注目し，異常がないか調べる．**聴診**では，聴診器により，胸部の心音，呼吸音などを聴取する．とくに心雑音や不整脈の有無の確認は重要である．**触診**では，温度や触感（手触りや硬さ，弾力など），腫瘍の有無や圧痛の有無，脈拍などを探る．

③ 検査

検査では，血液検査，尿検査，胸部エックス線検査，安静時心電図検査などが行われる（表2.3 参照）．

血液検査：白血球数による炎症や感染症の評価，赤血球数や**ヘモグロビン量**，**ヘマトクリット値**による貧血の評価，血小板数による出血のしやすさの評価，血清酵素による筋損傷や肝機能の評価，脂質代謝（中性脂肪，LDL コレステロール），腎機能（尿素窒素：BUN，クレアチニン）の評価などが行われる．

尿検査：腎尿路疾患の診断だけでなく，全身状態のスクリーニング検査としても使用される．尿検査での異常値は一時的なものもあり，異常

ヘモグロビン
赤血球に含まれ，酸素と結びつくことで酸素運搬を行う．

ヘマトクリット値
血液中に占める赤血球の体積の割合．

AST (GOT)，ALT (GPT)
AST は心筋，骨格筋，肝臓などに多く存在し，ALT は肝臓などに多く存在する．これらに細胞障害や異常が生じると血中に多く認められ，肝臓障害，心筋梗塞，溶血の診断に有効とされる．

中性脂肪，LDL コレステロール
活性酸素による変性で動脈硬化の原因になるとされている．

表2.3　アスリートにおけるメディカルチェックのおもな項目

問診	既往歴	過去にどのような疾病にかかったのか？
	自覚症状	現在感じる症状や異常はあるか？
	現病歴	現在抱えている症状や異常のきっかけや経過の内容
	家族歴	両親・祖父母・兄弟などの血縁者で抱えている疾病はあるか？
診察	視診	歩行，顔の表情・顔色，体格，皮膚の色・つや，腫れや変形など
	聴診	胸部の心音・呼吸音
	触診	温度，触感（手触り，硬さ，弾力など），腫瘍の有無，圧痛の有無など
	安静時血圧測定	収縮期血圧・拡張期血圧

が認められた場合は再検査の必要がある．尿検査では，尿糖による糖尿病の評価，尿タンパクと尿潜血による腎尿路疾患などが調べられる．

　胸部エックス線検査：肺や心臓の状態について判定し，突然死に関わる心肥大については，とくに注意を要する．

　安静時心電図検査においても心肥大や不整脈の有無を判定する．心肥大の所見や心雑音が認められた場合は，心臓超音波検査が実施される．

　また不整脈が認められた場合は，運動負荷試験や長時間心電図記録が実施される．**運動負荷試験**では，トレッドミルや自転車エルゴメーターを用いて運動中の心電図記録および血圧測定が行われる．心電図の記録により，心筋虚血の有無や運動誘発性の不整脈の有無を確認する．

　アスリートに対する具体的なメディカルチェックの項目については，日本体育協会が作成した**「国体選手における医・科学サポートとガイドライン」**が参考になる．このガイドラインでは，対象のアスリートに対して基本健康診断用紙を用いて一次チェックを行い，その結果によって必要があれば追加健康診断用紙を用いて二次チェックを行うことが推奨されている．

　基本健康診断用紙には，アスリートの記入欄と医師の記入欄がある（表 2.4）．

　「診察」や「検査」に関しては，メディカルチェックの場に医師を確保することが必要である．検査は費用がかかるため実施できるチームは限られるので，職場や学校で実施される定期健康診断の結果を利用する方法もある．メディカルチェックの結果判定は医師によって行われるが，それらをもとに個々のアスリートの健康管理計画を立案する際は，健康管理担当者やチームスタッフと協議して行うことが重要である．

表 2.3 続き

検査	血液検査	白血球数（炎症や感染症の評価） 赤血球数，ヘモグロビン，ヘマトクリット値（貧血の評価） 血小板数（出血傾向や血液凝固のしにくさの評価） 血清酵素（AST，ALT：筋細胞の障害や肝機能の評価） 脂質（LDL コレステロール，中性脂肪：動脈硬化のリスク評価） BUN，クレアチン（腎機能の評価）
	尿検査	尿糖，尿タンパク（腎機能の評価） 尿潜血（腎尿路疾患による出血や骨格筋の破壊状況の評価）
	胸部エックス線検査	肺や心臓の状態（とくに心肥大に注意）
	安静時心電図検査	・心肥大所見の有無　→　有の場合は心臓超音波検査で確認 ・不整脈の有無　→　有の場合は運動負荷試験や長時間心電図記録で確認
	運動負荷試験	トレッドミルや自転車エルゴメータを使用，血圧心電図の測定

またメディカルチェックは，アスリートの年間活動計画に組み込むことが重要であり，オフ期に実施し，各アスリートの医学的な問題点を明確化し，それに対する処置を施してからトレーニング期に入り，新たに生じた問題点について対処を加えながら試合期に臨むようにする．

　日本代表選手などのトップアスリートに対するメディカルチェックは，国立スポーツ科学センターのクリニックで実施されているものが代表的である．オリンピック日本代表選手の派遣前メディカルチェックでは，内科診察，整形外科診察，歯科診察，血液検査，尿検査，安静時心電図検査，胸部エックス線検査などが実施される．

　2008年（平成20）の北京オリンピックの際は，北京の大気汚染を憂慮して，メディカルチェックに呼吸機能検査が追加された．アスリートには，**運動誘発喘息**にかかっている者がおり，大気汚染の著しい環境（図2.2）や寒冷環境（冷たく乾燥した空気）などで喘息発作が誘発され，競技パフォーマンスを著しく損なう可能性がある．このようにメディカルチェックは，状況に応じて柔軟に検査項目の調整ができることが望ましい．

> 運動誘発喘息
> 第4章も参照．

3　生涯スポーツにおけるメディカルチェック

　スポーツは競技スポーツと生涯スポーツに大別され，**生涯スポーツ**は，健康の維持・増進やレクリエーションを目的とし，幼児から高齢者まで幅広い世代において親しまれている．しかしながら，アスリートに限らず，一般のスポーツ愛好者においてもスポーツ活動中における突然死や心停止が発生することが報告されている．

▶▶

表2.4　基本健康診断用紙

【アスリートが記入する問診項目】
ⅰ）氏名，性別，生年月日，所属，競技種目などのパーソナルプロフィール
ⅱ）内科的既往歴（貧血，喘息，心臓病，アレルギーなど）および整形外科的既往歴（部位別の外傷・障害）
ⅲ）現病歴（治療中の疾病・怪我，服用している薬・サプリメントなど）
ⅳ）自覚症状（全身の部位ごとに列記し，該当するものについてチェックする）
ⅴ）自覚的コンディション（練習意欲，睡眠，食欲，便通，全般的体調）
ⅵ）家族歴（配偶者や血縁者の既往歴）
ⅶ）減量について（減量の有無，具体的方法など）
ⅷ）月経について（初潮の有無，月経周期の状況，出血量の多少，痛みなど）
【医師が記入する項目】
ⅰ）診察結果
ⅱ）検査結果
ⅲ）プロブレムリスト（当該アスリートの医学的問題点のまとめ）

3 生涯スポーツにおけるメディカルチェック

　近年，市民マラソンがブームになっているが，競技中に心停止状態に陥る例もある．中高齢者におけるスポーツ活動中の突然死の原因としては，心筋梗塞が多いと報告されている．このようなスポーツ活動中の突然死を予防するために，定期的なメディカルチェックは重要である．また突然死の予防だけではなく，安全にスポーツを楽しむためや競技パフォーマンスの向上のために自身の健康状態を把握しておくべきである．

　生涯スポーツにおけるメディカルチェックの基本的な事項については，健康診断で把握できる．健康診断は，受診者の意思で任意に行われるものと職場や学校，地方公共団体で行われる法令により実施が義務づけられているものとがある．

　任意に行われるものとしては，診断書の発行を目的とした一般的な評価を行う**健康診断**や，疾患の早期発見を目的として詳細な検査を行う**人間ドック**があげられる．一般的なスポーツクラブでは，毎年の健康診断の受診を勧めており，運動を行う上で健康上の留意が必要な者や高齢者は，健康診断書の提出が求められる場合もある．

　法令により実施が義務づけられているもののうち，労働安全衛生法に定められた項目（一般項目）で行われる健康診断を**一般健康診断**といい，生活習慣病に関わる評価項目が多い．各労働者は一般健康診断の受診を義務づけられている．また学校では，**学校保健安全法**により毎学年6月30日までに健康診断を行うことが定められている．ここでは，労働者に対して行われる一般健康診断について述べる．

① **問診**

　基本的な事項として，既往歴，自覚症状，現病歴，家族歴，服薬歴，

図2.2　大気汚染が深刻な北京
北京オリンピック前に撮影された写真．大気汚染により視界が非常に悪いことがわかる．
左図の右手奥にみえるのはスモッグに包まれたオリンピックの主会場．

喫煙・飲酒習慣などが問われる．現病歴に加えて家族歴で心臓病患者の有無を把握しておくことは，突然死の予防において非常に重要である．

これらの項目は調査用紙に事前に記入し，その内容に沿って問診が進められる場合が多い．

② 診察

アスリートのメディカルチェックと同様に視診，聴診，触診が行われる（アスリートにおけるメディカルチェック「p.20，②診察」を参照）．

③ 検査

検査では，視力検査，聴力検査，体格測定（身長，体重，腹囲，図2.3），血液検査，尿検査，胸部エックス線検査，安静時心電図検査などが行われる．

聴力検査：聴力低下の有無が判断される．若年者については診察の際の会話で判断する方法が用いられることもある．

血液検査：貧血検査，尿酸検査，糖代謝検査，脂質検査，肝機能検査が行われる．貧血検査では，赤血球数，ヘモグロビン量，ヘマトクリット値，平均赤血球容積，平均赤血球ヘモグロビン量，平均赤血球ヘモグロビン濃度が調べられる．**貧血**は，赤血球の産生の低下あるいは赤血球の破壊や喪失の亢進が原因となる．がんや消化器疾患，婦人科疾患などで貧血が認められる．尿酸はプリン体を代謝した際に生じる老廃物である．血液中の尿酸の濃度を尿酸値とし，痛風の診断に用いられる．高尿酸血症は生活習慣病の一種であり，食べすぎや飲みすぎ，運動不足による肥満が原因とされている．

糖代謝検査：血糖，ヘモグロビンA1c（HbA1c）が調べられ，糖尿病の判定に用いられる．尿検査で調べられる尿糖も同様である．

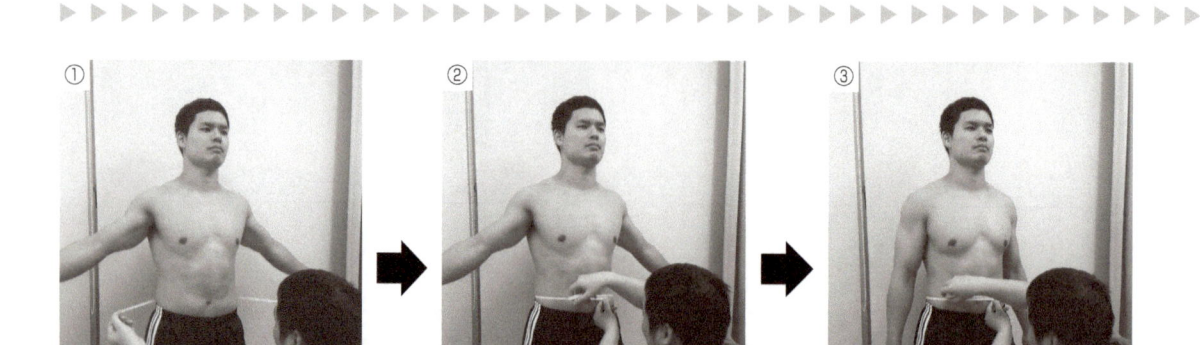

図2.3 腹囲の計測
計測される人は立った姿勢で，息を吐き，計測時は腕を下ろす．
計測する人はへその高さに目線を合わせ，へその高さに巻き尺を水平に巻いて測定する．

HbA1cはヘモグロビンとブドウ糖が結合したもの（**グリコヘモグロビン**）であり，検査日から1〜2か月前の血糖の状態を評価できるため，糖尿病診断に有用な指標とされている．

脂質検査：中性脂肪，LDLコレステロール，HDLコレステロールが調べられる．血中のLDLコレステロールや中性脂肪が高い者は，動脈硬化による心疾患や脳血管疾患の発症リスクが高いとされる．

肝機能検査：AST（GOT），ALT（GPT），γ-GTPが調べられる．ASTは，心筋や骨格筋，肝臓などに多く存在し，ALTは肝臓に多く存在する．ALTは，ASTに比べて肝臓の異常に対して特異的に反応するとされている．ASTおよびALTも高値を示す場合は，急性肝炎，慢性肝炎，肝硬変，肝がん，脂肪肝などが疑われる．またASTが高値でALTが正常値である場合は，筋の損傷や筋の疾患などが原因のことがある．γ-GTPは肝臓に多く存在する酵素であり，アルコール性の肝機能障害の判定に用いられる．

尿検査：尿糖，尿ウロビリノーゲン，尿タンパク，尿潜血などが調べられる．尿ウロビリノーゲンが低値の場合は閉塞性黄疸の疑いがあり，高値の場合は溶血性貧血，肝炎，肝硬変などの疑いがある．

以上の項目は，おもに疾病の早期発見・早期治療を目的としたものであるため，健康状態が評価され，「運動の実施が可能であるかどうか？」だけでなく，「運動の実施が必要な状況にあるのかどうか？」といった判断の基礎的データとなる．たとえば，脂質項目が高値を示し，運動の実施が必要とされる状況であれば，運動実施の動機付けになる．また運動を継続した場合，健康診断によって運動効果の判定を毎年確認でき，運動実施に対するモチベーションの継続にもつながる．

メタボリックシンドローム
内臓脂肪型肥満（腹囲が男性：85 cm以上，女性：90 cm以上）に加えて，脂質異常（中性脂肪：150 mg/dL以上，HDLコレステロール：40 mg/dL以上），高血圧（最高血圧：130 mmHg以上，最低血圧：85 mmHg以上のいずれか，または両方），高血糖（空腹時の血糖値：110 mg/dL以上）のうちいずれか2つ以上を合わせもった状態である．

実際の運動実施の安全性と有効性について
各章（第4章，第5章，第6章，第7章，第8章，第9章）を参照．

④ 運動負荷試験

運動負荷試験では自転車やトレッドミルなどによる運動負荷を加え，運動中の心電図記録および血圧測定が行われ，心筋虚血の有無や運動誘発性の不整脈の有無を確認する．持病を抱えている場合は，スポーツを始める前に担当医師に相談し，必要に応じて運動負荷試験を行い，心筋虚血や不整脈の有無を確認し，実施可能なスポーツ種目，強度，頻度などを考えていく．これは健康運動指導士と連携することでより円滑に進められる．

⑤ セルフチェック

持病の有無に関わらず，運動を実施する際は何よりも自覚的な症状の確認が重要である．表2.5のような自覚的症状により体調をチェックし，発熱や倦怠感の有無，睡眠不足や食欲不振，過労の有無などを確認する．これらに該当項目があり，その症状が著しいようであれば，無理はせず，運動は控えたほうがよい．

いずれにせよ，運動は健康維持・増進のため，体調が万全の状態で楽しく，継続的に実施されるべきである．

表2.5 ①　体調チェック表：運動を始める前の自己診断表

次の質問に「はい」「いいえ」で回答して下さい

1．今までに心臓に問題があるから医師に許可された運動以外は行ってはいけないと医師に言われたことがありますか？	はい	いいえ
2．運動中に胸の痛みを感じますか？	はい	いいえ
3．めまいのためにふらついたり，気を失ったことがありますか？	はい	いいえ
4．現在，血圧や心臓のお薬を飲んでいますか？	はい	いいえ
5．運動で悪くなるような骨や関節の問題がありますか？	はい	いいえ
6．上記の質問のほかに運動ができない理由が何かありますか？	はい	いいえ

以上の質問の中で1つでも「はい」があった場合や65歳以上で運動に慣れていない方は，運動を始める前に医師とご相談下さい

British Columbia Ministry of Health 作成による Physical Activity Readiness Questionnaire（PAR Q）より改変．
参考：日本臨床スポーツ医学会誌：Vol. 13 Suppl.（2005）．

復習トレーニング

次の文章で正しいものには○，誤っているものには×をつけなさい．

❶〔　〕コンディショニングには，人が健康に生活していくための基盤づくりも含まれる．
❷〔　〕プライマリーケアは，外部の専門家による処置である．
❸〔　〕メディカルチェックは，年に1回行えば十分である．
❹〔　〕メディカルチェックでは，対象の自覚症状を重要視すべきである．
❺〔　〕レクリエーション目的のスポーツであってもメディカルチェックを行ったほうがよい．

表2.5 ②　体調チェック表：スポーツ参加当日のセルフチェック10ポイント

下記の質問に該当する項目に○を付けて下さい		
1．熱はないか	ない	ある
2．体はだるくないか	ない	だるい
3．昨夜の睡眠は十分か	十分	不十分
4．食欲はあるか	ある	ない
5．下痢をしていないか	ない	ある
6．頭痛や胸痛はないか	ない	ある
7．関節の痛みはないか	ない	ある
8．過労はないか	ない	ある
9．前回のスポーツの疲れは残っていないか	ない	ある
10．今日のスポーツに参加する意欲は十分にあるか	ある	ない

上記の項目の中で1つでも2列の回答の右の項目に○が付いた場合は，当日のスポーツの参加は避けて休養をとり，1週間以上症状の続いている場合は医師の診察を受けてください

昭和63年度　日本体育協会スポーツ医科学研究，「スポーツ行事の安全管理に関する研究」より改変．
参考：日本臨床スポーツ医学会誌：Vol. 13 Suppl. (2005)．

3章 スポーツ現場の応急処置

3章のPOINT

◆ スポーツ活動中に起こる急病においては，生命にかかわる緊急時のみきわめと応急処置，そして医療機関への迅速な搬送が重要である．

◆ 生命にかかわる状況において，とくに注意を払うべきことは，脳への酸素供給状態である．生命維持に不可欠な脳は低酸素に大変弱く，いったん破壊された脳組織は再生できない．したがって，脳への酸素供給状態を表す意識レベルの評価や，呼吸，循環の維持は現場の処置で最も優先されなければならない．

3章　スポーツ現場の応急処置

Step1
当初の観察と接触

・まず深呼吸
・現場の状況
・動き，声，出血
・119番通報
・手当てのことば
・感染防止

Step2
生の徴候を調べる

・反応を確認する
・呼吸を確認する
・出血を確認する

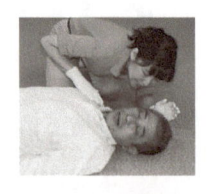

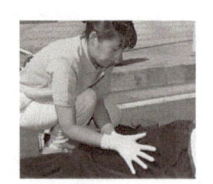

反応がない，呼吸が正常でない

大きな出血

怪我の印象
急病の疑い

Step5
怪我の調査と手当て

・全身の怪我の調査
・各部の怪我の手当て（頭，首，胸，腹）
・骨折，脱臼，ねんざの手当て
・傷，やけどの手当て
・野外生物による怪我の手当て

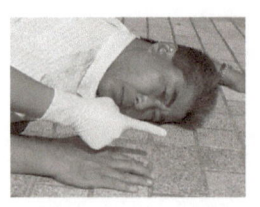

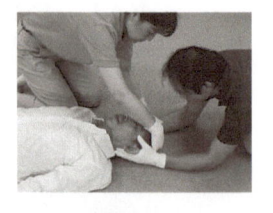

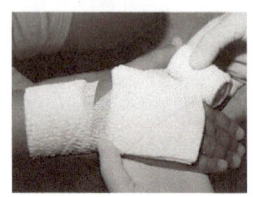

Step6

急病の手当て

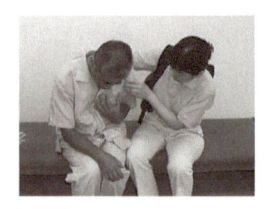

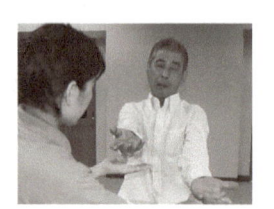

・病気を調べる
・心疾患と脳卒中
・熱中症，体温低下
・糖尿病，てんかん，中毒

図3.1　応

1 意識障害

Step3
気道確保と心肺蘇生

- 気道確保
- 回復体位
- CPR（心肺蘇生）
- 除細動
- 気道内異物除去

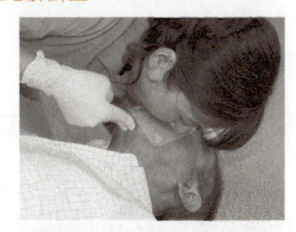

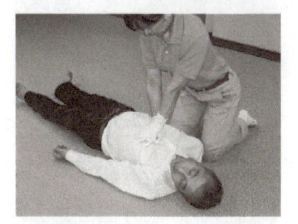

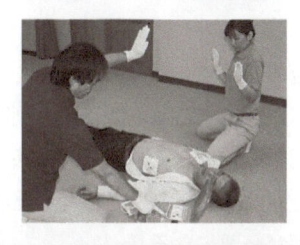

Step4
止血とショック管理

- 直接圧迫止血
- 間接圧迫止血
- ショック管理

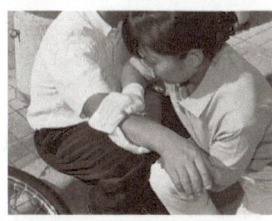

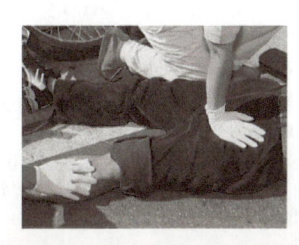

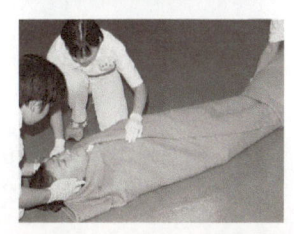

頭や首に怪我をしていたら動かさない（両手で頭部を支える）

救急隊・医療機関へ

ステップ

応急処置の手当てのステップ（図 3.1）は，傷病者が発生した現場から，医師や専門家に引き継ぐまでの手順を示したものである．これらは評価と行動の優先順位でもあるので，これらのステップに沿って落ち着いて対処する．

1 意識障害

心肺機能の低下，脳卒中，頭部損傷，熱中症，低血糖などによって引き起こされる．なかでも**意識不明**は生命に直接関わる緊急事態である．

（1）徴候，症状

意識レベルの評価には，**GCS**（Glasgow Coma Scale の略．表 3.1），あるいは **JCS**（Japan Coma Scale の略．表 3.2）が用いられる．JCS は日本独自の評価方法であるが，使用しやすいため救急現場で多用されている．

傷病者に声をかけても，肩をたたくなどの刺激を与えても，まったく反応がない場合は**意識不明**と判断し，ただちに 119 番を要請する．意識不明からしばらくすると，傷病者の舌や下あごを支える筋肉が弛緩し気道を塞いでしまうことになるため，気道確保や回復体位などによる呼吸管理が必要になる．

（2）応急手当：チンリフト（頭部後屈あご先挙上法）

あご先に指を沿えた状態で頭部を後屈させ，舌の付け根があるあご先を高い位置に維持して気道を確保する方法である．（図 3.2）

GCS の評価方法
3 項目の点数の合計により，意識レベルの重症度を評価する．

● 知っておくと役に立つ！

溺水は吐かせない
溺れてから陸上に引きあげられた傷病者に対して，水を飲んでいるという理由でむやみに吐かせるべきではない．声門（左右の声帯のあいだの隙間）のけいれんにより気道や肺にはほとんど水が入っていないことが多く，腹部圧迫によって胃の中の水分を口内に押し出し，かえって気道閉塞の原因となるからである．溺水により呼吸停止が起こっているとき，口内に水や嘔吐物がたまっている場合はかき出すが，そうでなければ通常のステップに従って心肺蘇生を開始する．

表 3.1　G.C.S./Glasgow Coma Scale

評価項目	分類（スコア）
E：開眼	自発的に（4） 言葉により（3） 痛み刺激により（2） 開眼しない（1）
V：言語音声反応	見当識あり（5） 混乱した会話（4） 不適当な単語（3） 無意味な発声（2） 発声がみられない（1）
M：最良運動反応	指示に従う（6） 痛み刺激部位に手足をもってくる（5） 痛みに手足を引っこめる／逃避屈曲（4） 上肢を異常屈曲させる／除皮質肢位（3） 四肢を異常進展させる／除脳肢位（2） まったく動かさない（1）

表 3.2　JCS/Japan Coma Scale

Ⅰ　刺激しなくても覚醒している（1桁）
　1　大体意識清明だが，今ひとつはっきりしない
　2　時，場所または人物がわからない
　3　名前または生年月日がわからない

Ⅱ　刺激すると覚醒する−刺激を止めると眠り込む（2桁）
　10　普通の呼びかけで容易に開眼する
　20　大きな声または体を揺さぶることにより開眼する
　30　痛み刺激を加えつつ呼びかけを繰り返すと，辛うじて開眼する

Ⅲ　刺激しても覚醒しない（3桁）
　100　痛み刺激に対し，はらいのけるような動作をする
　200　痛み刺激に対し手足を動かしたり，顔をしかめる
　300　痛み刺激に反応しない

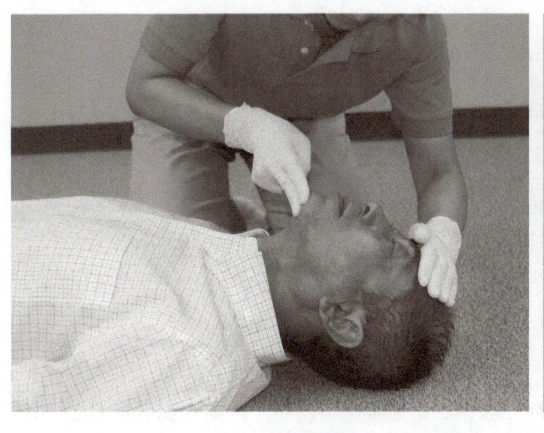

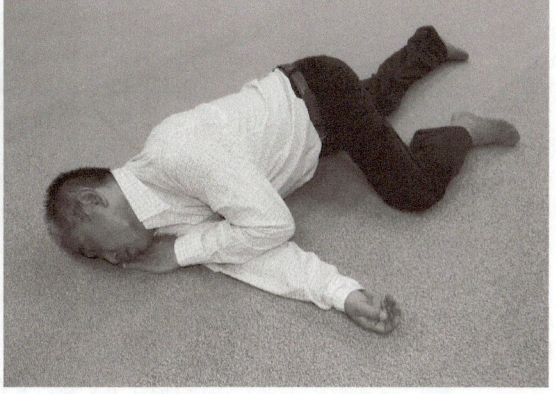

図 3.2　チンリフト（頭部後屈あご先挙上法）

図 3.3　回復体位（リカバリーポジション）

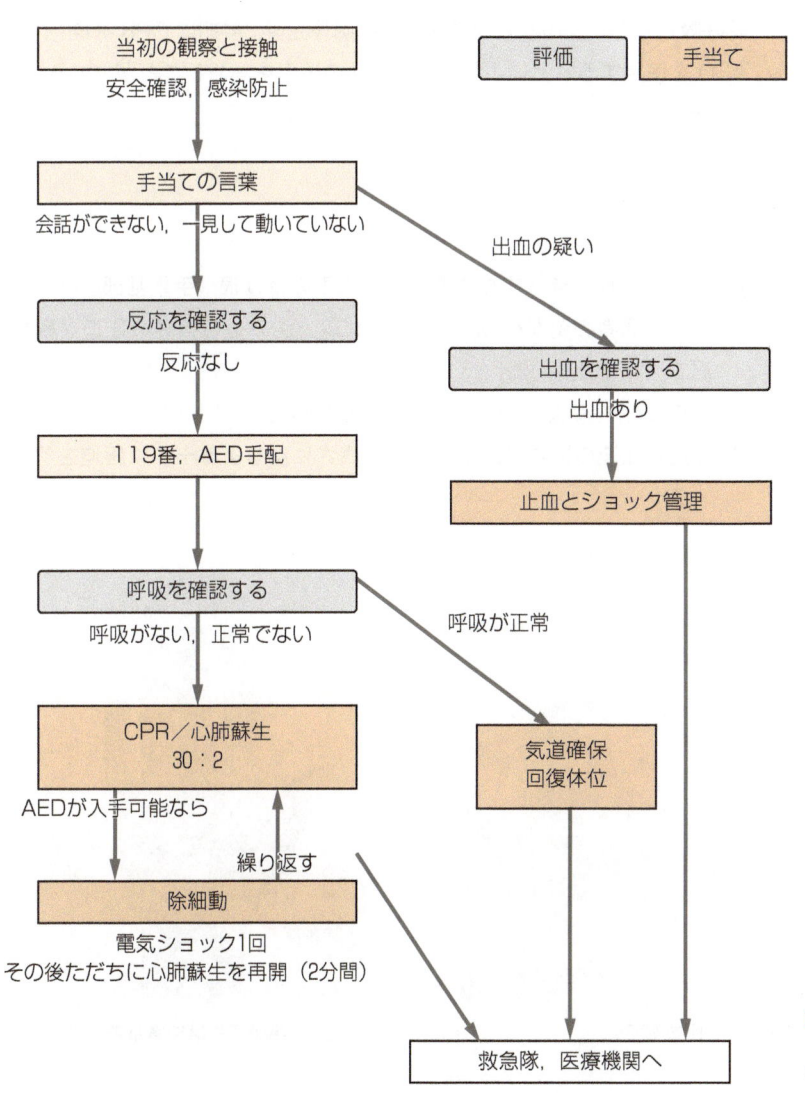

図 3.4　心肺蘇生における評価と手当ての流れ
「心肺蘇生ガイドライン 2010」準拠．

（3）回復体位（リカバリーポジション）

呼吸ができている意識不明者，あるいは意識状態が悪い傷病者を一時的に寝かせておく際に，気道閉塞を避けるための体位である（図3.3）．意識不明になると喉頭蓋が機能を失い，嘔吐の際に気道を塞いでしまう可能性があるため，枕などで頭を高くしてはならない．

2　心肺蘇生

呼吸がないか，正常でないことを確認したら，素早く胸骨圧迫と人工呼吸を開始し，同時に119番に連絡を取り救急隊の出動を要請する．

また，しゃくりあげるような動作が途切れ途切れに起こる状態（**死戦期呼吸**）も心停止のサインである．心肺停止後，早期にCPRを開始し，AEDを使用することにより，蘇生成功の確率を高めることができる．

評価と手当ての手順をフローチャートで示す（図3.4）．

（1）胸骨圧迫の方法

1. 押す場所は胸のまん中（胸骨の下半分）（図3.5）
2. 救助者の腕をまっすぐに伸ばし，両手の付け根（**手掌基部**，図3.6）で，傷病者の胸が少なくとも5cm以上沈み込む程度の圧迫を繰り返す（図3.7）．
3. 圧迫のペースは，少なくとも100回/分以上．
4. 圧迫と圧迫の間には，胸がもとの高さに戻るよう十分に圧迫を解除する．

● 知っておくと役に立つ！

心原性心肺停止と呼吸原性心肺停止

成人が突然の心肺停止に陥る原因の多くは，不整脈など心臓の疾患が原因で起こる（心原性）．このような場合はただちに胸骨圧迫からCPRを開始し，できる限り早期に除細動を行うことが必要となる．その場合は，もし救助者が人工呼吸をできないなら胸骨圧迫だけを継続する方法が勧められる．一方，子どもに多くみられる窒息，溺水，気道閉塞など呼吸停止に引き続いて心肺停止になった場合（呼吸原性）では，低酸素状態の改善を図る必要があるため，人工呼吸は省略せず30：2の胸骨圧迫と人工呼吸を迅速に開始することが重要となる．

CPR
cardiopulmonary resuscitation
心肺蘇生法

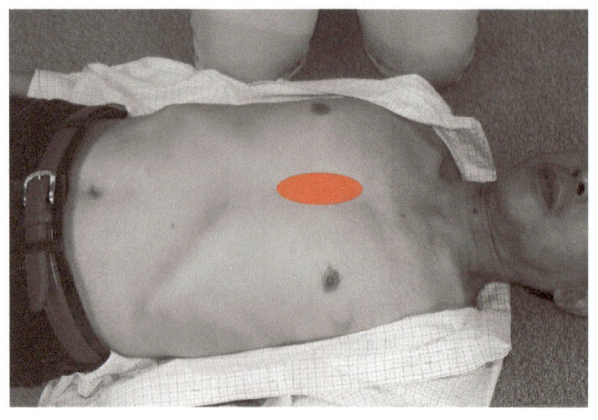

図3.5　胸骨圧迫で押す場所

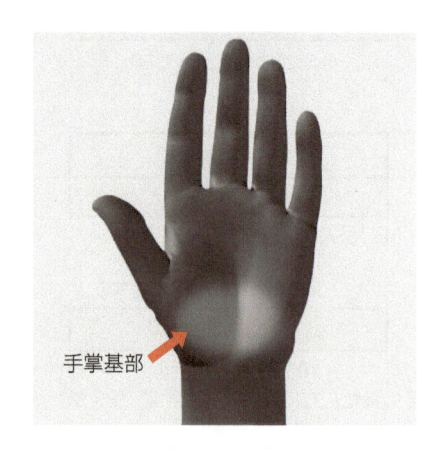

図3.6　胸骨圧迫は手掌基部で押す

5．30 回圧迫と 2 回吹き込みを組み合わせる．
6．圧迫は強く，速く，絶え間なく，続ける．

（2）人工呼吸の方法

1．感染防止吹き込み用具をセットする（図 3.8）．
2．気道確保を維持したまま，傷病者の鼻をつまみ，自分の口で傷病者の口をおおう．
3．1 回の吹き込みに約 1 秒かけて，傷病者の胸があがるのがみえるまで（図 3.9）．
4．2 回連続で吹き込む．

（3）AED（自動体外式除細動器）の使用方法

1．AED の電源を入れる（図 3.10）

AED の電源ボタンを押すか，機種によっては AED のふたを開けると電源が入り，AED の声（説明）が聞こえる．この音声ガイドに従って操作する．

2．電極パッドの装着（図 3.11）

傷病者の衣服を取り除き，電極パッド表面に図示された位置に従って，胸部の素肌に貼り付ける．電極パッドの一方は，胸骨右縁上方（鎖骨のすぐ下），もう一方は左側胸部（脇の下から 5〜8 cm ほど下）に貼り付ける．パッドと体の間に隙間があいていると電気がうまく伝わらないので，パッドは肌にしっかりと密着させる．

3．心電図の解析（図 3.12）

心電図解析は，電極パッドを貼ったあと自動的に，あるいは音声ガイ

AED
automated external defibrilator

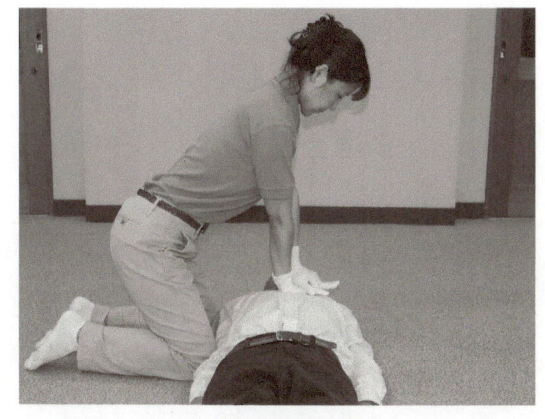

図 3.7　胸骨圧迫の方法
傷病者の胸が 5 cm 以上沈む程度の圧迫を繰り返す．

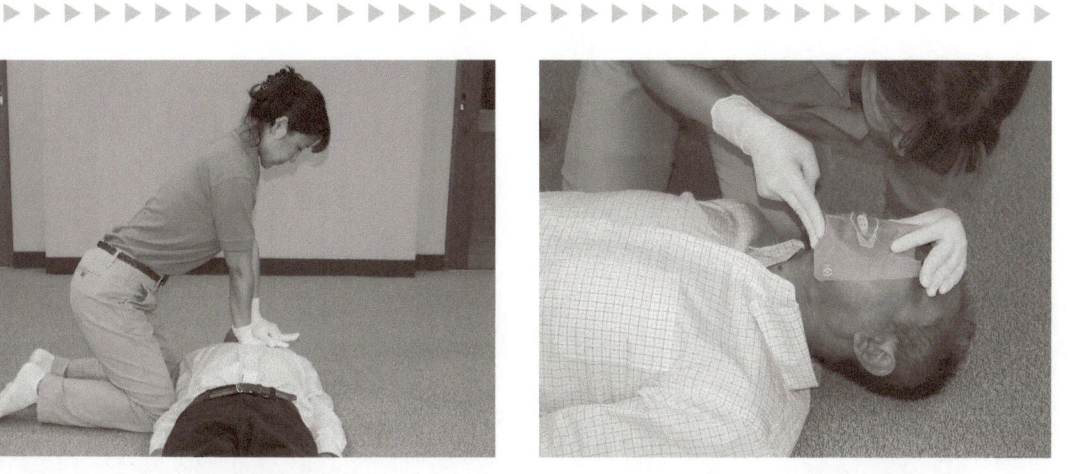

図 3.8　感染防止吹き込み用具のセット

ドに従って解析ボタンを押すことにより行われる．AEDの音声メッセージからは傷病者から離れるよう指示が出される．心電図解析の間は傷病者に影響を与える，あらゆる動きや接触を避けなければならない．

AEDの音声が「ショックが必要です」と伝えてきた場合，続いて通電のための充電を開始する．

4．ショックボタンを押す（通電）（図3.13）

AEDの充電が完了するとショックボタンを押す指示が出される．このとき誰も傷病者に触れていないことを目視でも確認し，救助者自身も離れ，ショックボタンを押す．

（4）心肺蘇生とAED使用の手順

1. 反応があるかどうか調べる．反応なしの場合は119番に通報し，AEDを頼む．
2. 呼吸がないか，正常でないか確認する．
3. 胸骨圧迫を30回．
4. 気道確保し人工呼吸を2回．
5. 胸骨圧迫：人工呼吸＝30：2を，AEDがセットされるまで続ける．
——AEDが到着したら——
6. AEDの電源を入れる（音声に従って以降の操作を行う）．
7. 電極パッドを装着する．
8. 心電図解析（離れる）．
9. AEDの指示に従ってショックボタンを押す（離れる！）．
10. ショック1回のあと，電極パッドを装着したまま，ただちに胸骨圧迫からCPRを再開する．

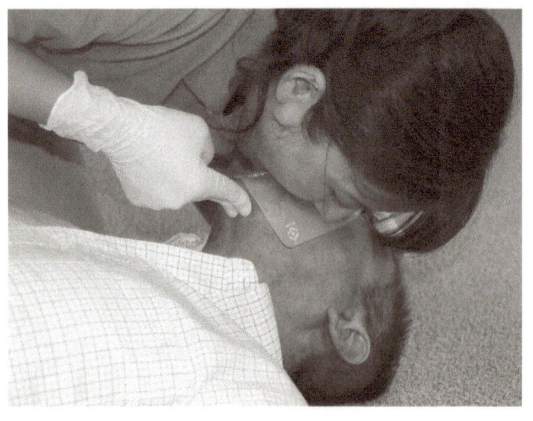

図3.9 人工呼吸方法
傷病者の胸があがるのがみえるまで行う．

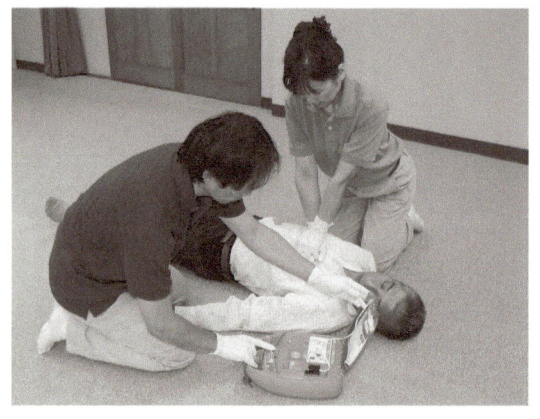

図3.10 AEDの電源を入れる

11. 2分後にAEDから再度心電図解析の音声案内が出される（離れる！）．
12. 以降，上記8〜11（ショック1回，2分間CPR）を繰り返す．
13. 救急隊に引き継ぐまで続ける．

3　全身けいれん

　全身けいれんを引き起こす原因として，以下があげられる．
① 脳の過剰興奮によるもの（てんかん，脳障害など）．
② 全身性の疾患によるもの（糖尿病，中毒，感染症，小児の熱けいれん，熱射病など）．
③ 精神性の傷害によるもの（ヒステリー，過換気症候群など）．
　けいれん中は呼吸状態が悪く，けいれんが長引いたり繰り返されたりすると脳が低酸素環境にさらされる可能性があるので，救急隊を要請する必要がある．

（1）徴候，症状

① 突然硬直して倒れる（**強直性けいれん**）（図3.14）．
② 筋肉の強い緊張と弛緩を繰り返す（**間代性けいれん**）（図3.15）．
③ 顔は青黒くなる．
④ 失禁する（ヒステリーの場合は失禁しない）．

（2）応急手当

① 安静にして，火，熱湯，鋭利なものなど，まわりに危険なものがあ

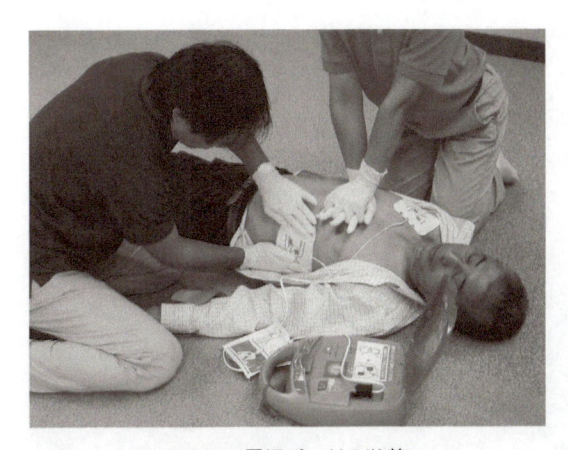

図3.11　電極パッドの装着

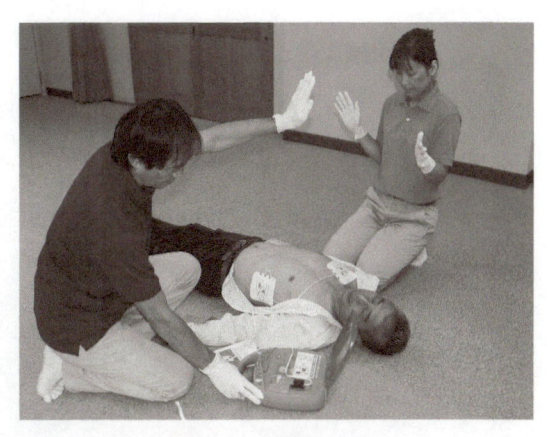

図3.12　心電図の解析
傷病者から離れて解析ボタンを押す．

② 身体を押さえつけない．呼吸状態が観察できる程度に襟元をゆるめる．
③ 発作時に舌を噛むからといって，はしやスプーンを口の中に入れてはいけない．
④ 発作が収まったら，楽な体位で横向きに寝かせる．
⑤ 発作が10分以上続くとき，断続的に発作を繰り返すとき，意識を回復しないときは救急隊を要請する．
⑥ けいれんの持続時間，けいれんの形（全身か，体の一部か），意識の状態（反応があるか，ないか）などを観察し，医師や救急隊に伝える．

4 ショック

ショックとは，怪我や急病によって重要臓器（脳，心臓，肺など）への有効な血流が維持できず，細胞の機能が保てなくなる状態であり，ショック後期には血圧低下をきたし，死亡に至る．ショックは生命に関わる状態なので，迅速かつ適切な対応が必要となる．

ショックに陥る原因として以下があげられる．
① 心原性ショック（心臓ポンプ機能の低下によって起こる）
② 循環血液量減少性ショック（大きな出血や熱傷などによって起こる）
③ 神経原性ショック（脊髄の損傷により血管平滑筋がゆるむことによって起こる）
④ アナフィラキシーショック（アレルギーによる血管拡張によって起こる）

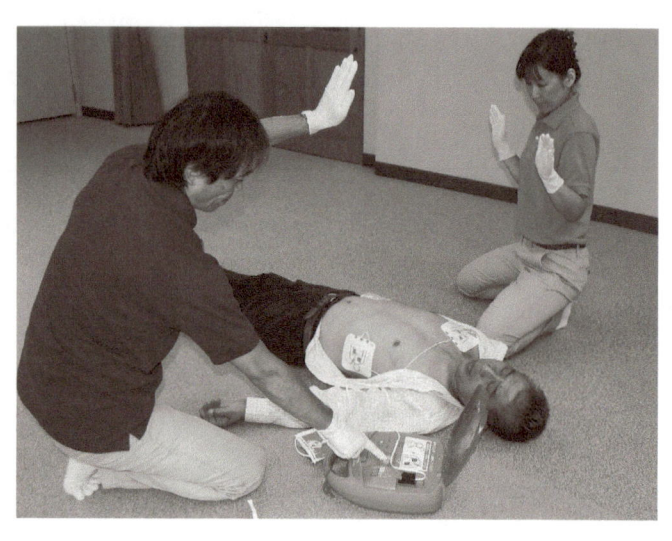

図3.13 ショックボタンを押す

⑤ 敗血症性ショック（感染症により，血管拡張によって起こる）

（1）徴候，症状

① 顔色が蒼白になる．
② 脈は速く，弱くなる．
③ 冷や汗をかき，手足が冷たくなる．
④ 気力が衰える．
⑤ 毛細血管の再充満（爪を押して離したとき，組織の色が戻るまでの時間）が遅い．

ひどくなると，

⑥ めまい
⑦ 失禁
⑧ 浅く速い呼吸
⑨ 吐き気

などが現れる．

（2）応急手当

1. ショックの徴候，症状が現れたら，急いで救急隊を要請する．
2. ショックの原因に対して応急手当を施す（気道確保，呼吸・循環の管理，止血，脊椎の保護など）．
3. 水平仰向きに寝かせ，可能なら足を少し高くする．
4. 毛布などでくるみ，保温する（加温ではない．図3.16）．
5. 心身ともに安静を保たせる．

知っておくと役に立つ！

ショックに陥った人の保温
ショックに陥った傷病者が低体温を併発すると，血液凝固など体の正常な生理機能が失われ，病院へ行ったあとの処置が困難となる．したがってショックを起こした人には，体温を失わないよう常に保温を考慮すべきである．

図3.14 強直性けいれん

図3.15 間代性けいれん

5　呼吸困難

　呼吸とは，いうまでもなく生命維持に最も重要な活動のひとつであり，いかなる傷病者においても，呼吸状態の観察と管理は常に行われていなければならない．

　呼吸困難の原因として下記があげられる．
① 肺疾患（胸部外傷，気道熱傷，肺塞栓症，気管支喘息など）．
② 心臓疾患（うっ血性心不全，急性心筋梗塞など）．
③ その他の疾患（心因性，過換気症候群，アナフィラキシーなど）．
④ 慢性疾患（肺がん，慢性閉塞性肺疾患，先天性心疾患など）．

　応急手当としては，下記があげられる．
① 活動をやめ安静にさせる．
② 浅く速い呼吸，頻脈，意識障害を呈している場合は，速やかに救急隊を要請する．
③ 過換気症候群の場合は，ゆっくりとした呼吸を促す（ペーパーバッグ法は行わない）．
④ アナフィラキシー（アレルギーの急激な症状）が疑われる場合は，急いで救急隊を要請する．本人がアドレナリン自己注射キットを所有しているなら，使用を補助する．

ペーパーバッグ法
従来は過換気症候群の応急処置として，紙袋を口に当てて再呼吸させる方法が知られていた．しかし，心筋梗塞など重大な疾患があって過呼吸状態になっている場合や窒息する恐れがあるため，現在では一般市民の応急手当として行うことは勧められていない．

アドレナリン自己注射キット（商品名：エピペン）
アドレナリンには心臓の働きを強め，末梢の血管を縮めて血圧を上昇させる作用がある．アナフィラキシーによるショック症状が現れたときに補助的に使用し，ショックを緩和する治療剤．本人や保護者などが注射をする薬剤である．

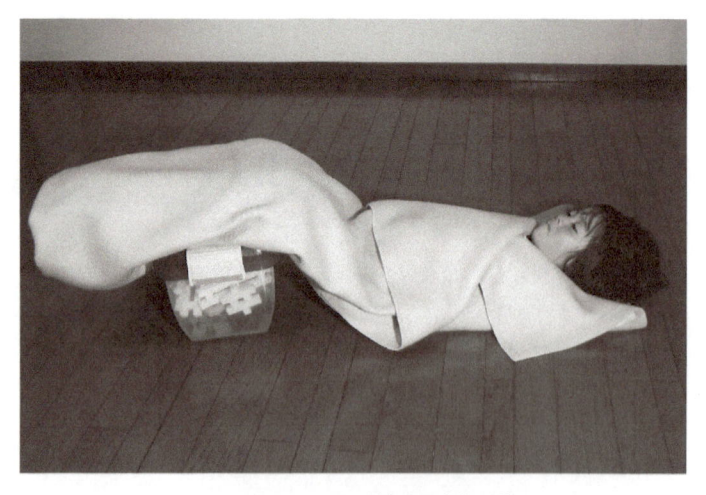

図 3.16　ショックに対する応急手当
毛布などでくるみ保温する．

復習トレーニング

次の文章のカッコの部分に適切な言葉を入れなさい．

❶ 緊急時の現場で傷病者に必要不可欠なことは，脳への（　　）供給を維持することである．

❷ 心肺蘇生の際，胸骨圧迫と人工呼吸の比率は（　）：（　）である．

❸ 心肺蘇生の胸骨圧迫は（　）く，（　）く，（　　　）く，行わなければならない．

❹ ショックの徴候・症状が現れたら，急いで救急隊を要請し，（　　）する．

次の文章で正しいものには○，誤っているものには×をつけなさい．

❺ 〔　　〕AEDは医療機器なので一般市民が使用してはならない．

❻ 〔　　〕けいれんしている傷病者の身体を押さえつけることはせず，呼吸が観察できる程度に襟元をゆるめ，周りの危険なものを片付ける．

4章

呼吸器系

4章のPOINT

◆ 呼吸器系は気道や肺胞実質系からなるが,呼吸には胸郭や横隔膜の動きが重要な役割を演じている.循環器,運動器と比較して,呼吸器はさまざまな組織から構成され,比較的複雑な構造である.

◆ 運動中の呼吸器障害には,おもに換気の障害と酸素化の障害の二つの要因がある.

◆ 肺は左右2つあり予備能力が大きいので,呼吸器疾患がない場合には通常は心臓機能の限界で運動が終了することが多い.一方,呼吸器疾患がある場合は呼吸機能が限界となり運動が終了し,息切れや低酸素血症が指標となりやすい.

1 スポーツ活動と呼吸器系：解剖と生理のポイント

(1) 呼吸器系の構造と機能

　ひとは，空気を吸ったり吐いたりする**呼吸**により，体内に酸素を供給したり体外へ二酸化炭素を排出することができる．この呼吸に関連する臓器をまとめて**呼吸器系**といい，体幹の上半分の多くは肺や気管支などの呼吸器で占められている．

　呼吸器系は機能的に「気道」「肺胞実質系」「その他」の3つに分類できる（図4.1）．**気道**とは「肺胞実質系」までの空気の通路であり，体内への入り口である口腔や鼻腔から喉頭までを**上気道**，喉頭以下を**下気道**という．「喉がかわく」ところ，「喉がかれる」ところ，声が出るところが**喉頭**である．呼吸細気管支から肺胞に至ると周囲に毛細血管が取り囲んでおり，ここではじめて体内に酸素を取り入れることができる．この部分を**肺胞実質系**という．

　「気道」や「肺胞実質系」には心臓のように自ら動く機能はなく，空気を体内に出し入れする「呼吸」をするためには，「気道」や「肺胞実質系」を取り囲んでいる**胸郭**や**横隔膜**など「その他」の動きの役割が大きい．胸郭は肋骨や肋間筋などから構成されている．

(2) 運動と酸素運搬

　運動すると，骨格筋組織でのエネルギー需要とともに酸素消費量が増加する．そのために酸素を筋組織に運搬する血液循環量は増加し，同時に酸素を体内に取り入れるための呼吸活動も亢進する．このように，運

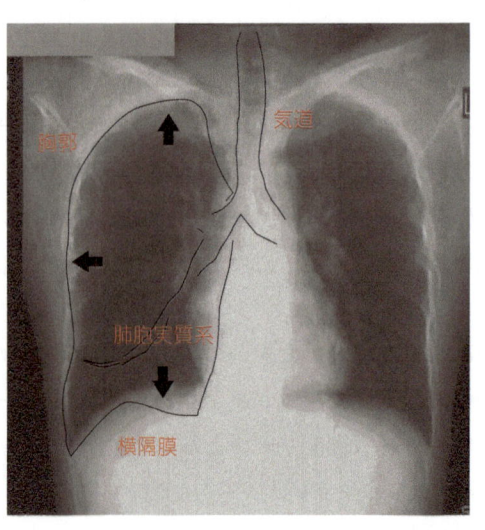

図4.1　呼吸器の構造
矢印は呼吸に伴い，胸郭が上下左右に広がる様子を示す．

- ●気道
  - ・口腔，鼻腔，咽頭，喉頭
  - ・気管
  - ・主〜終末細気管支
- ●肺胞実質系
  - ・呼吸細気管支〜肺胞
  - ・毛細血管
- ●その他
  - ・神経
  - ・胸郭（肋骨，肋間筋）など
  - ・横隔膜

動時の組織への酸素供給運搬には呼吸器，循環器，筋組織の3つの歯車が協同して働く必要がある（図 4.2）．呼吸のうち，呼吸器系で行われる外気との酸素交換を**外呼吸**，筋組織で行われる酸素交換を**内呼吸**という．

また酸素運搬の経路は，循環器＝動静脈の巡回線（一方通行路），呼吸器＝単線（両側通行路）となっており，ある意味呼吸器は循環器と比べると効率が悪いといえるのかもしれない．

2　急性スポーツ障害

（1）過換気症候群

呼吸のしすぎを**過呼吸**といい，これにより必要以上の換気が行われた状態を**過換気**という．過換気が続くと体内の二酸化炭素量がバランスを失い，体がアルカリ状態（逆は酸性）となる．このような状況で，呼吸困難感や呼吸の乱れ，動悸，胸痛，腹痛や腹部膨満感，口腔乾燥などの消化器症状，意識障害やけいれん，手指のしびれ，めまい，発汗，四肢冷感，疲労感などを伴うものを**過換気症候群**という．テタニー型の硬直性けいれんはよく認められる症状である．

過換気症候群はパニック障害のひとつともいわれており，スポーツ現場では身体的・精神的に追い込まれた状態で生じやすい．そのため重要な試合場面で生じることがあるが，試合中は集団行動で同僚・コーチの目に入ることや，マスコミなどメディアの存在があり，安寧が得られず，その結果長引くこともある．

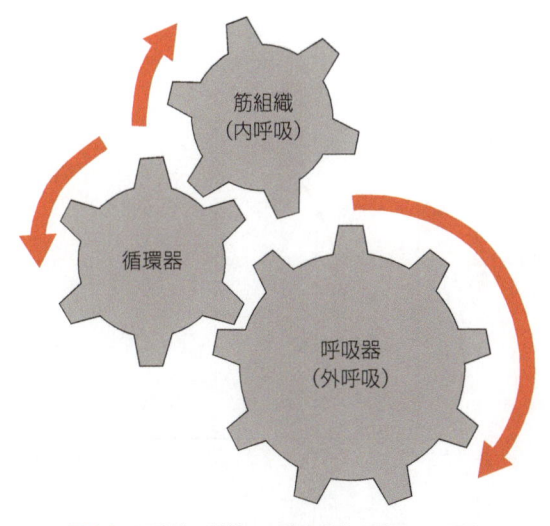

図 4.2　運動時の組織への酸素供給に関わる3要素

過換気症候群対処のポイントは，症状に関連している病気の存在を除外することである．たとえば，スポーツ現場で起こりうる病気として運動性喘息発作や急性心筋梗塞，気胸などがある．とくに，基礎疾患をもつ可能性が高い中高齢者の過換気では慎重に対応する必要がある．また，体内の酸素不足の結果として過換気を起こしている場合には，まず酸素を補給する必要があり，酸素不足の有無を**動脈血酸素飽和度（SpO$_2$）モニタ**（図4.3）などで確認することは重要である．しかし一方で，競技会場にはこのような病気を除外する設備がないことや，一般人よりも体格が良いアスリートでは概して症状が強くみえ，移動・処置が困難であるなど，競技会場内では混乱が生じやすいため，少しでも症状が長引く場合には救急隊の要請も考慮すべきである．

とくに明らかな過換気の原因がなければ，息こらえやゆっくり呼吸を整えるようにし，精神的なストレスが強い場合にはこれを取り除くような工夫が必要である．体内の二酸化炭素量を補正するために二酸化炭素が多く含まれる呼気を再度呼吸するペーパーバッグ法がよく知られている．ペーパーバッグ法による死亡例も報告されていることから，行う場合には紙袋が小さいために呼吸が妨害されることのないよう，また酸素不足にならないよう十分に注意しながら行われるべきである．

（2）気胸

肺の表面は**臓側胸膜**（ぞうそくきょうまく）という膜でおおわれているが，ここに穴が開いて壁側胸膜との間に存在する**胸腔**と呼ばれるスペースに空気が流入して，風船のように膨らんでいた肺がしぼんでしまった状態を**気胸**という（図4.4）．気胸には，身長が高く細長体型の男性に多く明らかな原因が

> **知っておくと役に立つ！**
>
> **呼吸指標**
>
> 呼吸の状態を把握するためには，基本的な指標を知っておくと良い．たとえば1回の呼吸で出入りする空気の量（一回換気量）はおよそペットボトル1本（500 mL，体重kgあたり10 mL），呼吸回数は10～15回（およそ4～6秒に1回），呼気と吸気比は3～4（吸気は1秒程度）となる．分時換気量は安静時5Lから最大運動時100Lとなる．

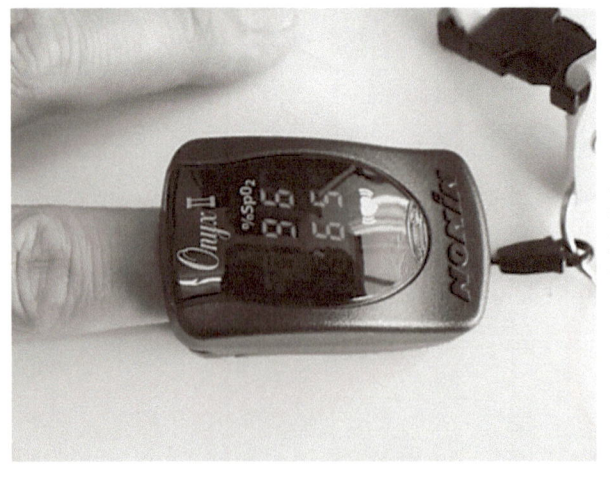

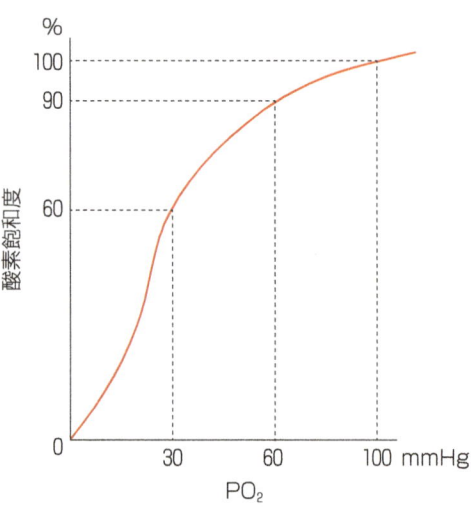

図4.3 動脈血酸素飽和度（SpO$_2$）モニタ

ない**自然気胸**や，外傷に伴う**外傷性気胸**がある．

　自然気胸のうち約50％では再発を認めることがある．突然生じる胸痛や息切れで発症する．スポーツでは，スキューバダイビングなど気圧変化を伴うスポーツでの障害のひとつとして，あるいは胸腔に圧変化を及ぼす重量挙げや，ラグビーなどのコンタクトスポーツにおける外傷性肋骨骨折に伴う外傷性気胸が知られている．また，コンディショニングに鍼灸治療を応用することがあるが，上半身への治療の合併症としての気胸が知られている．

　治療法としては，胸腔内に貯留した空気を排出し，しぼんだ肺を膨らませることが必要であり脱気チューブによる**胸腔ドレナージ**が行われる．開いた穴をふさぐための胸膜癒着術や胸腔鏡下手術も行われる．緊張性気胸では，胸腔内圧が陽圧となってしぼんだ肺への圧力が加わり，急激に呼吸状態の悪化を示すため，脱気などの緊急処置が必要となる．

　酸素吸入は呼吸状態の改善に役立つ．

（3）高山病，高地肺水腫

　海抜0メートルでの大気圧はほぼ1気圧とされている．しかし，登山などで高度を上げていくと空気が薄くなり，低圧低酸素状態となる．3000 mの高度では気圧，酸素分圧（PIO_2）ともに30％程度減少する．一般に動脈血酸素分圧（PaO_2）が60 mmHg（Torr）になると体が正常に機能を営めない呼吸不全と同様の状態になるが，2500 m以上の高地で，その状況が生じる（図4.5）．体はこの酸素不足に適応するよう反応するが，急激に登山すると6時間後くらいから，ときに息切れ，頭痛，不眠，食欲不振や吐き気，浮腫などが生じる．この状態を**高山病**という．

・胸郭内で肺容積が減少し，胸腔（肺と胸郭の隙間）に空気が漏れた状態になっている．
・胸郭は若干過膨張し，心臓は偏位している．

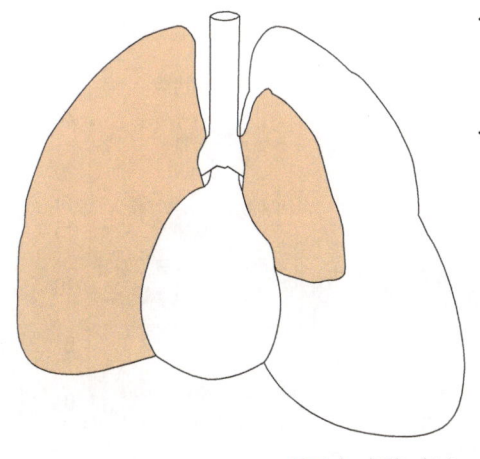

図4.4　気胸（左）

4章 呼吸器系

肺血管抵抗が高くなると肺間質に浮腫を生じて**高地肺水腫**が引き起こされる．体動時の息切れや咳を認める．また**高地脳浮腫**は4000 m以上の高度への急速な上昇で起こるとされ，激しい頭痛や意識障害，失調症状を伴い，ときに致命的となる．対処法として下山をすることや酸素投与があり，高気圧治療が行われることもある．

（4）水死，溺死

水に溺れることによって，気道に水などの液体が浸入し塞がれることによって呼吸ができなくなり窒息死に至ることを**水死**あるいは**溺死**という．水に襲われ，格闘して死に至る**湿性溺死**と，体の内部に異変が生じ，水と格闘することなく死に至る**乾性溺死**がある．

厚生労働省の「不慮の事故死亡統計」によれば，日本の年間溺死者数はおおよそ6000人前後であり，高齢者の家庭での溺死が多いようである．泳げるひとのスポーツ活動中の溺水の発生要因は表4.1のようにまとめられる．対処法として，メディカルチェックを行い，体調を整えることや，水泳前の大量の食事摂取や飲酒の防止，鼻から水を吸うと耳管に入りやすいため，鼻からの吸引を避けることなどがあげられる．

溺水
気道中に液体が入り，気道が塞がれ，窒息した状態．

表4.1 泳げるひとの溺水の要因
- 冷水刺激による反射
- 飲酒
- 胃の膨満
- 恐怖感・パニック
- 筋肉けいれん
- 平行失調（鼻口部からの水による中耳部の出血を原因とするもの）
- 意識消失

武藤（1986）より一部改変．

3　慢性スポーツ障害：気管支喘息

気管支喘息はアレルギー疾患であり，気道に炎症が生じたり，過敏となってけいれんが起きた結果，咳や痰が誘発されたり，空気の通り道が狭くなってゼーゼー，ヒューヒューといった喘鳴，息切れなどを繰り返す病気である．一般の有病率は小児で7％程度といわれているが，アス

各地の標高

エベレスト	8848 m
キルチャ	6180
モロコチャ	4500
パイスピーク	4301
（富士山	3776）
リードビル	3094
メキシコシティ	2240
デンバー	1610

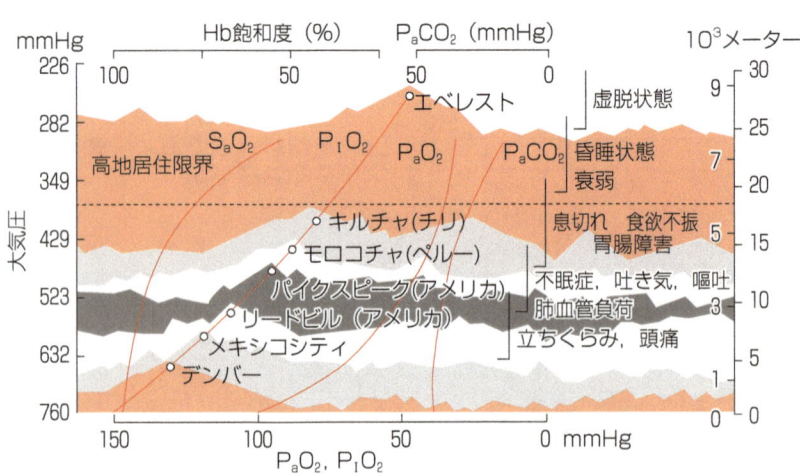

図4.5 高度と気圧，血液酸素指標の関係
R. L. Wilber, "Altitude training and athleteic performance", Kinetics Inc (2004), p.8, Fig 1.4.

リートでは気管支喘息が多いことが近年指摘されており，おおよそ10%前後はもっていると考えられる．

気管支喘息の治療の基本は，病気の原因である気道の炎症を抑制する薬剤と，症状の原因となる気道狭窄を改善する薬剤の組合せである．抗炎症薬の代表である**糖質コルチコイド**と，気管支拡張薬の代表である**交感神経β_2作用薬**は，ドーピングにおける禁止物質とされているため，治療にあたってはドーピング関連の書類手続き（治療目的使用に係る除外措置申請，TUE申請）を考慮する必要がある．

気管支喘息悪化の誘因としては，気温の変化やアレルゲンの吸入のほかに運動も知られている．したがって，運動によって症状が変化していないかを確認することも重要である．

現在の喘息のコントロール状態を評価する方法として，5つの質問にチェックして点数化する**喘息コントロールテスト**（asthma control test，**ACT**）や1日2回の**ピークフローメータ**（図4.6）による呼気最大流量測定などがあり，これらを**喘息日誌**として観察するとわかりやすい．

さらに予防法として，運動前のウォーミングアップを適切に行うことや，塩分制限や抗酸化物質摂取などの食事療法，アレルゲンの除去や回避を含めた練習環境の整備，かぜの予防やストレス回避へのコンディショニングが重要である．

通常の生活では喘息症状は生じないけれども，運動時にのみ気管支喘息（後述）症状を呈するものを**運動誘発喘息**（exercise induced asthma，**EIA**），または**運動誘発性気管支攣縮**（exercise induced bronchospasm，**EIB**）という．

症状は通常，運動開始後数分より咳やゼーゼー（喘鳴），息切れなど

ドーピング
第15章も参照．

喘息日誌
喘息発作の傾向を把握し，喘息をコントロールするために記録する日誌．天候，温度，発作の有無，食事摂取，使用した薬などを書き込み，診察の際に主治医と確認しあう．

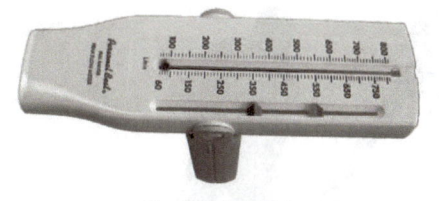

ミニライト　　パーソナルベスト

図4.6　ピークフローメータの一例

が生じ，運動の中止により1時間程度以内に改善する．その後2時間程度，症状を起こしにくい不応期があり，一部のものでは3～6時間後に遅発反応と呼ばれる症状のぶり返しを起こすことがある．このような症状で運動誘発喘息と診断できる場合もあるが，客観的な評価方法としては呼吸機能検査を指標とした自転車エルゴメータによる**運動誘発試験**があり，スポーツドクターと相談して適応を検討する．

運動誘発喘息は，運動による換気量の増大により気道が冷却されたり温かくなったりすることや乾燥することが引き金となり，気道の浸透圧変化が生じて起こるといわれている．そのため，運動誘発喘息は表4.2に示すように換気量の多い冬場のスポーツ種目での有病率が高いとされている．

運動誘発喘息があるとわかっている場合には，運動前にあらかじめ気管支喘息薬の吸入や内服を行うと症状を抑えることができる．具体的には交感神経β作用薬の吸入や抗ヒスタミン薬内服などであるが，ドーピング禁止表に掲載されている薬剤に注意する．運動誘発喘息にみるように，運動は気管支喘息症状悪化の原因となり得るため，スポーツ活動を行うアスリートでは厳密に症状をコントロールしておくことが望ましい．

ドーピング禁止表
http://list.wada-ama.org/jp/
第15章も参照．

4 アスリートのコンディショニングに重要な一般的疾患

（1）上気道感染症

上気道感染症とは，上気道で起こる病原微生物による感染症のことで，一般に感冒あるいはかぜといわれる．症状としては鼻水や鼻づまり

表4.2 運動誘発喘息とスポーツ

起こりやすいスポーツ	起こりにくいスポーツ
・バスケットボール	・ウェイトリフティング
・サッカー	・ウォーキング
・長距離走	・フットボール
・自転車競技	・テニス
・アイスホッケー	・水泳
・クロスカントリースキー	・スプリント

ACSM's Certifaied News, 13, 3 (2003) より表を改変．

（鼻閉），くしゃみ，喉の痛み（咽頭痛）や腫れ，咳，痰などの局所症状と，発熱や関節痛，倦怠感などの全身症状がある．

一般に運動強度と免疫能あるいは上気道感染症発生との関係には図4.7に示すような関係にある．健康目的で運動を行う一般人にとってはカーブの左半分にいることが多いが，アスリートとして競技を行うものはカーブの右半分にいることが多く，強化練習など強度の高い練習が続いたあとにかぜを引きやすいなどといったことがよく経験される．

上気道感染症の原因の多くはウイルス性といわれているが，原因となるウイルスの多くに対しては特効薬がないため，治療は症状を緩和させる対症療法が中心となる．一方，細菌感染と一部のウイルスに対しては抗菌薬や抗ウイルス薬が有効である．

運動の可否については，いわゆる「喉チェック」がポイントである．つまり，喉より上の上気道症状のみであれば，運動は継続または減量でよいが，喉の奥からの深い咳や痰といった喉より下の下気道症状，発熱などの全身症状を伴う場合には運動を休止したほうがよいとされている．

また，上気道感染症のうち伝染性の強いものは，スポーツ活動において問題となりやすい．チーム内での蔓延はパフォーマンスの低下となり，競技会や合宿では集団発生の事例となりやすく**リスクマネジメント**を問われることとなる．インフルエンザはその代表で，新型インフルエンザが比較的早期にスポーツ関係者内で感染拡大したのも事実である．日本では冬場に流行するが，必ずしも冬のみでなく夏に感染することもある．症状は，突然の高熱で発症し，全身倦怠感や関節痛，上気道症状を伴う．診断は咽頭ぬぐい液を用いた迅速診断キットが有用であるが，発症早期には偽陰性が出やすい．

運動と免疫機能
第1章，第8章も参照．

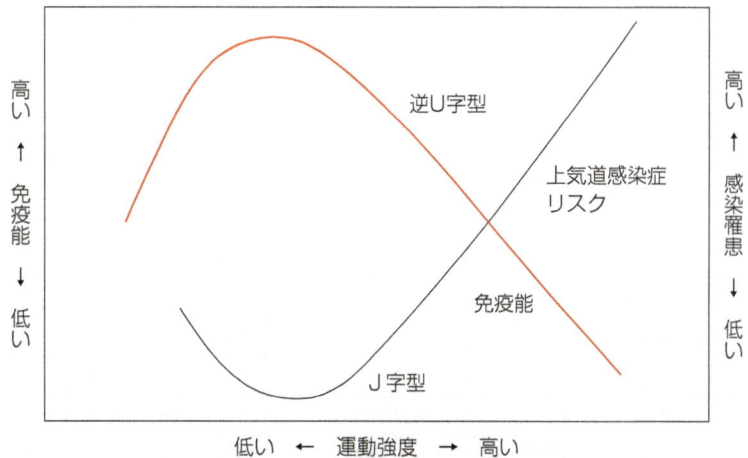

図 4.7 運動強度と免疫能
P. C. Nieman, *MSSE*, **26**, 2, 128 (1994). より改変．

一方で，抗インフルエンザ薬は発熱後48時間以内の投与でないと効果的でないことがいわれている．学校への登校停止基準は，発症後5日を経過しかつ解熱したあと2日間とされており，スポーツ活動でもこのような基準を前提に感染対策をするとよい．同時に，手洗い，うがい，マスク着用，ワクチン接種といった基本的な感染予防の方策をうまく講じておく必要があることはいうまでもない．

（2）気管支喘息

気管支喘息のアスリートには運動そのものが**気管支喘息**の誘因となるため，気管支喘息のコントロールはコンディショニングにとって重要である．

5 慢性呼吸器疾患をもつ者の運動

（1）COPD

COPD とは chronic obstructive pulmonary disease の頭文字をとったもので，日本では**慢性閉塞性肺疾患**と呼び，肺気腫や慢性気管支炎と呼ばれていたものの総称である．2010年（平成22）のわが国での死因別死亡順位は9位であり，2001年（平成13）現在での推定罹病者は530万人，喫煙者の12％，非喫煙者の5％に認められている．

COPDの原因として喫煙や大気汚染があげられ，これにより気道の炎症や肺胞の破壊が引き起こされた結果，慢性的な気道閉塞を生じ，呼吸機能検査では**一秒率低下**といった閉塞性障害が認められる．

▶ 知っておくと役に立つ！

加齢による呼吸機能の変化
呼吸機能は25歳がピークといわれ，その後加齢とともに低下が始まる．肺活量は1年当たり約20 mL低下し，一秒量低下はさらに多く，全体として気管支喘息やCOPDで認められるような閉塞性変化の方向に向く．最大に吐いても胸郭に残る残気量が増加する．

コンディショニング
第1章も参照．

表 4.3 運動療法の推奨レベル

病態＼運動療法	コンディショニング	ADLトレーニング	全身持久力トレーニング	筋力レジスタンストレーニング
COPD	＋＋	＋＋	＋＋＋	＋＋＋
気管支喘息	＋	＋	＋＋＋	
気管支拡張症	＋＋	＋	＋＋	＋＋
肺結核後遺症	＋＋	＋＋	＋＋	＋＋
神経筋疾患	＋＋	＋		
間質性肺炎	＋＋	＋＋	＋＋	＋
術前・術後	＋＋＋	＋	＋＋＋	＋＋
気管切開下	＋	＋	＋	＋

空欄：現段階考慮できず，＋：適応が考慮される，＋＋：適応，＋＋＋：適応であり有用性を示すエビデンスが存在．
＋：『呼吸リハビリテーションマニュアル-運動療法』，第2版（2012年）で第1版（2003年）より追加．
日本呼吸ケア・リハビリテーション学会呼吸リハビリテーション委員会ワーキンググループ，日本呼吸器学会呼吸管理学術部会，日本リハビリテーション医学会呼吸リハビリテーションガイドライン策定委員会，日本理学療法士協会呼吸理学療法診療ガイドライン作成委員会 編，『呼吸リハビリテーションマニュアル：運動療法』，照林社（2012）より改変．

COPDの症状は息切れ・労作時呼吸困難，咳・痰，喘鳴などで気管支喘息と類似している．治療には気管支喘息と共通するものがあるが，喫煙が最大の原因といわれることから，禁煙が治療の第一歩であり，低酸素血症を伴う患者では在宅酸素療法が行われる．

（2）呼吸リハビリテーション

近年，息切れにより運動が困難であった慢性呼吸器疾患にも運動療法が行われるようになってきた．その目的は，呼吸困難感の軽減や運動耐容能改善，健康関連QOLやADLの改善であり，継続が重要であるが薬剤療法で症状が軽減している患者に対しても上乗せ効果があるとされている．慢性呼吸器疾患と運動療法の適応について表4.3にまとめた．導入時の運動回数は，外来監視下で週2～3回，6～8週間であり，いままでの研究成果から運動療法の下肢による全身持久力トレーニングが最も強く推奨されている．

運動療法にあたっては，6分間歩行距離（6 minutes distance, 6MD）や6分間歩行試験（6 minutes walk test, 6MWT）で運動耐容能を評価したのち，コンディショニングやADLトレーニングから重症度に応じて段階的に行っていく．運動時には胸部症状や自覚症状とともに心拍数やSpO_2のモニタを行う．

呼吸機能検査で閉塞性・拘束性障害を示す代表的疾患の運動時の変化を，表4.4にまとめた．

ADLトレーニング
日常生活をできるだけ自立して行えるように，家庭に近い環境でトレーニングを行うこと．

表4.4 呼吸疾患と運動パターン

代表的疾患	COPD（閉塞性肺疾患）	肺線維症（拘束性肺疾患）
胸部画像		
おもな病態と呼吸機能	肺胞実質が破壊されると柔らかく膨張した肺となり，横隔膜は下げられて，その動きが悪くなる 息が吐きにくくなり時間がかかる	肺胞と肺胞の隙間に厚みが生じて，堅く収縮した肺となる 空気が血液に接触できる時間が短くなり，ガス交換効率が低下する
運動時の呼吸運動の制限と運動時終了時の現象	換気が制限され，空気の出し入れにも時間がかかり，息があがってしまう	運動により血流が速くなると，さらにガス交換が難しくなり，血液中の酸素量が低下する．
対応	呼吸調整	酸素投与

復習トレーニング

次の文章で正しいものには○，誤っているものには×をつけなさい．

❶ 〔　〕呼吸は肺と気管支のみによって行われている．

❷ 〔　〕運動誘発喘息の有病率は，アイスホッケーやクロスカントリースキーなどの冬期のスポーツ種目で多いといわれている．

❸ 〔　〕マラソン大会で中年者が過換気を呈していた場合，ためらうことなく紙袋を口にあてがうのがよい．

❹ 〔　〕COPDの運動療法では，まず下肢による全身持久力トレーニングを行うことが，エビデンスレベルが高いとされている．

5章 循環器系

5章のPOINT

◆ スポーツ活動中には，安静時の数倍にもなるほどの循環器系の働きが必要になる．1回拍出量も心拍数も増大あるいは増加し，心拍出量は非常に大きくなる．この増大や増加には内分泌系機能や自律神経系機能が関与し，正常時にはこれらが律動的に，必要に応じて反応する．

◆ 何らかの疾患，とくに循環器系疾患がある場合には，上記の機能が破綻し，正常な機能が働かない病態を示すことになる．

◆ この章では循環器系，とくに心臓に関連した生理的および病的状態のなかで重要な，突然死，虚血性心疾患およびスポーツ心臓について記述する．

5章 循環器系

1 スポーツ活動と循環器系：解剖と生理のポイント

循環器系，つまり心臓と全身の血管（動脈および静脈）は，自律神経系や内分泌系の支配のもと，動作に応じてその機能を亢進し，また減弱している．心臓を支配する**自律神経**として，交感神経および副交感神経（迷走神経）がある．それぞれ心臓内に存在する刺激伝導系に作用して，心臓機能を亢進（交感神経），減弱（迷走神経）させる．

図 5.1 に示すように，**刺激伝導系**と呼ばれる筋肉の運動指令がある．心筋を収縮させる刺激が心房および心室を伝導して，心房および心室の律動的な収縮・拡張が起こる．この律動的な収縮および拡張により，血液が上大静脈・下大静脈から右心房へ入り，三尖弁を通して右心室へ，肺動脈弁を通して肺動脈へ，肺に到達して肺胞の部分にて血液中に酸素を十分に取り込む．肺静脈からは左心房へ入り，僧帽弁を通して左心室へ，そして大動脈弁を通して大動脈に拍出されて，全身へと血液が運ばれる（図 5.2）．

冠動脈は大動脈が心臓から出てすぐの位置で分岐するが，その冠動脈〔右冠動脈，左冠動脈（前下行枝および回旋枝）〕を通して，心筋にも血液が運ばれる．

スポーツ活動を開始すると，ストレスホルモン分泌亢進とともに交感神経機能が亢進する．心拍数や 1 回拍出量が増加・増大し，心拍出量（最大運動時には安静時の約 4 倍）が増大して，スポーツ活動中に必要な血液量が確保され，各種臓器に必要に応じた血液量が配分されることになる．運動時の骨格筋への血流配分はとくに多くなり，全身に供給される血液量の約 80％を占めるようになる（安静時にはおよそ 20％程

知っておくと役に立つ！

冠（状）動脈
心臓全体の心筋に血液を搬送している血管で，右冠動脈，左冠動脈，さらに左冠動脈は前下行枝および回旋枝の2枝に分岐する．この 3 本の冠動脈により心臓全体が栄養されていることになる．この冠動脈の内腔に狭窄が認められ，運動時などに胸痛が認められる病態が狭心症であり，冠動脈の内腔が完全に閉塞してしまった病態が心筋梗塞である．

ストレスホルモン
抗ストレスホルモンともいう．副腎皮質から分泌されるコルチゾール，副腎髄質から分泌されるアドレナリンなど．

心拍出量
心臓が動脈へ拍出する，1 分間あたりの血液量．

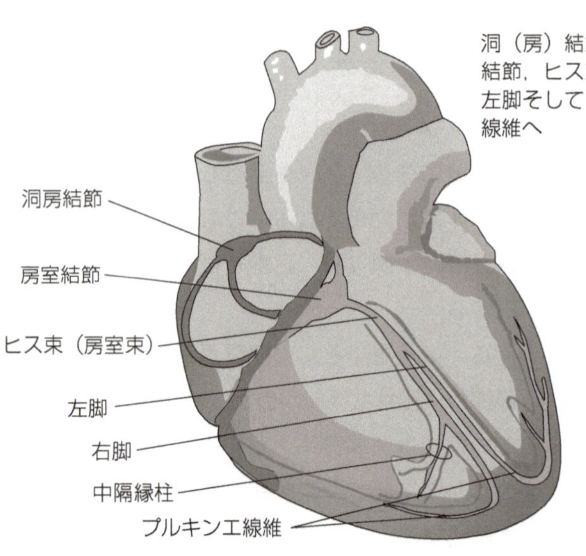

図 5.1 心臓の刺激伝導系

洞（房）結節から房室結節，ヒス束，右脚・左脚そしてプルキンエ線維へ

洞房結節
房室結節
ヒス束（房室束）
左脚
右脚
中隔縁柱
プルキンエ線維

度).

これらのことが運動トレーニングとして反復されることにより，スポーツ心臓を形成することになる．

また前述のいずれかの点に異常をきたした病的な場合に，突然死を起こすことが多いと考えられている．

2 突然死

ここでは，スポーツに関連した突然死について述べる．**突然死**とは，発症後 24 時間以内に死亡したものと定義されている．

(1) はじめに

スポーツ・運動は，健康維持・増進のために必要不可欠のものであり，また多くの疾患，とくに生活習慣病の治療のためにも有用と考えられている．しかし，外科的あるいは内科的スポーツ障害もときおり起こる．内科的スポーツ障害，とくにスポーツにおける内因性突然死は非常にまれではあるが起こることがあり，マスコミを賑わせることにもなる．

これまでに，スポーツに関連した突然死について，国内外から次のような報告がされている．
① スカッシュのプレー時に突然死を起こした 60 名（中高年齢者，イギリス）の剖検所見あるいは死亡前確定診断から，その原因疾患としては冠動脈疾患つまり心筋梗塞が圧倒的に多かった．
② スポーツに関連した突然死を起こした 30 歳以下のスポーツマン 87 例（欧米）の剖検所見から，その原因疾患としては先天性冠動脈奇

> **知っておくと役に立つ！**
>
> **肥大型心筋症**
> 若年スポーツ選手のスポーツに関連した突然死の原因として，非常に多い疾患である．左室後壁および心室中隔の極端な肥厚を示すが，とくに心室中隔の肥厚が顕著である．心筋の組織を顕微鏡でみると，心筋細胞の並び方に乱れが認められることも特徴である．閉塞性といって血液流出路の部分が肥大しているタイプは，とくに突然死につながりやすいと考えられている．

> **知っておくと役に立つ！**
>
> **先天性冠動脈奇形**
> 胸部大動脈からの冠動脈の分岐の解剖学的異常であり，数種類のタイプがある．典型的なタイプで突然死の原因として多いものが左冠動脈起始異常である．胸部大動脈から鋭角に分岐していること，胸部大動脈と肺動脈との間を走行することが，突然死につながりやすいと考えられている．

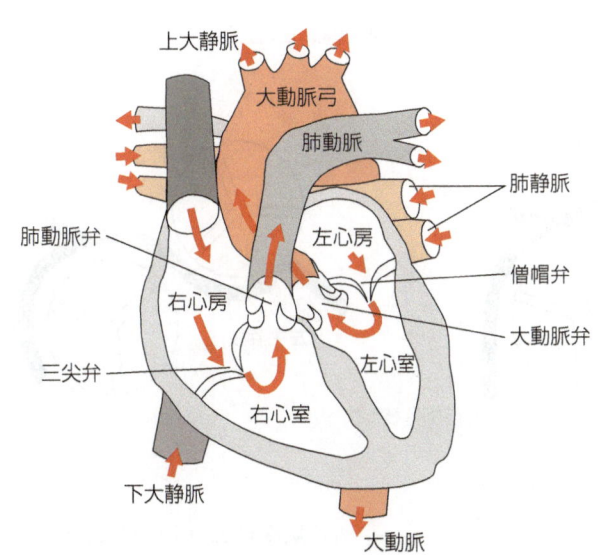

図 5.2　心臓の縦断面像

形（図 5.3）と肥大型心筋症とで約 2 / 3 を占めていた．
③ 日本スポーツ振興センターの小学校，中学校，高校および高等専門学校における突然死の現況（平成 11 年度〜20 年度）の報告がある．運動中・後に突然死を起こしている割合は，学校行事中の全突然死のうち小学生で 44.57%，中学生で 67.66%，高校生で 66.28% を占めており，最近の国内における学校行事内での突然死の原因においても運動が関連している割合が非常に多いことが判明する．

しかしながら，スポーツにおける突然死のすべてで原因が判明している訳ではない．約 1 / 3 の例ではその死亡原因が不明といわれており，突然死の誘因として疲労や睡眠不足などの体調不全，高気温・高湿度環境や寒冷環境などが関係していると推測されている．

（2）スポーツにおける内因性突然死：非競技スポーツ選手と競技スポーツ選手での違い

イタリア・ベネト地区での 18 年間にわたる 35 歳以下の競技スポーツ選手（49 名）および非競技スポーツ選手（220 名）の突然死の原因が，検討されている．その結果（表 5.1）によると，競技スポーツ選手の突然死原因では不整脈源性右室心筋症（22.4%）が最も多く，次いで虚血性冠動脈疾患（18.5%），冠動脈起始異常（12.2%）となっている．また非競技スポーツ選手の突然死原因では虚血性冠動脈疾患（16.4%）が最も多く，次いで僧帽弁逸脱症（9.5%），伝導系異常（9%）と報告されている．

不整脈源性右室心筋症および冠動脈起始異常に関しては，競技スポーツ選手のほうが非競技スポーツ選手に比較して有意に多くなっている．

不整脈源性右室心筋症
表 5.3 参照．

P：無冠尖，R：右冠尖，L：左冠尖

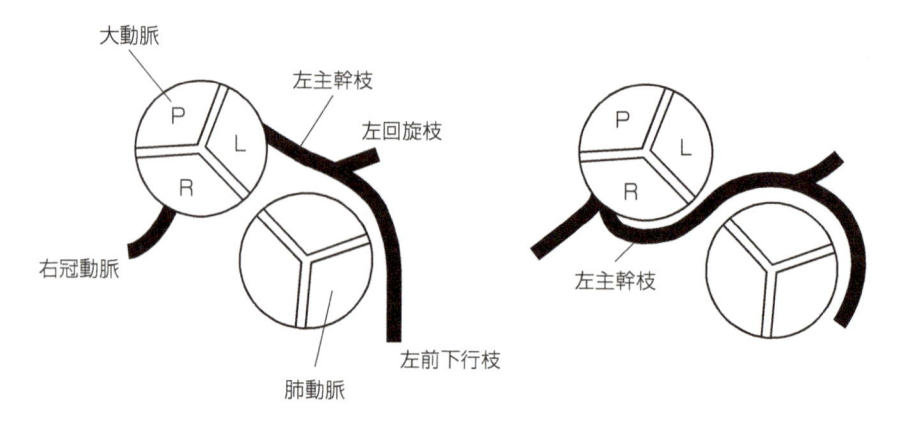

図 5.3　正常冠動脈と左冠動脈起始異常

正　常

左冠動脈（バルサルバ洞）起始異常

2 突然死

表 5.1 35 歳以下の競技スポーツ選手および非競技スポーツ選手の突然死の原因

	競技スポーツ選手 49 名（%）	非競技スポーツ選手 220 名（%）	合計 269 名（%）
不整脈源性右室心筋症	11 (22.4)	18 (8.2) *	29 (10.8)
虚血性冠動脈疾患	9 (18.5)	36 (16.4)	45 (16.7)
冠動脈起始異常	6 (12.2)	1 (0.4) **	7 (2.6)
伝導系異常	4 (8.2)	20 (9)	24 (8.9)
僧帽弁逸脱症	5 (10.2)	21 (9.5)	26 (9.7)
肥大型心筋症	1 (2)	16 (7.3)	17 (6.3)
心筋炎	3 (6.1)	19 (8.6)	22 (8.2)
心筋ブリッジ	2 (4)	5 (2.3)	7 (2.6)
肺動脈血栓・塞栓症	1 (2)	3 (1.4)	4 (1.5)
解離性大動脈瘤	1 (2)	11 (5)	12 (4.5)
拡張型心筋症	1 (2)	9 (4.1)	10 (3.7)
その他	5 (10.2)	61 (27.7)	66 (24.5)

1979 年～ 1996 年，イタリア・ベネト地区
* $p = 0.008$, ** $p < 0.001$
D. Corrado, A. Pelliccia, H. H. Bjornstad et al., *Eur. Heart J.*, **26**, 516（2005）より一部改変.

表 5.2 アメリカ人 387 名の若年競技スポーツ選手における突然死の原因

原因	競技スポーツ選手数（名）	%
肥大型心筋症	102	26.4
心臓震盪	77	19.9
冠動脈奇形	53	13.7
原因不明の左室肥大	29	7.5
心筋炎	20	5.2
大動脈瘤破裂（マルファン症候群）	12	3.1
不整脈源性右室心筋症	11	2.8
冠動脈ブリッジ	11	2.8
大動脈弁狭窄	10	2.6
動脈硬化性冠動脈疾患	10	2.6
拡張型心筋症	9	2.3
粘液腫性僧帽弁変性	9	2.3
喘息（あるいは他の肺疾患）	8	2.1
熱中症	6	1.6
薬物中毒	4	1
他の循環器系疾患	4	1
QT 延長症候群	3	0.8
心臓サルコイドーシス	3	0.8
構造的心臓障害を含む傷害	3	0.8
脳動脈破裂	3	0.8

B. J. Maron, *N. Engl. J. Med.*, **349**, 1064（2003）より一部改変.

それ以前の報告と比較して，この報告では競技スポーツ選手における突然死の原因として肥大型心筋症が少ないように考えられる．

また他の報告では，競技スポーツ選手と非競技スポーツ選手との間における突然死の相対危険度が述べられている．循環器系疾患によって起こる突然死の相対的危険度は競技スポーツ選手のほうが 2.8 倍高く，全疾患によって起こる突然死の相対的危険度も 2.5 倍高い．そして競技スポーツ選手のほうが不整脈源性右室心筋症では 5.4 倍，冠動脈疾患では 2.6 倍，先天性冠動脈奇形では 79.0 倍も高いことが述べられている．

（3）最近の競技スポーツ選手での突然死の原因

35 歳未満の若年競技スポーツ選手の突然死の原因が報告されているが，その中には肥大型心筋症，不整脈源性右室心筋症，先天性冠動脈奇形，心筋炎，大動脈瘤，心臓刺激伝導系異常などがあげられている．また最近注目されている若年競技スポーツ選手の突然死の原因として，心臓震盪（しんとう），ドーピングによるものなどがあげられている．

アメリカ人 387 名の若年競技スポーツ選手の突然死の原因が報告されている（表 5.2）．肥大型心筋症（26.4％），冠動脈奇形（13.7％）は以前の報告と同様に多く，最近の特徴は心臓震盪（19.9％）が多いこと，そして不整脈源性右室心筋症（2.8％）が多くなっていることである．

また，この 10 数年間に報告されているものをまとめて，若年競技スポーツ選手の突然死の一般的な病因が示されている（表 5.3）．大動脈弁狭窄，ブルガダ症候群，冠動脈疾患，肥大型心筋症，QT 延長症候群，マルファン症候群，心筋炎，不整脈源性右室心筋症の病歴や理学所見での特記所見が示されており，診断する上で有用と思われる．なおバス

> **知っておくと役に立つ！**
>
> **心臓震盪**
> 最近，スポーツに関連した突然死の原因として注目されている．硬式野球のボールのように球状の物が前胸部中央に衝突することにより，心停止や心室細動などを起こし，突然死するものである．バット，ゴルフクラブ，頭部が前胸部に衝突しても，同様なことが起こりうる．

表 5.4　マルファン症候群の臨床的特徴

- 不十分な大動脈雑音
- クモ様体型（たとえば長いクモ状指）
- 身長より長い上肢スパン
- 高アーチ型の口蓋
- 脊柱後弯
- レンズ（水晶体）転位
- 僧帽弁逸脱
- 近視
- 漏斗胸
- 拇指サイン（たとえば手を固く握りしめたときに，拇指の爪全体が手の尺側端を超えて突き出る）
- 手関節サイン（たとえば手を反対の手関節周囲に巻きつかせるときに，拇指が第 5 指の末端関節と重なり合う）

E. A. Giese, F. G. O'Connor, F. H. Brennan et al., *Am. Fam. Physician*, 75, 1008 (2007) より一部改変．

表 5.3　若年競技スポーツ選手における突然死の一般的病因

病名	病歴の特徴	理学所見
大動脈弁狭窄	運動誘発性胸痛，呼吸困難，軽度頭痛，失神あるいはめまいの既往	一定の心尖部駆出クリック（上部胸骨右縁で最もよく聴こえる耳ざわりな収縮期心雑音，だんだん大きくなったり小さくなったりする心雑音，通常はグレード3以上の心雑音）
ブルガダ症候群（心筋Naイオンチャネルの遺伝的疾患）	とくに東南アジア系の男性での若年突然死の家族歴	特記所見なし
冠動脈疾患（先天性あるいは後天性）	早期冠動脈疾患，若年突然死あるいは冠動脈奇形の家族歴 運動誘発性胸痛，失神あるいは倦怠感の既往	通常は正常
肥大型心筋症	肥大型心筋症，若年突然死，反復する失神あるいは緊急治療を要する致死性不整脈の家族歴 運動誘発性胸痛あるいは失神の既往	広範囲な聴診所見（正常所見から，立位やバルサルバ法によって増強する耳ざわりな収縮中期心雑音）
QT延長症候群	若年突然死の家族歴 動悸あるいは反復する失神の既往	特記所見なし
マルファン症候群	マルファン症候群あるいは若年突然死の家族歴	（表5.4を参照．）
心筋炎	倦怠感，運動誘発性呼吸困難，失神，動悸，不整脈あるいは急性うっ血性心不全の既往	正常 触診あるいは聴診での期外収縮，ギャロップ心音および他の心不全の臨床所見は問題ありと考えられるべきである
不整脈源性右室心筋症	若年突然死の家族歴（地中海地域のヒトではより一般的） 動悸あるいは反復する失神の既往	特記所見なし

E. A. Giese, F. G. O'Connor, F. H. Brennan et al., *Am. Fam. Physician*, 75, 1008（2007）より一部改変．

表 5.5　左室壁厚が 13 ～ 16 mm である競技スポーツ選手を評価する際に病的左室肥大を示す臨床的特徴

自覚症状	予期せぬ失神，とくに運動中 動悸 実施された運動に対する過剰な息切れ めまい
家族歴	一親等における肥大型心筋症
人口統計学	16歳未満 女性 等尺性スポーツのみへの参加 小さな体表面積
心エコー図	左室壁厚＞16 mm 非対称性中隔肥大 拡張終期における小さな左室内径 僧帽弁収縮期前方運動の存在およびそれに伴う左室流出路閉塞 異常な拡張機能指数
12誘導心電図	病的Q波 ST下降 左脚ブロック 側壁／下壁誘導における陰性T波
心肺運動負荷試験	ピーク時酸素摂取量＜50 mL/kg/分あるいは予測最大酸素摂取量の120％未満
心臓MRI	心尖部肥大の立証 ガドリニウム効果による有意な心筋線維症の立証
ディ・トレーニング	左室肥大退縮の欠如

J. Rawlins, A. Bhan, S. Sharma, *Eur. J. Echocardiography*, 10, 350（2009）より一部改変．

ケットボール選手やバレーボール選手のように，高身長が競技パフォーマンスに有利に作用する種目の選手ではマルファン症候群（表 5.4）はそれほどまれではなく，問診，診察，身体測定の際に十分に注意することが重要である．

また，先天性冠動脈奇形による心臓突然死のメカニズムについての報告がある．とくに左冠動脈起始異常では，左冠動脈が右冠尖部から鋭角に出てくること，大動脈と肺動脈との間を走行することが影響して，運動時に十分に左冠動脈血流を確保できないために突然死をきたしやすいと述べられている．

（4）スポーツに関連した突然死のメカニズム

スポーツに関連した突然死のメカニズムについて，基礎疾患をもつ場合と，とくに基礎疾患のない場合に分けて述べた報告がある．基礎疾患をもつ場合，たとえば冠動脈硬化性心疾患，肥大型心筋症では心室細動が起こり，心筋炎後遺症では心室細動や心室停止・洞停止・房室ブロックが起こり，そして大動脈瘤では動脈瘤破裂が起こり，それぞれ突然死に至るメカニズムが考えられる．基礎疾患のない場合は，心室細動や心室停止が起こり，突然死に至るメカニズムが考えられる．

（5）スポーツのためのメディカルチェック（スクリーニング）

スポーツにおける突然死といっても，これまでの報告から判断する限り，何らかの自覚症状が前兆としてあったり，健康診断などで冠危険因子が発見されたり，タバコ・アルコールなどの嗜好品の過剰摂取などが認められることが多い．また体調不全やスポーツ実施環境の悪さなども

冠危険因子
冠動脈に動脈硬化を起こす原因になる病気や習慣．たとえば高血圧，高コレステロール血症，喫煙，糖尿病，高尿酸血症，年齢（老化），肥満．

表 5.6　スポーツ心臓および肥大型心筋症の心エコー図所見

	スポーツ心臓	肥大型心筋症
最大左室壁厚（mm）	＜16	≧16
左室肥大パターン	遠心性	非対称性中隔肥厚／多様
左室内腔サイズ	大きい	小さい
拡張機能	正常	異常
左房サイズ	正常	拡張

S. Firoozi, S. Sharma, W. J. McKenna, *Heart*, **89**, 710（2003）より一部改変．

認められることが多いので，定期的なメディカルチェックや日常的な健康チェックを行うことは非常に重要である．したがって，次に述べる点に注意することが必要になる．

① **自覚症状**

左室壁厚が少々厚い競技スポーツ選手を評価する際に，病的左室肥大を示唆する臨床的特徴を，表 5.5（p.61 参照）にあげる．このうち自覚症状としては，運動中の予期せぬ失神，動悸，実施した運動に対する過剰な息切れ，めまいなどがあげられている．

また AHA でも，同様な症状に加えて運動時の胸痛や胸部違和感を訴えている場合には精査を行うように推奨している．

② **他覚徴候**

病的心雑音を聴取した場合には，心エコー図検査を含めてさらなる精査の必要性があることが強調されている．

③ **心電図所見**

標準 12 誘導心電図の各波形，つまり P 波，QRS 波，ST-T 部分の異常所見を認めた場合には，さらなる精査を行い，スポーツの可否を決定する必要があると強調されている．

④ **心エコー図所見**

多くの報告では，若年競技スポーツ選手の突然死の原因としては肥大型心筋症が非常に多いこともあり，心エコー図検査の重要性は高くなっている．

トレーニングをよく積んだ競技スポーツ選手の左室肥大の評価がされている報告によると，左室壁厚が 13 mm 以上を示している選手は 2％であり，左室拡張終期径が 60 mm 以上を示している選手は 14％となっ

AHA
American Heart Association の頭文字からの略語．アメリカ心臓協会．患者支援団体である．心肺蘇生と救急心血管治療のためのガイドラインを発表している．

心電図の波形

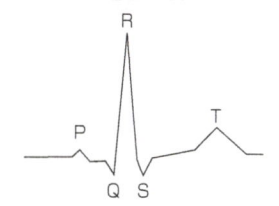

心電図には上のような規則正しい波形がみられる．

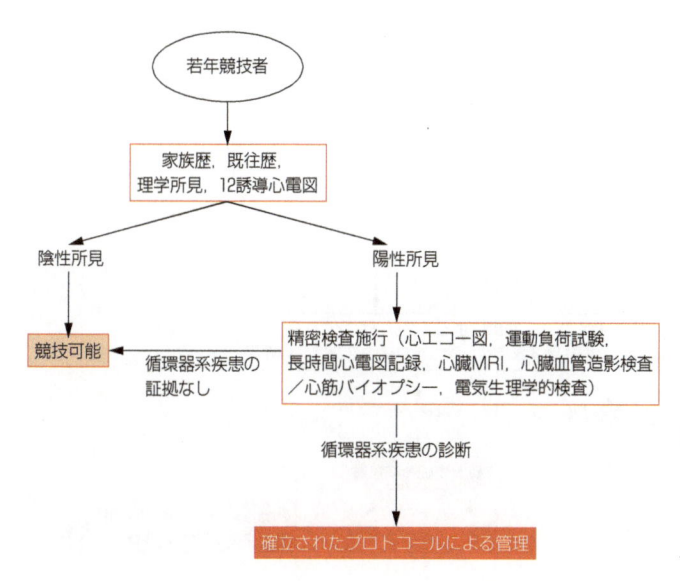

図 5.4 若年競技スポーツ選手のためのスクリーニングプロトコールのフローチャート

D. Corrado, A. Pelliccia, H. H. Bjornstad et al., *Eur. Heart J.*, 26, 516 (2005) より一部改変．

ている．これらの数値以上を示している場合には，さらなる精査が必要と考えられる．

また，スポーツ心臓と肥大型心筋症の心エコー図検査所見の相違が示されている報告では，表5.6（p.62参照）のように示されている．肥大型心筋症の特徴として，左室壁厚は16 mm以上，非対称性の心室中隔肥厚，左室内腔が小，左室拡張機能が異常といったものを認める．

⑤ **CTスキャンおよびMRI**

冠動脈CTスキャンは非侵襲的検査であり，スポーツ選手において運動負荷心電図などで心筋虚血性変化を疑われたときには，心筋シンチグラフィーとともに有用な検査である．また近年のMRIの進歩により，エンハンスメントを使用したMRI検査を心臓突然死の危険性の評価に利用するようにもなっている．

⑥ **競技スポーツ選手に対するメディカルチェック**

このメディカルチェックあるいはスクリーニングに関しては多くの研究者たちが報告しているが，その実例のフローチャートを若年競技スポーツ選手（図5.4），中高年齢者スポーツ愛好家別に示す（図5.5）．

若年競技スポーツ選手に対するフローチャートでは，家族歴，既往歴，診察，12誘導標準心電図は必須項目とし，その項目での異常の有無によってさらなる精査が必要であるか否かを決定する．

中高年齢者スポーツ愛好家に対するフローチャートでは，実施している，あるいはこれから実施しようと考えている運動強度によって区別する．軽強度では必ずしも特別なことは行わず，中等度強度では危険性の自己評価を必須とし，何らかの問題点を認めればさらなる精査（医師による問診，診察，心電図検査，危険因子の検討）を行い，高強度の場合

CTスキャン
computed tomographic scan

MRI
magnetic resonance imaging
心筋シンチグラフィー

エンハンスメントを使用したMRI検査
late gadolinium enhancement cardiac magnetic resonance

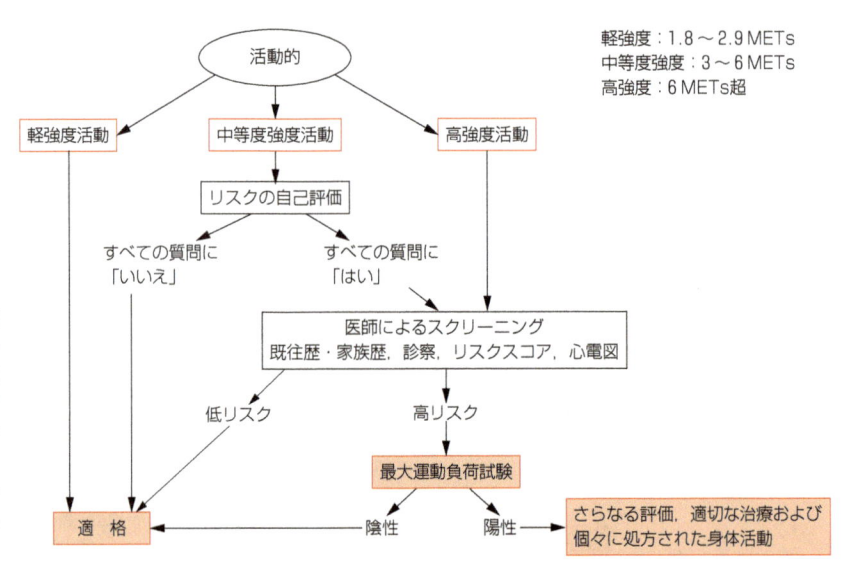

図5.5 定期的に活動的な中高年齢者スポーツ愛好家のための運動参加前のスクリーニングフローチャート
D. Corrado, C. Schmied, C. Basso et al., *Eur. Heart J.*, **32**, 934 (2011) より一部改変．

軽強度：1.8～2.9 METs
中等度強度：3～6 METs
高強度：6 METs超

には前述の精査を必須とする．この精査で異常が認められれば，さらなる検査（運動負荷心電図検査）を加え，なおかつ必要に応じて適切な治療を行い，個々に運動処方を作成することになる．

このようなメディカルチェックを行い，スポーツあるいは運動実施の可否を決定することが，スポーツあるいは運動における突然死を予防していく上で，最も重要なことと考えられる．

> **知っておくと役に立つ！**
>
> **運動負荷心電図**
> 自転車エルゴメータやトレッドミルを使用して運動負荷を加え，その際心電図記録を行い，その心電図変化をみる検査である．運動中の心筋虚血の有無を判定する上で非常に有用な検査であり，スポーツのためのメディカルチェックの検査の中で最も重要なものである．

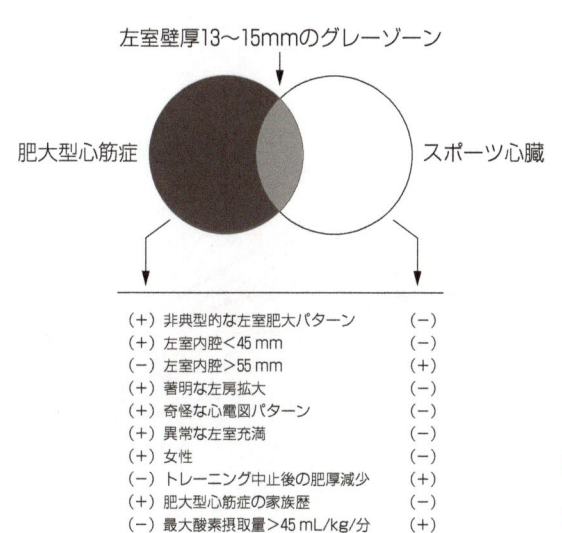

3　スポーツ心臓

スポーツ心臓とは，初期には運動トレーニングによって起こった胸部X線写真上での心陰影拡大と定義されていた．心エコー図検査が頻繁に行われるようになってきた最近では，真の意味では心筋肥大およびまたは心腔拡大を示すものと定義されている．心エコー図検査を行うと，心筋壁厚の異常肥大や心腔の異常拡大を示す，真の意味でのスポーツ心臓はそれほど多くないことが判明している．

しかしながら運動トレーニングを長期間継続することによって，心筋肥大や心腔拡大が起こることも確かである．その程度が生理的変化の範囲にあるのか，病的変化であるのかをみきわめることが重要になる．とくに若年競技スポーツ選手での突然死の原因として肥大型心筋症が多いことを考えると，鑑別診断は非常に重要である（図 5.6）．

運動トレーニング継続によって起こった心形態および機能の変化の相違を表 5.7 に示す．持久性競技種目選手では壁厚の肥厚も軽度に起こるが，それ以上に左室内腔の拡大が強く起こり，筋力トレーニングを主として行う競技種目選手では左室内腔の拡大は軽度で，それ以上に壁厚の

肥大型心筋症		スポーツ心臓
(+)	非典型的な左室肥大パターン	(−)
(+)	左室内腔<45 mm	(−)
(−)	左室内腔>55 mm	(+)
(+)	著明な左房拡大	(−)
(+)	奇怪な心電図パターン	(−)
(+)	異常な左室充満	(−)
(+)	女性	(−)
(−)	トレーニング中止後の肥厚減少	(+)
(+)	肥大型心筋症の家族歴	(−)
(−)	最大酸素摂取量>45 mL/kg/分 >110%推定値	(+)

図 5.6　スポーツ心臓と肥大型心筋症との鑑別に使用される診断基準
D. Corrado, C. Schmied, C. Basso et al., *Eur. Heart J.*, 32, 934 (2011)．より一部改変．

（左室壁厚13〜15mmのグレーゾーン）

表5.7 長距離ランナーとウエイトリフターの左室パラメータ

	長距離ランナー群	ウエイトリフター群	対照群
左室容量（g）	283.4±10.4	260.6±8.77	202.1±5.75
左室容量指数（g/m²）	156.4±5.97*	138.6±7.27*	104.1±3.16
心室中隔厚（cm）	1.18±0.03	1.15±0.04	1.00±0.03
左室後壁厚（cm）	1.05±0.03	1.06±0.03	0.88±0.02
左室拡張終期径（cm）	5.72±0.07†	5.29±0.09	5.19±0.09
総壁厚／左室拡張終期径比	0.39±0.01‡	0.42±0.01†	0.36±0.01
短縮率（%）	34.5±2.6	35.7±1.9	35.7±1.44

* $p<0.01$, † $p<0.03$, ‡ $p<0.05$　すべて対照群との比較．総壁厚：左室後壁厚＋心室中隔厚
N. MacFarlane, D. B. Northridge, A. R. Wright et al., *Br. J. Sp. Med.*, **25**, 45（1991）より一部改変．

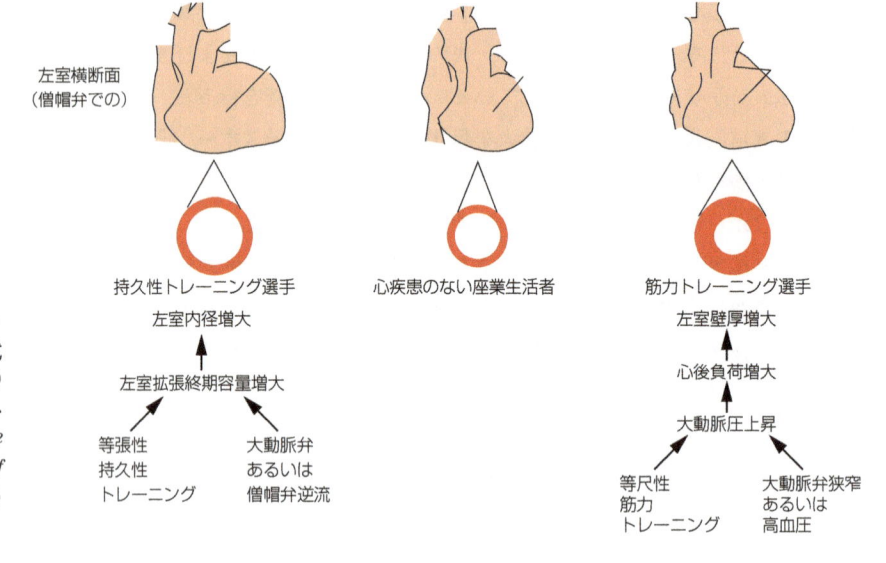

図5.7　左室形態とトレーニング形式との関連（仮説）
J. Morganroth, B. J. Maron, *Annals of the New York Academy of Science*, **301**, 931（1977）より一部改変．

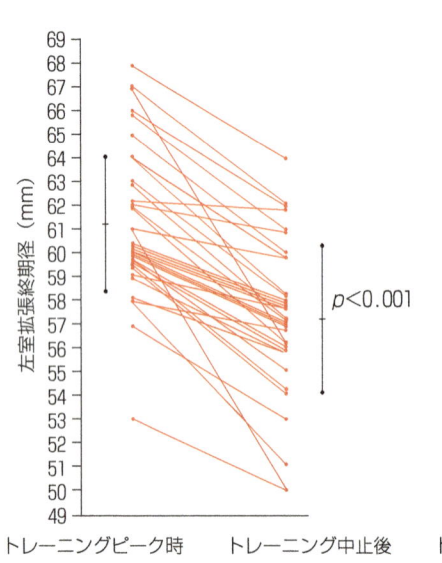

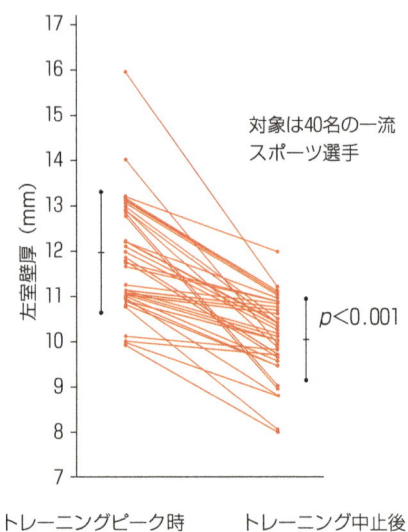

図5.8　トレーニングピーク時とトレーニング中止（1～13年間）後の変化
A. Pelliccia, B. J. Maron, R. D. Luca et al., *Circulation* **105**, 944（2002）より一部改変．

肥厚が強く起こる．また，運動トレーニング形式と形態的変化の起こるメカニズムを，循環器系疾患と関連づけた報告では，図5.7のように示されている．どちらのタイプでも，収縮機能および拡張機能は正常である．

図5.8に長期間（1～13年間，平均5.6年間）のトレーニング中止の結果を，図5.9に短期間（6～34週間，平均13週間）のトレーニング中止の結果を示す．このように逆にトレーニングを中止することにより，スポーツ心臓は正常形態へと変化し，壁厚も内腔も正常範囲内に戻ると考えられる．

4 慢性循環器疾患をもつ者の運動：虚血性心疾患

狭心症，心筋梗塞患者において運動が必要な理由として，表5.8にあげているものが考えられる．またこれらの疾患をもつ患者に対する運動効果には，多様なものがある（表5.9）．とくに心肺機能の改善や症状軽減による運動耐容能の改善が起こり，早期の社会復帰が可能になることが重視されている．

またこれらの疾患患者に対する運動処方作成の際には，安全で効果的な運動強度を決定することが重要である．その運動強度としては，AT（anaerobic threshold，**無酸素的作業閾値**）レベルが推奨されている．このATレベルは，最大酸素摂取量の40～60%であり，いわゆる中等度強度に相当する．このレベルをみつけるためには，呼気ガス分析あるいは採血（乳酸値測定のために）を行いながら運動負荷試験を実施する必要がある（VT：ventilation threshold，**換気閾値**あるいはLT：

表5.8 運動療法が必要な理由

- 運動不足によって起こる下記の身体機能低下を防ぐ
 最大酸素摂取量↓，1回拍出量↓，
 心拍出量↓，筋萎縮，末梢循環↓
- 下記の精神的・心理的悪影響を防ぐ
 自信喪失，不安感
- 社会関係や連帯意識を形成させる

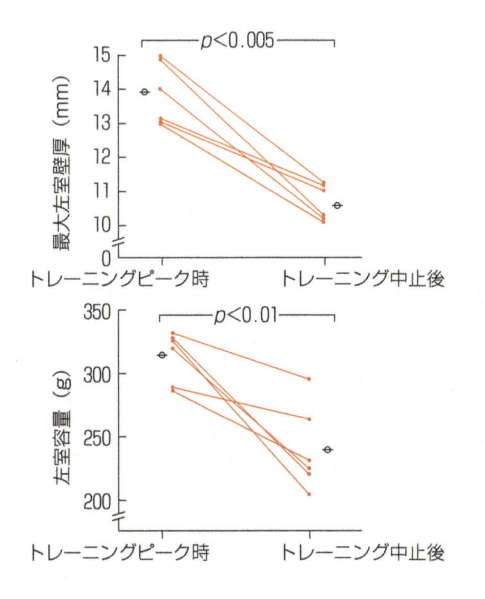

対象は6名のオリンピック選手

図5.9 6～34週間のトレーニング中止による変化
B. J. Maron, A. Pelliccia, A. Spataro, M. Granata, *Br. Heart J.*, **69**, 125 (1993) より一部改変．

無酸素的作業閾値（AT）
この強度以上で運動を行うと酸素不足状態になる．この強度を乳酸値を測定して示したものが乳酸閾値（LT）であり，呼気分析より求めたものが換気閾値（VT）である．

lactate threshold，乳酸閾値）．

しかしながら図 5.10 に示すように，運動療法を行う前の病態により，その効果に相違が認められることも考えられる．運動療法前に運動誘発性心筋虚血を認める患者では，この心筋虚血を認めない患者よりも，最大酸素摂取量の増大が有意に少なく，そして最大運動強度の増加も有意に少ないことが示されている．

図 5.10 トレーニング前に心筋虚血を有する患者および心筋虚血のない患者における運動療法による最大酸素摂取量および最大運動能の変化
P. A. Ades, M. H. Grunvald, R. M. Weiss, J. S. Hanson, *Am. J. Cardiol.*, **63**, 1032 (1989) より一部改変．

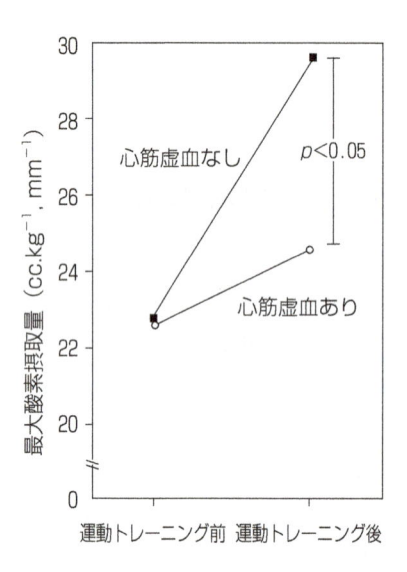

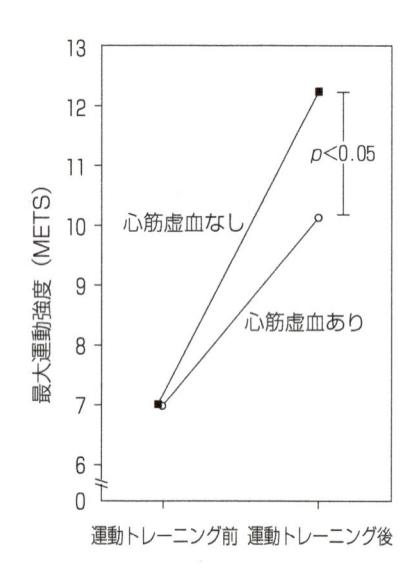

表 5.9 運動療法の身体効果

1）運動耐容能：最大酸素摂取量増大，嫌気性代謝閾値増加
2）症状：心筋虚血閾値の上昇による狭心症発作の軽減，同一労作時の心不全症状の軽減
3）呼吸：最大下同一負荷強度での換気量減少
4）心臓：最大下同一負荷強度での心拍数減少および心仕事量（二重積：心拍数×血圧）減少
5）冠動脈：冠狭窄病変の進展抑制あるいは軽度の退縮，心筋灌流の改善
6）中心循環：最大動静脈酸素較差の増大
7）末梢循環：安静時および運動時の総末梢血管抵抗減少，末梢動脈血管内皮機能の改善
8）骨格筋：ミトコンドリアの増加，骨格筋酸化酵素活性の増大，骨格筋毛細血管密度の増加，II 型から I 型への筋線維型の変換
9）冠危険因子：高血圧・脂質代謝・糖質代謝の改善
10）自律神経：交感神経緊張度の低下，圧受容体反射感受性の改善
11）血液：血小板凝集能低下，血液凝固能低下
12）予後：冠事故発生率の減少，心不全増悪による入院の減少，生命予後の改善

齋藤宗靖，心臓リハビリテーション，総合臨牀，**52**, 1421 (2003) より一部改変．

復習トレーニング

次の文章のカッコの部分に適切な言葉を入れなさい．

❶ 血液が上大静脈・下大静脈から（　　　）へ入り，三尖弁を通って（　　　）へ，肺動脈弁を通して肺動脈へ，肺に到達して（　　　）の部分で血液中に酸素を十分に取り込み，肺静脈から（　　　）へ入り，（　　　）を通して左心室へ，そして大動脈弁を通って（　　　）に拍出されて，全身へと血液が運ばれる．

❷ スカッシュのプレー時に突然死を起こした60名（中高年齢者）の剖検所見あるいは死亡前確定診断から，その原因疾患としては（　　　）動脈疾患つまり（　　　）が圧倒的に多かったと報告している．
→ p.57 参照

❸ スポーツに関連した突然死を起こした30歳以下のスポーツマン87例の剖検所見から，その原因疾患として先天性（　　　）と（　　　）とで約2/3を占めていたと報告している．
→ p.57，58 参照

次の文章で正しいものには○，誤っているものには×をつけなさい．

❹ 〔　〕若年競技スポーツ選手での突然死の原因としては肥大型心筋症が多い．

❺ 〔　〕持久性競技種目選手では壁厚の肥厚も軽度起こるが，それ以上に左室内腔の拡大が強く起こる．

❻ 〔　〕筋力トレーニングを主として行う競技種目選手では左室内腔の拡大も強く起こり，壁厚の肥厚も強く起こる．

6章

消化器系

6章のPOINT

- ◆ 消化器系は食物を消化して栄養分を吸収する機能をもつ．食物の栄養分の吸収とは，消化管の粘膜を通過して体内に入ることである．
- ◆ 肝臓は，栄養素の代謝（合成と分解），貯蔵，胆汁の生成，解毒などに働く．
- ◆ 膵臓は，消化酵素を含む膵液をつくって十二指腸内腔に外分泌し，また，インスリンとグルカゴンを内分泌して血糖値を調節する．
- ◆ 運動時は交感神経が優位になり，消化管の動きは抑制され，消化管の血流量も減少する．血流量の減少が運動時の腹痛や消化管出血の原因になることがある．
- ◆ 海外での下痢の原因は食べ物や飲み物である．下痢のときは脱水の防止が重要である．
- ◆ 慢性肝疾患を有する者では，肝機能の状態によってスポーツ活動の可否が判断される．
- ◆ 出血の処置では，血液による感染に十分に注意する必要がある．

6章 消化器系

1 スポーツ活動と消化器系：解剖と生理のポイント

（1）消化器系の構成

　消化器系は，食物を消化して吸収する役割をもつ器官であり，食物が通過していく経路に沿って配列されていることを理解する（図6.1, 6.2）．

　食物は，口から入り，食道，胃，小腸，大腸を経て，肛門から排出される．この食物が通過する管を**消化管**といい，消化管には，消化吸収に必要な消化液をつくる唾液腺，膵臓，肝臓および胆嚢が付属している．

　消化管の内側は，口や肛門で体外環境とつながっている．すなわち，消化管の内側は体内ではなく体外である（図6.3）．食物の栄養成分の吸収は，消化管の内側の粘膜を通過して体内に入ることである．消化管の内側の粘膜は体外と体内の境界であり，病原性微生物などの体内への侵入を防ぐバリア機能と，栄養素を通過させて吸収する機能との相反する２つの機能をあわせもつ．食物の消化は，食物の栄養成分を吸収可能な状態にまで分解することである．

　口は食物の入り口で，食道に飲み込む前に食物を歯で咀嚼して細かくし，唾液と混合する．**唾液**には炭水化物を分解する消化酵素のアミラーゼが含まれている．舌は咀嚼，構音，飲み込みを助け，また味覚を感じるところである．味覚は必要な栄養と有害な物質との選別に役立っていると考えられている．食物を飲み込むことを嚥下（えんげ）といい，嚥下時は口と咽頭の筋肉が連動して動いて食物を食道へ送り，同時に，食物が鼻に行かないように軟口蓋が蓋をして，食物が気管に流入しないように喉頭蓋

> **知っておくと役に立つ！**
>
> **消化管の免疫**
> 消化管粘膜は栄養分を通過させて吸収するために広大な表面積（テニスコート１面分）があり，しかも皮膚よりも障壁としての機能が弱い．そこで，細菌などの病原体が体内に侵入するのを防ぐために免疫機能が発達しており，腸管免疫とも呼ばれる．腸管内には多くの細菌が住みついており，腸管免疫とも相互に影響して人間の健康状態に密接に関係している．

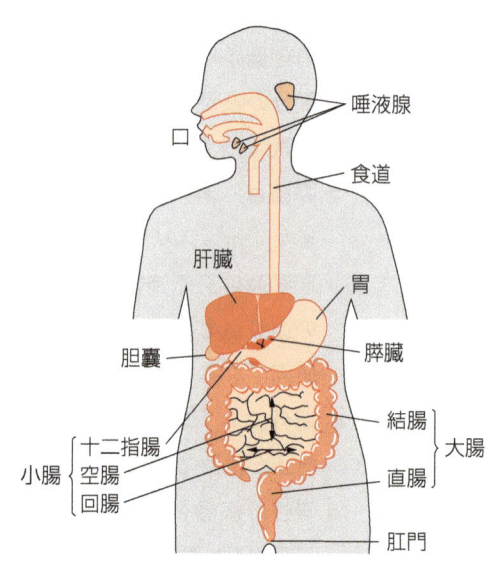

図6.1　消化器系のおもな構成

が気管に蓋をする（図 6.4）．

　食物は食道を通過して胃に入る．胃液には胃酸とペプシノーゲンが含まれ，**胃酸**は細菌を殺菌し，**ペプシノーゲン**を活性化してペプシンにする．**ペプシン**はタンパク質を分解する消化酵素として働く．食物は胃で胃液と混和撹拌され，粥状になって小腸の十二指腸に送られる．

　十二指腸は指を横に 12 本並べた長さ（約 25 cm）からその名前が付いている．十二指腸には，肝臓でつくられて胆嚢に貯蔵されていた胆汁と膵臓でつくられた膵液が流出してくる．**胆汁**は胆汁酸を含み，脂肪の消化吸収に働く．また，ビリルビンという黄色の色素が含まれるため，便が黄色になる．**膵液**は，タンパク質分解酵素トリプシン，脂肪分解酵素リパーゼ，炭水化物分解酵素アミラーゼ，および重炭酸ナトリウムを含む．重炭酸ナトリウムは食物中の胃酸を中和して膵液の消化酵素を働きやすくする．

　肝臓は，胆汁の生成，栄養素の貯蔵，解毒などに働き，血液中の数多くのタンパク質をつくっている（表 6.1）．胆汁の成分の胆汁酸は，脂肪や脂溶性ビタミン類の吸収に働く．小腸から吸収されたブドウ糖は肝臓でグリコーゲンに合成されて貯蔵され，必要なときにブドウ糖に分解されて血中に供給される．小腸で吸収されたアミノ酸は肝臓でタンパク質に合成される．化学物質やアルコールは，肝臓で分解されたり無毒化されたりして胆汁や尿で排泄される．

　膵臓は，膵液を産生して十二指腸の内腔に分泌（十二指腸の内腔は体外なので外分泌）するだけでなく，インスリンとグルカゴンというホルモンを血液中に分泌（**内分泌**）する．**インスリン**は血糖値を低下させ，**グルカゴン**は血糖値を上昇させる．膵臓は膵液を産生する外分泌組織の

表 6.1　肝臓の働き

代謝 （合成と分解）	グリコーゲンの合成・分解
	脂肪やコレステロールの合成・分解
	タンパク質の合成
解毒	有害物質，薬物，アルコールの解毒
胆汁の分泌	脂肪の吸収に働く
貯蔵	グリコーゲン，鉄，ビタミン

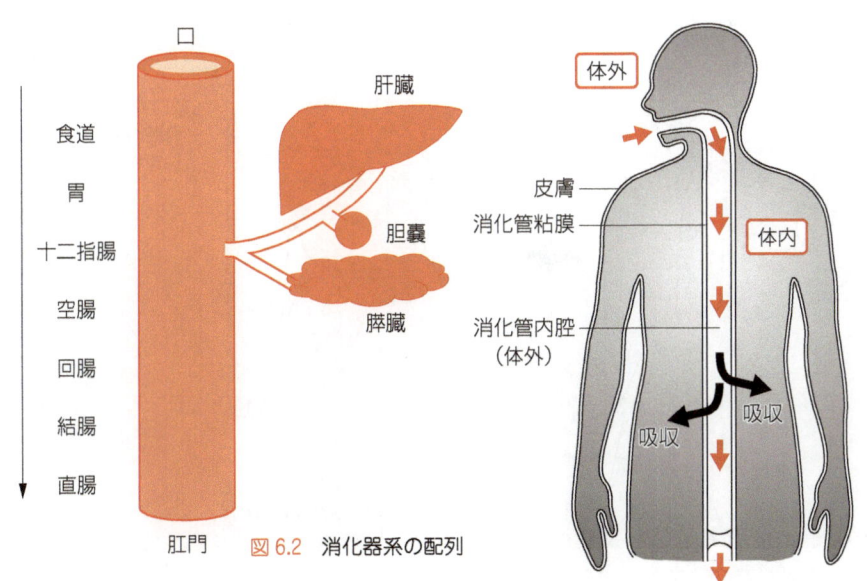

図 6.2　消化器系の配列

図 6.3　体外と体内

なかに内分泌細胞の集団が島のように点在しており，内分泌細胞の集団は**ランゲルハンス島**と呼ばれる．

十二指腸に続く，空腸・回腸は全長が6〜7ｍもあり，前半部分が空腸で後半部分が回腸である．空腸と回腸の境目は明確ではなく，徐々に移行する．栄養素の消化吸収はほとんど空腸・回腸で行われる．大腸では水分が吸収されて糞便が形成され，肛門を経て排泄される．

（2）小腸における栄養素の消化吸収

炭水化物は構成要素であるブドウ糖などの単糖類まで消化・分解され，タンパク質は構成要素のアミノ酸まで消化されて，それぞれ小腸粘膜上皮細胞から体内に吸収され，門脈を通って肝臓に運ばれる．

脂肪（中性脂肪，トリグリセリド）は構成要素の脂肪酸とモノグリセリドに分解され，脂肪酸とモノグリセリドは胆汁酸の作用で水溶性のミセルをつくり小腸上皮細胞に吸収される．吸収された脂肪酸とモノグリセリドは中性脂肪に再構成され，タンパク質と結合して**カイロミクロン**という小球体を形成してリンパ管で運ばれ，胸管から血流に入り，全身に運ばれる（図6.5，6.6）．

（3）スポーツ活動が消化器系に与える影響

内臓の働きは自律神経が調節しているので意識的に調節することはできず，消化器系の働きも自律神経が調節している．自律神経には交感神経と副交感神経という相反する作用をもつ2系統があり，両者のバランスで消化器系の機能が調節されている（表6.2）．スポーツ活動中は，交感神経が優位になって，消化管の動き（平滑筋による蠕動運動）が抑制

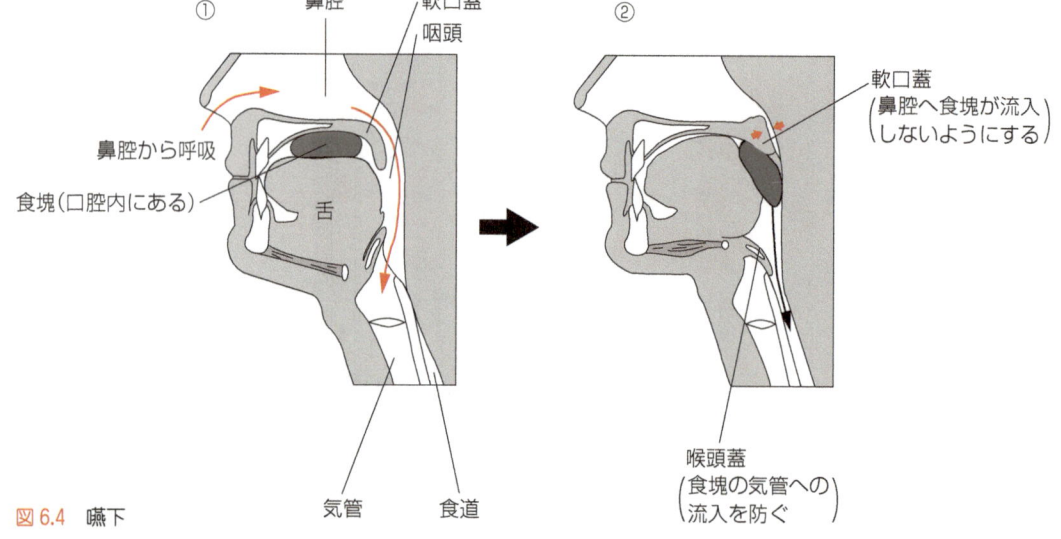

図6.4 嚥下

表 6.2　交感神経と副交感神経のおもな作用

	交感神経	副交感神経
眼	瞳孔散大	縮瞳
心臓	心拍数増加，心筋収縮力増加	心拍数減少，心筋収縮力減少
気管支	拡張	収縮
肝臓	グリコーゲン分解	グリコーゲン合成
消化管	平滑筋弛緩，括約筋収縮	平滑筋収縮，括約筋弛緩
膵臓	膵液分泌減少	膵液分泌増加

され，分泌液は減少し，胃と十二指腸との間の括約筋（締め付けて閉じる輪状の筋肉）などが収縮して消化管内の食物の移動を防ぎ，スポーツ活動しやすいように調節される．

　スポーツ活動中は体内の血流分布も変化する．運動時は心拍出量の増加とともに，骨格筋や皮膚への血管が拡張して運動に必要な筋肉と放熱に必要な皮膚への血流が増加する．とりあえず運動には必要のない臓器への血管は収縮して，血流の割合は減少する（表 6.3）．安静時心拍出量を 5000 mL/ 分として強い運動時の心拍出量を 25,000 mL/ 分とすると，肝臓と消化管の血流量は安静時 1350 mL/ 分，運動時は 300 mL/ 分となり，運動時には安静時の約 22％に減少する．

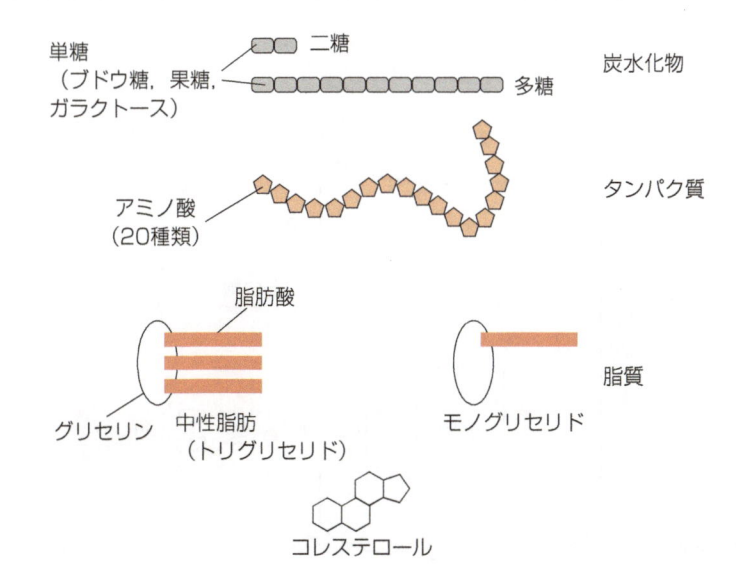

図 6.5　タンパク質，炭水化物，脂質の構造

2　急性スポーツ障害

（1）腹痛

　長距離走などで運動中に腹痛が生じることがある．運動に伴う腸管の血流減少，胃や腸の内容物の停滞，脱水などが関係すると考えられている．運動中のわき腹の痛み（side stitch）は，横隔膜や肋間筋の血流不足，腸管ガスの移動なども関与すると推定されている．運動を中止すると，しばらくして腹痛が消失する場合が多い．

　運動中の腹痛の予防策としては，ⅰ）運動の前に食べる物は消化の良いものにする，食物繊維の多いものは避ける，ⅱ）運動中は水分摂取に努め，脱水を防ぐ，ⅲ）腹筋を鍛えると運動中の内臓の振動を抑える効果が期待される，ⅳ）ウォーミングアップを行う．

　わき腹の痛みが生じた場合は，運動強度を下げ，深呼吸や痛む部分のマッサージ，腹痛側の腕を頭上にあげるなどが効果があるといわれている．

（2）下痢

　長距離のランニングでは，ランニング中およびランニング直後の排便衝動や下痢の頻度が高いといわれている．水泳や自転車に比較してランニングでの消化管症状の頻度が高いことから，ランニングによる腹部臓器の上下動が関係すると考えられている．

　また，運動前の食事（食物繊維の多いもの，コーヒー，オレンジジュース），レース前の精神的緊張なども影響する．

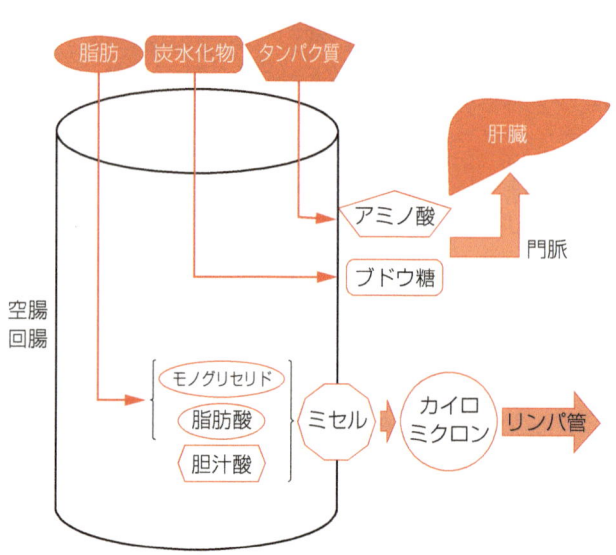

図 6.6　三大栄養素の消化吸収

（3）消化管出血

マラソンなどの長距離走後には便潜血反応がしばしば陽性になる．運動による消化管の血流量の減少と運動に伴う脱水による循環血液量の減少によって，消化管の酸素不足が起こり，急性出血性胃炎や出血性腸炎が起こると考えられている．

3　脂肪肝

脂肪肝は，肝臓に中性脂肪が多量に蓄積して肝臓の機能が障害された状態である．カロリーの相対的過剰摂取や飲酒が原因のため，スポーツ活動を行っている者でもみられる．自覚症状はほとんどないので，定期的に血液検査をうけることが大切で，血液検査で肝機能障害がみられた場合は，腹部超音波検査などで診断される．

アスリートの採血検査の一般的な注意点を述べる．スポーツ活動後の採血では筋肉のダメージによって，あたかも肝機能障害を思わせる血液検査結果を呈するので，激しいスポーツ活動からは数日間おいてから採血したほうが正しい判断ができる．

4　アスリートのコンディショニングに重要な一般的疾患：旅行者下痢症

アスリートが海外に遠征して，下痢になることは珍しくない．海外で起こす下痢の大部分は感染性の下痢と考えられている（旅行者下痢症）．食べ物や飲み物に下痢の原因となる細菌や微生物が混入していると下痢

表 6.3　安静時と運動時の血流量の配分

	安静時（mL/分）	軽い運動時（mL/分）	中程度運動時（mL/分）	強い運動時（mL/分）
肝臓，消化管	1350	1100	600	300
腎臓	1100	900	600	250
脳	700	750	750	750
筋肉	1000	4500	12500	22000
心臓	200	350	750	1000
皮膚	300	1500	1900	600
その他	350	400	400	100
合計（心拍出量）	5000	9500	17500	25000

W. D. McArdle, F. I. Katch, V. L. Katch, 田口貞善ら監訳，『運動生理学：エネルギー・栄養・ヒューマンパフォーマンス』，杏林書院（2000），p.276.

を起こす．

　下痢にかかったときの対応としては，食事がとれる場合は消化の良いものを食べてよいが，脂肪の多いもの，食物繊維の多いもの，刺激物およびアルコールは禁止する．下痢のときは脱水の予防が重要で，糖分と電解質を含んだ飲料（スポーツドリンクや経口補水液）を摂取するが，飲めないときは点滴が必要になる．

　感染性の下痢で強力な下痢止め薬を使用すると，腸内に下痢の原因菌が留まってしまうので，原則として使用しない．乳酸菌の整腸剤はどのような下痢でも使用できる．

　海外では下痢の予防として，生水（水道水）をそのまま飲むことはせず，信頼のおけるボトル入りの飲用水を使用する．生水からつくった氷も下痢の原因になるので注意する．飲食する店は衛生的に信頼のおける店にして，なるべく加熱した食品をとる．またトイレのあと，外出後，食事の前には手洗いを励行する．

5　慢性肝疾患をもつ者の運動

　慢性肝疾患には，慢性肝炎とその結果としての肝硬変とがあるが，いずれにしても黄疸（眼球結膜の黄染）や腹水がみられるとき，あるいは血液検査の結果が悪いときにはスポーツ活動は禁止である．それらの所見がない場合は，血液検査結果の悪化がないことを定期的に確認しながらスポーツ活動を行うことができる．

　B型肝炎ウイルス感染者とC型肝炎ウイルス感染者では，スポーツ活動による接触で他人にウイルスを感染させる可能性はきわめて低いと

考えられる．したがって，B型肝炎ウイルス感染者とC型肝炎ウイルス感染者は，本人の肝機能がスポーツをしてよい状態であれば，スポーツ参加について支障はない．ただし，スポーツ外傷などで出血して，B型肝炎ウイルス感染者やC型肝炎ウイルス感染者の血液が他人の傷口や粘膜に付着した場合には感染の危険性がある．スポーツ参加の条件としてB型肝炎ウイルス，C型肝炎ウイルスおよびエイズ（HIV）の感染の有無を事前に検査することは行われていない．

　スポーツ外傷などで出血した場合は，ウイルス感染者でも影響が出ないように，すべての血液について感染予防処置を行わなければならない．出血した者は，完全に止血して患部を完璧におおってからでないと競技に参加するべきではないし，血液が付着した着衣や用具を使用してはいけない．外傷の処置にあたる者は使い捨てのゴム手袋を着用して，血液に直接触れないようにし，ゴム手袋やガーゼ包帯類は他の者の処置に使いまわしをしてはいけない．

復習トレーニング

次の文章のカッコの部分に適切な言葉を入れなさい．

❶ 肝臓の働きは，代謝（　　と分解），解毒，（　　）の分泌，貯蔵がある．
❷ インスリンは膵臓の（　　）にある細胞でつくられる．
❸ 運動に伴って消化管の血流量は（　　）し，腹痛の一因と考えられている．
❹ B型およびC型肝炎ウイルスはスポーツによる接触では感染する可能性はきわめて低いが，（　　）が他人の傷口や粘膜に付着すると感染する危険性がある．

7章

腎・泌尿器系

7章のPOINT

◆ 尿をつくり排出する器官を総称して泌尿器という．尿は腎臓の糸球体で血液より濾過され，尿細管で調製されてつくられる．

◆ 尿タンパクには，運動後や発熱後，起立時などに陽性となる生理的タンパク尿と，糸球体腎炎などによる病的タンパク尿がある．病的タンパク尿では，タンパク質制限などの食事療法や運動の管理を要することがある．

◆ 赤色尿には，筋の融解によるミオグロビン尿や赤血球の溶血によるヘモグロビン尿がある．ときに急性腎不全の原因となる．

1 スポーツ活動と腎・泌尿器系：解剖と生理のポイント

（1）腎・泌尿器系の構造と機能

　尿をつくり排出する器官を総称して**泌尿器**といい，腎臓，尿管，膀胱，尿道からなる（図 7.1）．**腎臓**は腹腔の後上部，脊柱の両側に存在する左右それぞれ 100 g 程度の臓器である．毛細血管の塊からなる糸球体で血液が濾過されて尿のもとが生成され，**尿細管**という場所で調製されて**尿**となる．つまり，糸球体がフィルターのような働きをし，通常はタンパクや赤血球が大量にはこのフィルターを通過しないため，試験紙で検査をすると（図 7.2），尿からタンパクや赤血球を検出することはほとんどない．

　尿は腎盂から尿管を経て，尿の一時的なため置き場である膀胱に貯留し，ある程度の尿がたまったところで尿意を催し，尿道を経て体外に排出される．尿管，膀胱，尿道は尿の通過と排泄を調節しており，尿意頻回（おしっこが近い），排尿障害（尿が出にくい）などの症状が起こりやすい．

　腎臓は尿を生成して体内の老廃物や余分な水分を体外に排出し，血液中の水分や体液成分のバランスを整えるとともに血圧を調整するが，ホルモン産生（抗利尿ホルモン，赤血球を増加させる働きのあるエリスロポエチン，骨形成に関係するビタミン D）も行っている．

（2）運動と腎機能

　安静時，腎臓には毎分 1000 mL と心拍出量の 1/5 の血液が流れてい

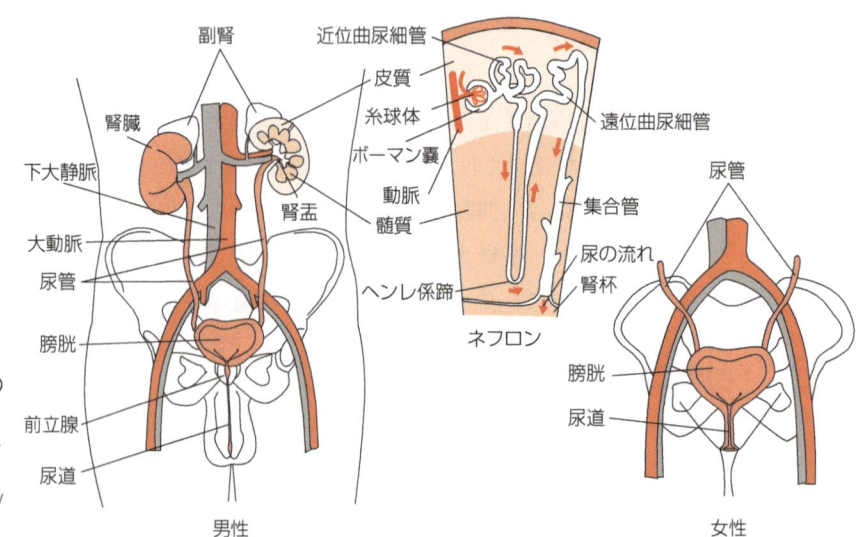

図 7.1 腎・泌尿器系の構造
MSD，最新メルクマニュアル医学百科家庭版
http://merckmanual.jp/
より作成．

るが，運動時には筋肉への配分が増加し，腎臓への血流量は安静時の半分程度になる．運動後には腎臓への血流量は通常60分以内に回復する．この間，糸球体のフィルター機能の指標である糸球体濾過量は高強度の運動では半分程度に低下するが，中等度までの運動では大きな低下はないとされている．

アスリートにタンパク尿と血尿はよく認められ，マラソン後のランナーでは17%に血尿が，30%にタンパク尿が認められたとの報告がある．

2 急性スポーツ障害

（1）急性腎不全

急性に腎機能の障害をきたすと急性腎不全を生じ，濾過の機能が失われて尿がほとんど出なくなったり（**乏尿**），まったく出なくなったり（**無尿**）する．電解質のバランスも失われる．運動により急性腎不全を生じる原因としては，脱水によって循環血液量が減少している上に，消炎鎮痛薬で腎毒性のある非ステロイド系消炎鎮痛薬（NSAIDs）を使用している場合，あるいは運動により大量の筋肉が壊された横紋筋融解の状態でミオグロビン尿を伴うと起こりやすいといわれている．

また，運動歴の少ないもののほうが，豊富なものより急性腎不全のリスクが高いとされる．急性腎不全では，全身倦怠感や脱力感，吐き気など一般的な症状がみられ，特異的な症状はみられないため，水分や電解質補給が適切に行われていても無尿や乏尿が続いている場合には，医療機関に相談する必要がある．

・比重
・pH
・タンパク質
・ブドウ糖
・潜血
・少量の尿を試験紙につけることで，数十秒程度で色調変化から評価できる

図7.2　腎泌尿器の検査
写真提供：ロシュ・ダイアグノスティックス株式会社
http://www.roche-ivd.jp/products/poct/bm_test.html

（2）電解質異常

　運動により交感神経が刺激されると腎臓からレニンが産生され，アンジオテンシンⅡに変換されて糸球体濾過量や尿生成を減少させる．アルドステロンは低強度運動から遠位尿細管に作用し，ナトリウム再吸収とカリウムの分泌が行われ，血管内ナトリウムと水分の保持に関与する．抗利尿ホルモンは集合管に作用し，水分保持と尿の濃縮に寄与する．このように，腎は運動時に尿量を減らして濃縮し，ナトリウムや水分を保持する．

　一方で，運動時，とくに気温の高いときや運動量の多いときには体内への熱入力や産生が増加し，温熱性発汗による体温の調節が行われる．汗には水分のほか，塩分などの電解質が含まれているため，短時間で大量の発汗が生じたあとに，水分のみが補給されると**低ナトリウム（Na）血症**となりけいれんを生じやすくなる（図 7.3）．

　熱中症における熱けいれんは同様のメカニズムによる．電解質補給も含めた適切な水分摂取が重要である．

（3）赤色尿

① 血尿と色素尿

　赤色尿には，尿に赤血球が混入した状態である血尿と，ヘモグロビン尿やミオグロビン尿といった赤い色素を含んだ色素尿が含まれる（図7.4）．

　血尿は，タンパク尿とともに試験紙（図 7.2 参照）でスクリーニングできる．ただし，**色素尿**もこの検査では陽性として出るため，血尿と色

熱中症
第 11 章参照．

ヘモグロビン
第 8 章参照．

ミオグロビン
筋肉中にある，鉄を含むヘムからなる色素タンパク質である．血液中のヘモグロビンから酸素を受け取り，筋肉にためることができる．筋損傷により血液中に大量に流れ出ると，ミオグロビン尿の原因となる．

沈査
遠心分離器にかけたあとの液体の底にある沈殿物．

偽陰性
本来は陽性なのに，検査で陰性となること．

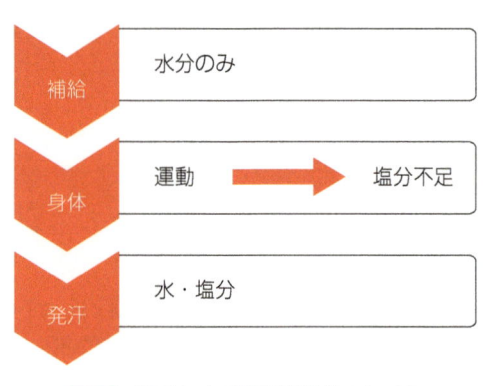

補給	水分のみ
身体	運動 → 塩分不足
発汗	水・塩分

図 7.3　運動による電解質異常のしくみ

素尿を区別するためには尿の沈渣を顕微鏡で観察する必要があり，沈渣で赤血球が認められる場合には血尿となる．逆にビタミンCが尿中に存在する場合や高タンパク尿では偽陰性となることがある．

通常は，試験紙法で潜血反応（1＋）であると血尿として陽性に相当する．一般に，顕微鏡的血尿は男性よりも女性に多く認められるが，女性の場合，月経時に経血の一部が尿に混在することがあるので注意が必要である．

② **肉眼的血尿と顕微鏡的血尿**

血尿には肉眼的に判別できる**肉眼的血尿**と，肉眼では気付かないが試験紙で確認できる**顕微鏡的血尿**がある．運動後に生じる血尿として，運動そのもので生じる運動性血尿と尿路の損傷による血尿が知られている．**運動性血尿**は顕微鏡的血尿でスポーツ血尿とか10000 m血尿などと呼ばれ，水泳やランナーで認められやすい．とくに目立つ症状もなく，安静により数日以内には改善するが，それ以上経っても血尿が持続している場合には医療機関へ相談する必要がある．

尿路の損傷は，肉眼的血尿の原因となり，自転車のサドルによる尿道や膀胱の損傷，ラグビーやボクシングなどによる外傷性の腎挫傷，膀胱損傷などが報告されている．血尿が尿の出はじめに出るか終盤に出るかにより，損傷部位を推定することも可能である．

③ **ミオグロビン尿，ヘモグロビン尿**

色素尿のうちミオグロビン尿は筋の融解により生じる．大腿の筋など筋量の大きい部位をよく使う場合，筋に対して持続的に衝撃が加わり打撲や挫滅を受ける場合，および無理な筋肉トレーニングなど短時間で大量の筋損傷を生じる場面などでは**ミオグロビン尿**が認められやすい．筋

挫滅
強い打撲により，筋肉などの組織が損傷すること．

種別	血尿		ヘモグロビン尿	ミオグロビン尿
	顕微鏡的血尿	肉眼的血尿		
由来	赤血球			筋
赤血球沈査	あり		なし	
具体的疾患と病態	・糸球体腎炎 ・運動性血尿	・尿路損傷 ・尿路出血 ・運動性血尿	・行軍症候群	・横紋筋融解

図7.4　運動により認められる血尿・色素尿

肉が損傷をうけているため、筋肉痛や倦怠感を伴う急性腎不全の原因となることを、ここでも触れておきたい。

ヘモグロビン尿は赤血球の血管内での溶血（破砕）により生じる。マラソンや剣道などの足底に繰り返し衝撃が加わるスポーツでは、溶血が生じやすい。長時間の下肢の運動による溶血や貧血は、軍隊の行軍訓練などで認められることから、**行軍症候群**といわれる。安静にしていると自然に回復することが多い。

そのほか、脱水で尿が濃縮された場合や便秘薬内服などで尿が赤くみえることがある。

溶血，貧血
第8章も参照．

3　運動性タンパク尿

わが国では、学校保健安全法や労働安全衛生法、特定健康診査・特定保健指導などによって、就学者や教職員、勤労者、被保険者・被扶養者などに生涯にわたる検尿が行われており、試験紙によるスクリーニングが一般的に行われている。尿に検出されるタンパクを**尿タンパク**という。試験紙法での尿タンパク（1＋）は 30 mg/dL、尿タンパク（2＋）は 100 mg/dL の尿タンパク濃度に相当する。

この尿タンパク濃度に1日の尿量をかけ合わせると尿タンパクの1日量が計算できる。1日 150 mg 以上の尿タンパクが出ている場合を**タンパク尿**という。尿タンパク（1＋）で1日1L（10 dL）の尿量があったとすると、1日の尿タンパク量は約 300 mg ということになる。

運動後（運動性タンパク尿）や起立時〔起立性（体位性）タンパク尿〕、発熱などのストレス時や大量のタンパク質摂取時などに一時的に

● 知っておくと役に立つ！

ネフローゼ症候群
糸球体からの大量のアルブミンの漏出により、1日尿タンパクが 3.5 g 以上の状態が持続し、血液中のタンパクが減少して体に浮腫を生じ、血清コレステロール値の上昇を認めるものをネフローゼ症候群という。ネフローゼ症候群のコントロールができていない時期には、運動によるタンパク尿の増加や腎機能低下の可能性があるため、基本的には安静が必要である。しかし症状が安定し、医師の監視のもとであれば、5〜6 Mets 程度の運動が勧められる。

表7.1　慢性腎疾患における生活指導（指導区分表）

指導区分		通勤通学	勤務内容	学生生活	余暇活動
A	安静	不可	不可	不可	不可
B	高度制限	〜30分	軽作業	体育制限	3〜4 Mets 以下
C	中等度制限	〜1時間	一般事務	軽い体育可	4〜5 Mets 以下
D	軽度制限	〜2時間	肉体労働制限	体育可・部活動制限	5〜6 Mets 以下
E	普通生活	制限なし	普通	制限なし	制限なし

成人の場合：日本腎臓学会によるガイドラインを元に、著者が要点を抽出し作成。

タンパク尿が出現することがある．これらは生理的タンパク尿といわれ，病的な意義はない．運動性タンパク尿や起立性タンパク尿では，安静臥床後の早朝尿で尿タンパクを認めず，運動や起立後の随時尿で尿タンパクを認めることより診断できる．したがって，尿タンパク陽性の場合，1回の尿検査だけで判断できることはなく，早朝尿を含めて何回か繰り返し検査を行い判断する必要がある．

繰り返し検査をしても尿タンパクを認める場合や尿タンパク（2＋）以上と高濃度の尿タンパクを認める場合，あるいはタンパク尿に加え血尿も認める場合などでは，糸球体腎炎などの病的タンパク尿を想定して，医師への相談が必要である．病的タンパク尿では，診断に応じてタンパク質制限などの食事コントロールや運動の管理を必要とする場合がある．

4 慢性腎疾患をもつ者の運動

慢性腎疾患をもつ人の運動は，一般に生活指導としてガイドラインが設けられており，成人と小児で異なる．成人では日本腎臓病学会の生活指導（表 7.1），小児では**日本学校保健会学校生活管理指導表**が参考となる．なお，学校生活管理指導表は平成 14 年度の改訂で心臓病管理指導表と腎臓病管理指導表が一本化された．実際の生活指導では，各患者の病期・病態を正しく把握して A〜E の 5 段階からなる指導区分を医師が決定し，指導区分表に示された具体的内容を参考にしながら，患者の状況に応じて指導内容を調整していく．

一方，**慢性腎臓病（CKD）**の概念が 2002 年（平成 14）に提唱され，

> ● 知っておくと役に立つ！
>
> **慢性腎臓病（chronic kidney disease，CKD）**
> CKD とは，タンパク尿などの腎臓の障害，もしくは糸球体濾過量 60 mL/分/1.73 m^2 未満の腎機能低下が 3 カ月以上持続するものをいう．心血管疾患発症や腎不全から透析に至るリスクが高く，治療にあたってはまず生活習慣の改善が第一とされている．腎機能や血圧をみながら適度に運動し，肥満の改善をはかる必要がある．

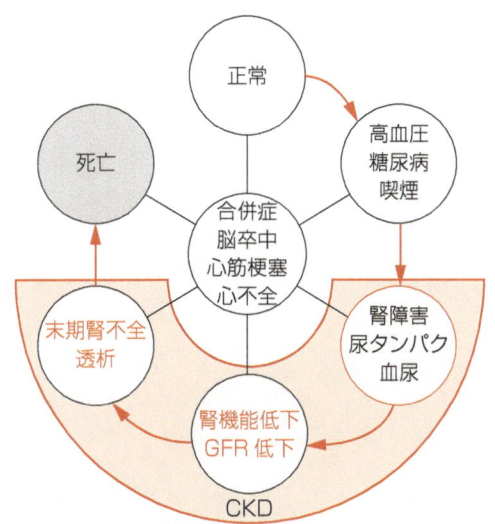

図 7.5　CKD の概念

CKDの多くに肥満，運動不足，飲酒，喫煙，ストレスなどの生活習慣の関与が考えられている（図7.5）．そのため，過労を避け，十分な睡眠や休養は重要であるが，安静を強いる必要はなく，肥満の是正，糖尿病の発症予防，高血圧治療，心血管疾患予防のために，身体活動度を維持すべきである．5 METs前後の運動疲労を起こさない程度の運動であればCKDを悪化させるという根拠はなく，運動禁忌となる合併症がなければ，血圧や尿所見の適切な監視下で定期的な運動を行うと有益な効果が認められる．

5 METsの運動の例
・かなり速歩（平地，速く＝107 m/分）
・野球
・ソフトボール
・サーフィン
・バレエ（モダン，ジャズ）
「健康づくりのための身体活動基準2013」，参考資料より．

復習トレーニング

次の文章のカッコの部分に適切な言葉を入れなさい．

❶ 腎臓のなかで血液を濾過して尿のもとをつくるところを（　　　）という．
❷ 運動後の赤色尿のうち，大量の筋肉の崩壊が原因で生じるのは（　　　　）尿である．
❸ 運動時の血尿には，腎糸球体が原因となるもののほか，尿路の（　　　）によるものがある．
❹ 1日尿中に（　　）mg以上，タンパク質が排出される場合をタンパク尿という．
❺ 慢性腎疾患をもつものの運動は，医師に相談のうえ，（　　　）指導としてガイドラインが設けられている．

8章

血液，免疫，アレルギー

8章のPOINT

- ◆ 血液は血漿（液体）と細胞（赤血球，白血球，血小板）の混合したもので，内部環境のホメオスタシスを維持する役割をもつ．
- ◆ 免疫系は血漿に溶けたタンパク質（抗体，補体）と白血球（好中球，リンパ球，単球など）で構成される．
- ◆ アレルギーは，排除する必要のないものに対して過剰に起こった免疫反応である．
- ◆ 運動誘発アナフィラキシーは生命に関わる重篤なアレルギー反応で，迅速な対応が必要である．
- ◆ 貧血はヘモグロビンの減少のことであり，スポーツ活動によって貧血になりやすくなる．
- ◆ 花粉症治療薬にはドーピング禁止薬物があるので，注意する．
- ◆ HIV感染症は血液を介して感染する．

1 スポーツ活動と血液，免疫，アレルギー：解剖と生理のポイント

（1）血液，免疫，アレルギーの概要

人間は，（成人の場合）約 60 兆個の細胞が集合した多細胞生物である．細胞は細胞周囲の環境から必要な物質を細胞内に取り込み，代謝（合成，分解）を行い生命活動を営み，その結果として生じた不要な物質を細胞周囲の環境に捨てる．細胞周囲の環境は体内であり，内部環境と呼ばれる．**内部環境**は，細胞が快適に生きられるように一定の状態に保たれている（**恒常性，ホメオスタシス**）．細胞が必要とする物質を内部環境に供給し，細胞が不要として捨てた物質を回収し，内部環境の恒常性を維持するために循環しているのが血液である．

> 内部環境（体内と体外）
> 第 6 章参照．
>
> 恒常性，ホメオスタシス
> 第 1 章参照．

① 血液

血液は単なる赤い液体ではない．黄色い液体（血漿(けっしょう)）に細胞（赤血球，白血球，血小板）が混合したものである（図 8.1）．血漿は電解質，タンパク質，脂質，糖などを含む．血液中の赤血球数は約 500 万/mm^3，白血球数は約 4000〜9000/mm^3，血小板数は約 20〜40 万/mm^{3}である．赤血球は直径約 7 μm であり，白血球は赤血球より大きいが数は少なく，また，血小板の数は多いが約 1 μm 程度の大きさしかないので，血液全体の体積のうち白血球と血小板の体積はほんのわずかである．

血液の体積の約 55％が血漿で，約 45％が赤血球である．赤色の赤血球が全体の約半分の体積を占めるため，均一に混合した血液は肉眼では赤くみえる．

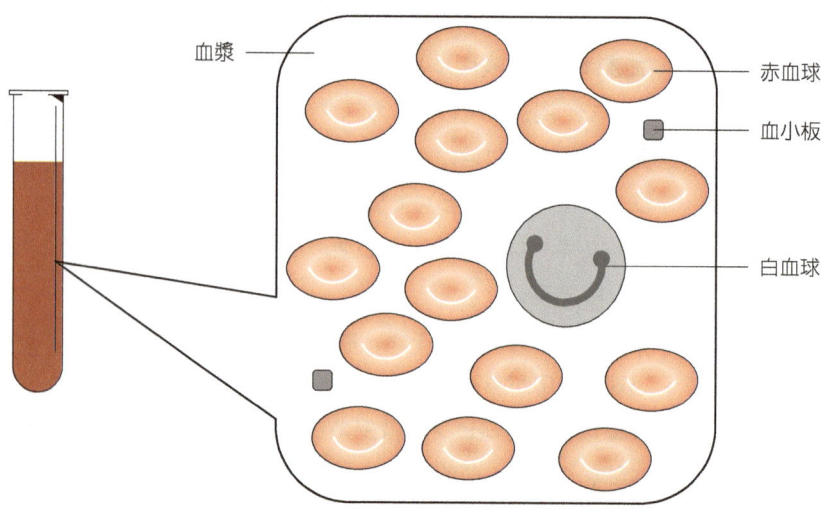

図 8.1 血液の構成

1 スポーツ活動と血液，免疫，アレルギー：解剖と生理のポイント

血液は，内部環境（組織間液）に供給したり内部環境から回収したりした，さまざまな物質を運搬する．心臓から押し出された血液は動脈系を通って組織の毛細血管に達し，血管内の血液と血管周囲の組織間液との間で物質交換が行われ，血液は静脈系を通って心臓に戻る．この血液の循環によってさまざまな物質が運搬され，内部環境における，酸素や二酸化炭素の濃度，栄養分や老廃物の濃度，pH，電解質濃度や浸透圧，体液量，温度などが一定に保たれる．

細胞の代謝に必要な物質としては酸素と栄養素が組織間液に運搬され，さらに代謝の結果として産生された物質や老廃物が組織間液から運搬される．肺から取り込まれた酸素はおもに赤血球内のヘモグロビンに結合して全身の組織に送られ，消化管から吸収された栄養素は血漿中を運ばれる．組織で産生された二酸化炭素は肺に運ばれ，老廃物は腎臓などの排泄器官に運ばれて，それぞれ体外に排出される．電解質と水はおもに腎臓で排泄され，その排泄量が調節される．血液は熱も運搬し，全身各器官の温度を一定に保つ役割をもつ．

血液は，内部環境のホメオスタシスの調節に働く物質も運搬する．内部環境のホメオスタシスは内分泌系，自律神経系，免疫系によって調節されており，血液は内分泌系のホルモンと免疫系の細胞と物質を運搬する．**ホルモン**は内分泌器官で産生されて血液中に分泌され，血液で運搬されて特定の標的器官まで到達して作用を発揮する．免疫系で働く細胞は白血球として血液中を流れ，炎症や免疫反応が必要な組織に達すると血管外に出て機能を発揮する．抗体や補体などの免疫系で作用するタンパク質成分も，血漿中を運搬される．

血液は，出血の際に血小板と血液凝固因子が作用して止血する作用を

内分泌系，自律神経系，免疫系
第1章参照．

表8.1 血液の機能と担当する構成成分

機能	おもに担当する構成成分
酸素の運搬	赤血球中のヘモグロビンに結合
二酸化炭素の運搬	血漿と赤血球中に溶解
栄養（糖，脂質，アミノ酸，タンパク質）の運搬	血漿
ホルモンの運搬	血漿
代謝老廃物の運搬	血漿
水，電解質の運搬	血漿
熱の運搬	血液
免疫	白血球
止血	血小板と血漿

もつ．血液の機能と，おもに担当する構成成分を表8.1に示す．

血液中の細胞（赤血球，白血球，血小板）はすべて骨髄で造血幹細胞から分化し，成熟して血液中に入り循環する．赤血球の内部は赤色のタンパク質であるヘモグロビンが充満している．**ヘモグロビン**はヘム（鉄が結合したポルフィリンという構造）とグロビン（ポリペプチド）が結合したもので，ヘムの鉄原子に酸素が結合することにより酸素が運搬される．**血小板**は骨髄の巨核球の細胞質がちぎれて血液中に出てきたもので，出血時の止血に働く．

② 免疫系

免疫系は血液の循環によって運搬され，体内から排除すべき細菌やウイルスなどが内部環境に侵入したときに，血管内から血管外（内部環境）に出て攻撃する．内部環境で働いた免疫系の一部はリンパ管を通って血液の循環に戻る（図8.2）．免疫系は，おもに生物的ストレッサーに対する防衛体力を構成する．

免疫系で作用する成分には白血球とタンパク質があり，相互に協調しチームワークで排除すべき物質を攻撃する．免疫系で働くタンパク質としては抗体と補体があり，血漿に溶け込んでいる．**抗体**はBリンパ球が産生するタンパク質で，**免疫グロブリン**（immunoglobulin, **Ig**）とも呼ばれ，5つの種類（クラス．IgA, IgD, IgE, IgG, IgM）がある．抗体は体内から排除すべき物質を認識して結合する．抗体が結合する相手を**抗原**といい，抗体は抗原を厳密に認識して結合し作用を発揮する．抗原と抗体の関係は鍵と鍵穴の関係にたとえられ，1つの抗体は1つの抗原にしか結合できない（図8.3）．

Bリンパ球ごとに抗原は決まっており，1つのBリンパ球が産生す

防衛体力
第1章参照．

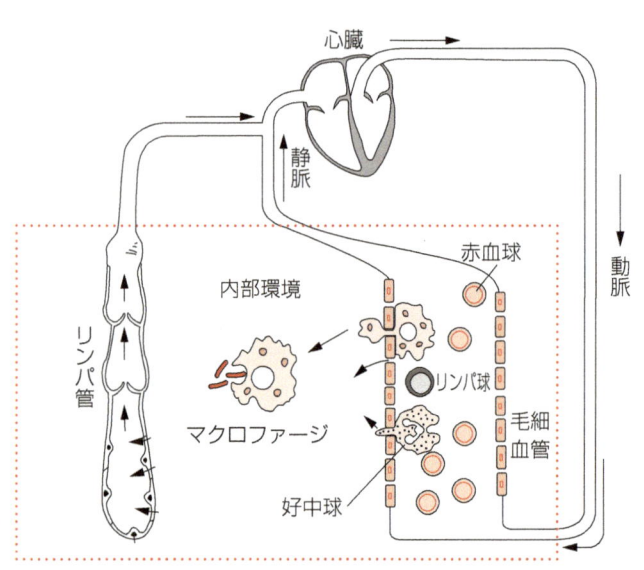

図8.2 免疫系
点線内は部分的に拡大して，内部環境の様子を示す．

る抗体の抗原はすべて同一である．抗体は抗原に結合して，抗原を無毒化（中和）したり，好中球やマクロファージによる貪食を促進したり（**オプソニン作用**），補体を活性化して，抗原を処理する．**補体**はおもに肝臓で産生される20種類以上のタンパク質のグループである．補体は連鎖反応を起こして，抗体や免疫系細胞の反応を助ける作用がある．

血液中の**白血球**は，好中球，好酸球，好塩基球，リンパ球，単球に分類され，すべて免疫系で働く細胞である（図8.4）．白血球は無色透明な細胞であるが，無色透明のガラスの粉が白くみえるように，白血球が集合すると白くみえる．好中球，好酸球，抗塩基球は細胞質に顆粒をもち形状が似ているため，まとめて**顆粒球**といわれる．好酸球の顆粒は赤色の酸性色素で染まり，好塩基球の顆粒は青色の塩基性色素で染まる．

好中球は血液中の白血球数の約60％を占め，体内から排除すべき異物や細菌などを貪食して処理し殺菌する．**好酸球**は血液中の白血球数の1～5％程度で，アレルギーのときに増加する．**好塩基球**は血液中の白血球数の1％以下で，やはりアレルギーに関係すると考えられている．**単球**は血管外の内部環境に出るとマクロファージと呼ばれる．**マクロファージ**は異物を貪食して処理し，それを抗原としてリンパ球（**ヘルパーTリンパ球**）に提示する（**抗原提示**）．

リンパ球には，ヘルパーTリンパ球（1型，2型），細胞障害性Tリンパ球，制御性Tリンパ球，Bリンパ球，NK細胞などがある．1型ヘルパーTリンパ球はマクロファージや細胞障害性Tリンパ球を活性化し，2型ヘルパーTリンパ球はBリンパ球を活性化する．Bリンパ球は抗体を産生し，細胞障害性Tリンパ球とNK細胞は腫瘍細胞やウイルス感染細胞を攻撃する（図8.5）．

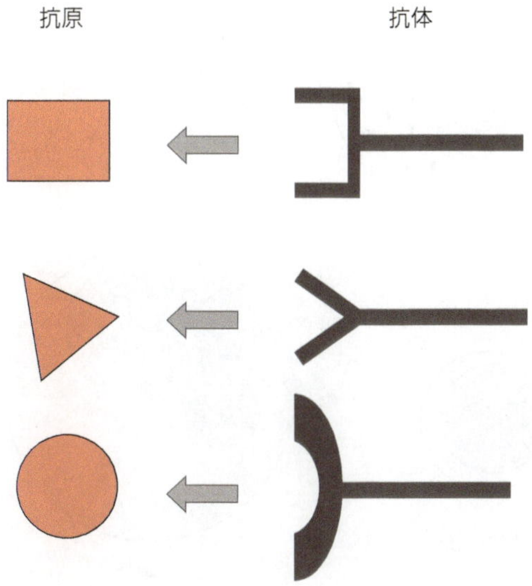

図8.3　抗原と抗体
1つの抗体は1つの抗原にしか結合できない．

③ アレルギー

アレルギーは，排除する必要のない物質（花粉や食品など）に対して過剰に免疫反応が起こり，そのためにかえって，体の健康が障害される場合に使われる言葉である．アレルギーは免疫反応のタイプによってⅠ型，Ⅱ型，Ⅲ型，Ⅳ型に分類されるが，狭義のアレルギーはⅠ型アレルギーである．

Ⅰ型アレルギーは，IgE 抗体が結合した**肥満細胞**（マスト細胞．身体の肥満とは関係ない）に抗原が結合すると，ヒスタミンなどが放出されて，血管拡張や血管透過性亢進が起こり，局所の腫脹などが急激に生じる反応である（図 8.6）．気管支喘息，花粉症，じんましん，食物アレルギー，アナフィラキシーなどでは，Ⅰ型アレルギーによっておもな症状が形成される．

（2）スポーツ活動が血液，免疫，アレルギーに与える影響

赤血球中のヘモグロビンは肺で酸素を結合して運搬し，末梢組織で酸素を放出して内部環境に酸素を供給する．全身持久力の指標の**最大酸素摂取量**は，総ヘモグロビン量と相関する．運動に伴って，組織の二酸化炭素の増加による pH の低下や体温上昇が起こると，ヘモグロビンと酸素の結合力が弱まり，組織に酸素を放出しやすくなる．運動トレーニングによって赤血球内の **2,3-DPG**（2,3-ジホスホグリセリン酸）が増加すると，やはりヘモグロビンと酸素の結合力が弱まり，組織に酸素が放出されやすくなる．また高地トレーニングを行うと，赤血球の 2,3-DPG の増加，赤血球産生を刺激するホルモンであるエリスロポエチンの増加，ヘモグロビン濃度の増加が起こる．

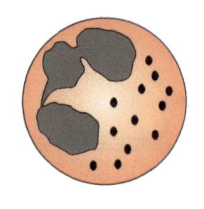

顆粒球
・好中球
・好酸球
・好塩基球

リンパ球

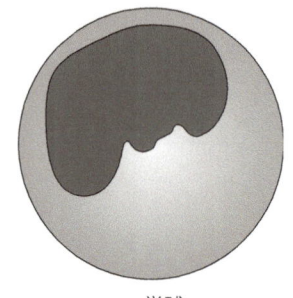

単球

図 8.4　白血球の分類

運動は免疫機能にも影響を与える．さまざまなストレッサーに対して内部環境のホメオスタシスを維持するように反応するのが内分泌系，自律神経系，免疫系であり，それらが防衛体力を形成する．運動は生理的ストレッサーであるから，運動に対して免疫系も反応して機能が変化する．

運動による免疫機能の変化の例として，運動と上気道感染症罹患との関係が **J字モデル** として知られている（図1.7参照）．適度な運動は免疫機能を高めて上気道感染症の罹患率を下げるが，過度な運動は免疫機能を低下させ上気道感染症の罹患率を高める．一過性高強度運動後は免疫機能が低下する時期があり，その時期は病原性微生物に対して門戸を開放してしまうことから，**openwindow** と呼ばれ，感染症の罹患リスクが高まる．継続性トレーニングでは，高強度トレーニングを継続すると免疫機能が低下し，感染症にかかり易くなる（典型的にはオーバートレーニング症候群）．適度なトレーニングを継続すると，免疫機能を高めることができる（図8.7）．

内分泌系，自律神経系，免疫系
第1章参照．

オーバートレーニング症候群
第12章参照．

2　急性スポーツ障害

（1）運動誘発アナフィラキシー

① 原因と症状

アナフィラキシーはⅠ型（即時型）の重篤なアレルギー反応である．肥満細胞からヒスタミンなどが放出され，血管平滑筋の弛緩による血圧低下と喉頭浮腫などの呼吸困難が急激に起こり，致死的となりうる．肥

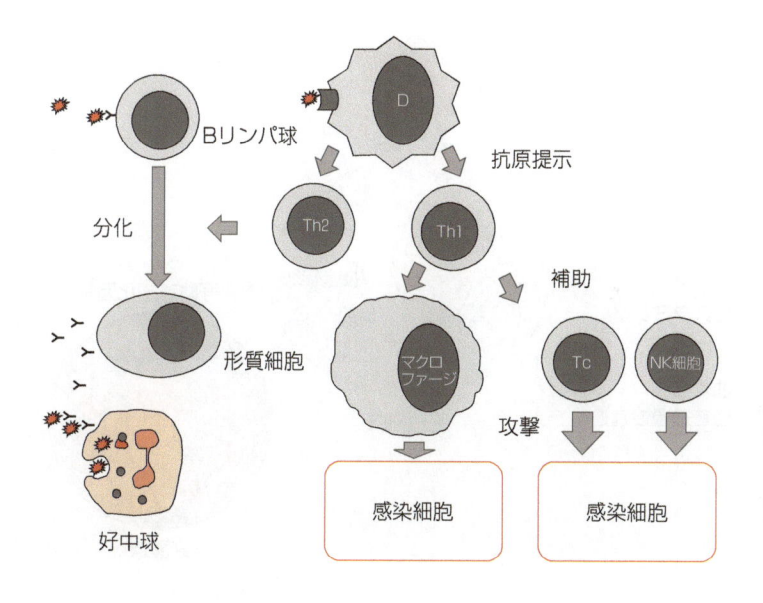

図8.5　免疫系のしくみ
Th1　1型ヘルパーTリンパ球
Th2　2型ヘルパーTリンパ球
Tc　　細胞障害性Tリンパ球
D　　　樹状細胞
形質細胞　Bリンパ球が活性化したもの

満細胞からのヒスタミンなどの放出は，肥満細胞に結合した IgE 抗体に抗原が結合して起こるが，物理的要因（運動，温熱，寒冷，日光，水）によっても起こることがあり，運動中に発症するアナフィラキシーを運動誘発アナフィラキシーという．

運動誘発アナフィラキシーは，運動中に全身の皮膚の紅潮，かゆみ，じんましんなどの皮膚症状が起こり，続いて，鼻水，呼吸困難，嘔気，腹痛，血圧低下，失神などのアナフィラキシー症状を呈する．運動誘発アナフィラキシーの約半数の患者では，その患者にとって特定の食品を摂取して運動するとアナフィラキシーを発症するので，**食物依存性運動誘発アナフィラキシー**と呼ばれる．運動によるじんましんが2〜4 mm と小さい場合はコリン性じんましんと呼ばれ，通常はアナフィラキシー症状を起こさないが，まれにアナフィラキシー（異型運動誘発アナフィラキシー）がみられることもある．

② **スポーツ現場での対応**

スポーツ現場では，運動中にかゆみ，じんましんなどの皮膚症状が出現したときは，すぐに運動を中止して安静にする．以前に発作を起こしたことのある選手で，薬剤を所持している場合はただちに使用する．症状は急速に悪化する可能性があることに注意し，迅速に対応する必要がある．

全身性のじんましんや顔面腫脹などの強い皮膚症状がある場合は，医療機関へ搬送する．全身症状として，血圧低下，意識障害，あるいは呼吸困難などのアナフィラキシー症状がある場合は救急車を要請する．意識障害のある場合は心肺蘇生法の手順に従って，呼吸確認，気道の確保，心臓マッサージ，人工呼吸を行うが，喉頭浮腫で窒息を起こしてい

心肺蘇生
第3章参照．

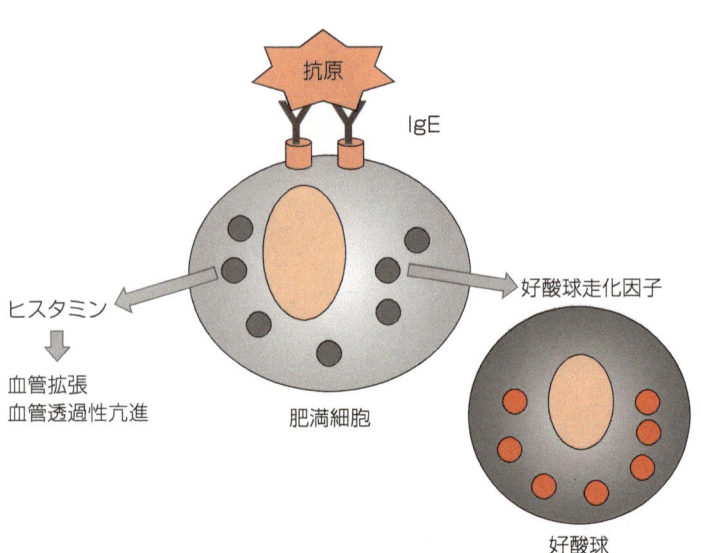

図 8.6　**I型アレルギー発症のメカニズム**
肥満細胞に結合した IgE 抗体に抗原が結合すると，ヒスタミンが放出されて，血管が拡張し，血管透過性が亢進する．肥満細胞は好酸球走化因子を放出するため，好酸球が血管内から組織に逃走してくる．

る場合は，現場では有効な気道確保が困難である．

③ **予防**

発作予防として，食物依存性運動誘発アナフィラキシーで原因食品を特定できた場合は，その食品を運動前に食べることを禁止する．原因食品が特定できない場合や原因食品を完全には除去できない場合は，食後3〜4時間は運動しないように指導する．そのほか，鎮痛解熱薬などの薬物，温度や湿度の高いとき，温度の低いとき，花粉症などアレルギーの季節，月経時，疲労が蓄積したときなどが発作誘因となる．

運動誘発アナフィラキシー発作を完全には予防できない選手の場合は，運動制限が必要になる．運動誘発アナフィラキシーを起こした選手には，エピネフィリン（アドレナリン）自己注射薬の携帯も検討する必要がある．

> アナフィラキシーへの対応
> 第3章も参照．

3 慢性スポーツ障害：貧血

（1）定義と原因

貧血は循環血液中のヘモグロビン量が減少した状態である．ヘモグロビン量の減少は酸素運搬能力の低下を引き起こし，スポーツ活動における競技能力低下（持久力低下）の原因になる．**ヘモグロビン**（血色素，Hbと表す）濃度の基準値は測定施設によって多少異なるが，女性で11.5 g/dL以下，男性で13.5 g/dL以下が貧血の目安となる．スポーツ活動に伴って貧血になりやすいことが知られている．アスリートの貧血の原因には鉄欠乏と溶血が多い．

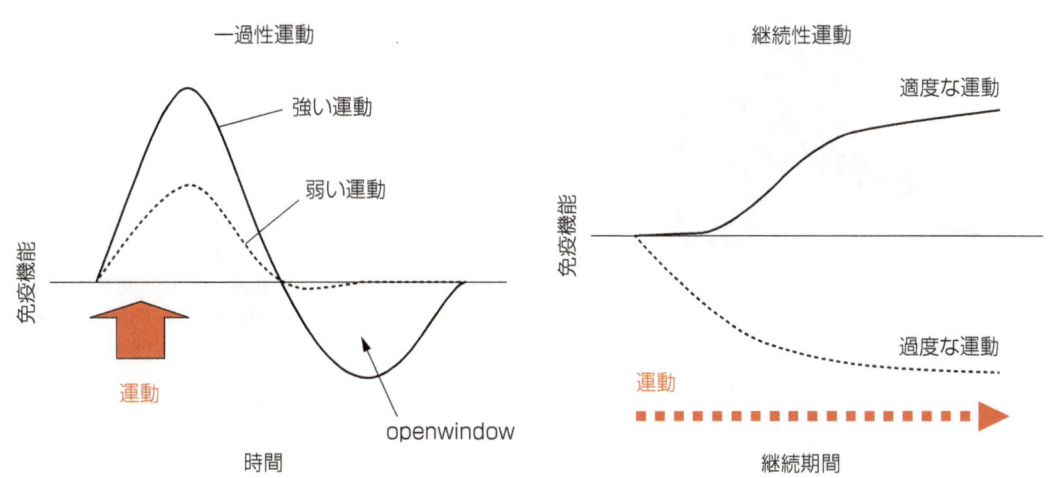

図8.7 運動による免疫機能の変化
赤間高雄，オーバートレーニング症候群における免疫機能，23（8），臨床スポーツ医学（2006），p.890．

8章 血液，免疫，アレルギー

鉄欠乏性貧血の原因として，鉄分の摂取不足のほかに，スポーツ活動による発汗が考えられる．汗には微量の鉄分が含まれるので，多量に発汗すると鉄分が喪失し鉄欠乏の原因となる．また，陸上長距離走のあとに消化管から出血することがあり，反復性の消化管出血は鉄欠乏の原因になる．女子では月経による定期的な出血があるので，男子よりもさらに鉄欠乏になりやすい．

スポーツ活動によって溶血が起こり，貧血の原因になる．スポーツ活動に伴って足底部へ強い衝撃が加わることにより血管内の赤血球が傷つき，血管内で赤血球が壊れる（**溶血**）．溶血は赤血球が血管外に出る出血とは異なり，足底に肉眼的変化はない．溶血は剣道選手やランナーにみられることが多い．

真の貧血とは異なり，トレーニングに伴って血液の液体成分（血漿）が増加するため，みかけ上ヘモグロビン濃度が低下して，あたかも貧血のようにみえることがある．また，逆に運動直後は血液濃縮も起こるので，これらの影響を考慮して判断する必要がある．

（2）症状と治療，予防

貧血の症状としては，息切れ，動悸，めまい，頭重感，易疲労感などがある（表8.2）．アスリートの場合は，何となく調子が悪い，記録が伸びない，練習ができないといった症状に注意し，貧血が疑われるときは血液検査で確認する．

鉄欠乏性貧血の場合には鉄剤を服用する．鉄剤は水なしで服用すると食道潰瘍の原因になることがあるので，十分な水で飲み下すように指導する．鉄剤の服用後に貧血が改善しても，体内の鉄分を十分に補うため

溶血
第1章，図1.5 参照.

● 知っておくと役に立つ！
鉄欠乏性貧血の治療
鉄欠乏性貧血の治療は通常の場合は経口鉄剤で行われ，注射鉄剤の使用は特殊な場合に限られる．経口鉄剤の鉄は消化管から吸収され，血液によって骨髄に運ばれてヘモグロビンの材料として使われる．注射鉄剤の鉄は，直接静脈血内に注入され，血液によって骨髄に運ばれてヘモグロビンの材料として使われる．いずれにしても鉄は骨髄でヘモグロビンの材料として使われて貧血が改善するのであるから，貧血改善のスピードは経口鉄剤と注射鉄剤とで違いはない．鉄は体内に過剰に入ると障害を引き起こすので，注射鉄剤を使用する必要がある場合は，医師が鉄欠乏量を計算して計画的に使用する．

表8.2 貧血の症状

・全身症状
　微熱，易疲労感，倦怠感，
　頭痛，耳なり，めまい，
　失神，筋力低下
・皮膚粘膜
　蒼白
・呼吸循環
　動悸，息切れ，頻脈
・消化器
　食欲不振，下痢，便秘
・その他
　無月経

に数か月は服用を続けなければならない．

　また，日頃より偏食は避け，鉄分やタンパク質を十分に含むバランスのとれた食事をとることも大切である．経口鉄剤は吸収が調節されて鉄過剰になりにくいが，注射鉄剤では鉄過剰になる危険性がある．溶血の予防には，地面，シューズ，走り方をチェックして足底への衝撃を少なくし，体重が重い場合は減量を考慮する．

4 アスリートのコンディショニングに重要な一般的疾患：花粉症

（1）原因と症状

　花粉症は，花粉に対するアレルギー反応の結果として，アレルギー性鼻炎とアレルギー性結膜炎をおもな症状とする疾患である．日本では，花粉症全体の有病率が約 30％，スギ花粉症の有病率は 26.5％，スギ以外の花粉症の有病率は 15.4％と報告されており，1998 年（平成 10）から 2008 年（平成 20）の 10 年間でいずれの有病率も約 1.5 倍に増加している．

　アスリートにおいても花粉症の頻度は一般人と差がなく，花粉症はアスリートのコンディショニングにおいて重要な問題である．運動が花粉症の症状に影響することも知られており，運動直後は，交感神経活動により，鼻閉の症状が軽くなるが，その後はリバウンドによって症状が強くなる．

　花粉症の原因花粉は日本では約 50 種類が報告されているが，最も多いのはスギ花粉症であり，花粉症全体の約 70％といわれている．花粉

貧血と失神の比較

	貧血	失神（立ちくらみ）
おもな症状	疲れやすい 練習についていけない	一時的な意識消失 めまい
おもな原因	鉄欠乏 溶血	脱水や不整脈などによる血圧低下
経過	慢性，継続性	急性，一過性

貧血＝失神ではない．貧血の症状として失神が起こることはあるが，貧血のおもな症状は失神ではない．また，失神のおもな原因は血圧低下であり，貧血ではない．

の飛散時期は地域によってほぼ一定なので，地域ごとの花粉の飛散時期を表したカレンダーは原因花粉の推定や対策に有用である．

花粉症では，アレルギー性鼻炎やアレルギー性結膜炎の特徴的な症状が，花粉の飛散時期に限定して出現する．**アレルギー性鼻炎**の症状は，くしゃみ，鼻閉，水様性鼻汁などであるが，とくに花粉を吸い込んだときに，くしゃみが発作性に連続して出るのが特徴である．鼻汁は水様透明である．眼症状は，眼のかゆみ，異物感，流涙，結膜充血などがみられる．鼻と眼以外の症状では頭痛，集中力低下，微熱感，皮膚のかゆみ，咽頭違和感などを伴うことがある．花粉症はⅠ型アレルギーと考えられ，血清中の特異的IgEを測定して，原因花粉を特定することができる．

（2）治療

花粉症の治療は，原因花粉との接触を防ぐこと，ならびに薬物療法である．花粉との接触を防ぐには，鼻に対してはマスク，眼に対してはゴーグルが用いられるが，通常のめがねでも花粉の侵入を減少させることができる．

薬物療法としては抗ヒスタミン薬や副腎皮質ステロイド薬が使用される．**副腎皮質ステロイド**（糖質コルチコイド）はドーピング禁止物質であり，全身的使用（経口使用，静脈内使用，筋肉内使用，経直腸使用）は禁止であるが，点眼使用と鼻噴霧使用は禁止されていない〔2014年（平成26）現在〕．

花粉症はアスリートのコンディションに影響を及ぼす

5 慢性疾患をもつ者の運動：HIV 感染症

（1）原因

　ヒト免疫不全ウイルス（human immunodeficiency virus，**HIV**）が感染した病態を **HIV 感染症**という．HIV 感染症が進行して免疫不全の状態になった場合が**エイズ**（後天性免疫不全症候群，acquired immunodeficiency syndrome，**AIDS**）である．

　HIV に感染すると，ほぼ無症状の時期（無症候性キャリア）が数年から 10 年程度あり，治療をしないと，その後 AIDS の状態になる．HIV は，おもにヒトのヘルパーＴリンパ球やマクロファージに感染し，ヘルパーＴリンパ球が破壊されて減少する．それらの細胞は免疫機能の調節で重要な働きをしているので，その数が減少すると重大な免疫不全状態となる．

　HIV 感染症は，血液中の HIV に対する抗体や HIV 自体の存在を確認することによって診断されるが，感染の初期（感染から 1 ～ 3 か月）には検査で感染が検出できない時期（ウインドウ期）がある．世界での HIV 感染者数は約 3,400 万人〔2011 年（平成 23）末〕，1 年間の新規感染者数は約 250 万人，1 年間の AIDS による死亡者数は約 170 万人と推計されている．

（2）治療

　HIV 感染症の治療は**多剤併用療法**によって進歩したが，HIV を体内から完全に排除することはできない．HIV は，血液，精液・膣分泌液，あ

るいは母乳を介して感染するので，スポーツ現場では感染予防のため血液に注意する．

　HIV 感染者においても一過性運動は免疫機能を変化させるが，非感染者に比較すると変化の度合いが少ない．HIV 感染者に対する継続性運動トレーニングは，筋力増強や運動能力の増加による **QOL**（quality of life）の改善，および運動プログラムへの参加による精神的な好影響や気分の改善効果があるが，HIV 感染症によって低下する免疫機能への好影響は証明されていない．

復習トレーニング

次の文章のカッコの部分に適切な言葉を入れなさい．

❶ 酸素は血液の赤血球の中の（　　）に結合して運搬される．（　　）が減少した状態が（　　）である．最大酸素摂取量は（　　）の量に比例する．

❷ 一過性高強度運動後には免疫機能が（　　）する時期がある．

❸ 運動誘発アナフィラキシーではアドレナリン（エピネフィリン）の（　　）を使用することがある．

❹ HIV 感染症は適切な治療をせずに経過すると免疫機能が低下して（　　）の状態となる．

9章

内分泌代謝系

9章のPOINT

◆ 内分泌系は，自律神経系と並んで，スポーツ活動のエネルギー源であるアデノシン三リン酸（ATP）の産生と分解に関わるエネルギー代謝をコントロールする重要な役割を担っている．

◆ 運動に伴う脱水症や低血糖の予防には，運動中のみならず，運動前後の適切なケアが重要である．

◆ 高尿酸血症は，とくに短時間の高強度の運動でなりやすい一方，やや軽強度の有酸素運動では，その改善が期待される．

◆ 糖尿病や脂質異常症患者に勧める運動プログラムは，一般的には健常者とほぼ同様であるが，運動前には，心血管疾患の有無やそのリスク評価のためのメディカルチェックや運動負荷試験を受けることが必要である．

1 スポーツ活動と内分泌代謝系：解剖と生理のポイント

（1）スポーツ活動とエネルギー代謝

スポーツ活動では，さまざまな筋肉が収縮・弛緩を繰り返す．筋肉の収縮（筋収縮）にはエネルギーが必要であり，そのエネルギーは図9.1に示すように，**アデノシン三リン酸（ATP）**という分子に蓄えられている．**エネルギー代謝**とは，ATPの産生と分解のための種々の生体反応系といいかえることができる．

表9.1に示すように，ATP産生様式は，酸素を必要としない無酸素系と酸素を必要とする有酸素系の2つに大別され，それぞれのATP産生系で行われる運動を**無酸素運動**，**有酸素運動**と呼ぶ．

無酸素系ATP-CP系は，有酸素系に比べATP産生速度が速いため，短距離走や重量挙げなど，短い時間に大きな力を必要とする運動に適している．**ATP-CP（クレアチンリン酸）系**ではクレアチンリン酸をATP供給源（エネルギー基質という）とし（図9.2），生産速度は最速であるが，生体内のクレアチンリン酸の供給量が限られているため，運動持続可能時間は10秒程度である．したがって，それ以上の運動時間を必要とする場合は，次に供給速度の速い嫌気的解糖系が用いられる．

嫌気的解糖系では筋肉中のグリコーゲンをエネルギー基質として使用するが，代謝産物として発生した乳酸がこの反応系の進行を妨げてしまう（図9.3）ため，筋肉中にグリコーゲンが残存しているにもかかわらず，30秒から1分程度しか運動を持続できない．

酸素を利用した有酸素系ATP-CP系は，より長時間の運動を可能に

ATP
adenosine triphosphate

ATP-CP
adenosine triphosphate
creatine phosphate

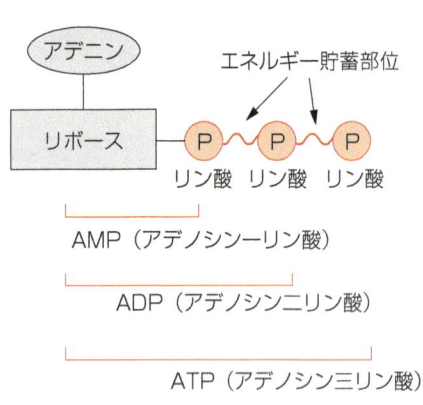

図9.1　ATPの構造（概略図）

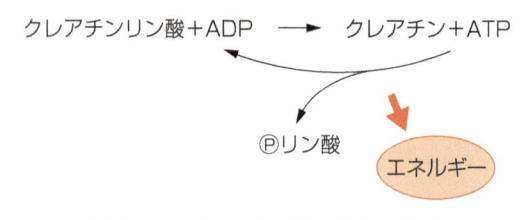

図9.2　クレアチンリン酸（ATP-CP）系

表9.1 ATP産生様式の概略

	無酸素系（酸素不要）		有酸素系（酸素必要）	
	クレアチンリン酸（ATP-CP）系	嫌気的解糖系	好気的解糖系	酸化的リン酸系
エネルギー基質	クレアチンリン酸	グリコーゲン	グリコーゲン（または血中グルコース）	脂肪酸
エネルギー貯蔵部位	筋肉	筋肉	筋肉，肝臓	筋肉，脂肪組織
活動筋	速筋線維（type IIb）	速筋線維（type IIb）	速筋線維（type IIa）	遅筋線維（type I）
ATP産生反応速度（酸化的リン酸系を1）	10倍	5倍	1〜3倍	1
ATP産生量（ATP-CP系を1）	1	2〜3倍	100〜200倍	5000倍以上
運動可能時間	10秒以下	30秒〜1分	1時間	数日
走競技	100m走	400m走	10km走	フルマラソン（42.195 km）

する（図9.3参照）．ただし，反応系はゆっくり進行するため，大きな力を必要とする運動には対応できない．好気的解糖系では，嫌気的解糖系とは異なり乳酸を生じないため，筋肉中のグリコーゲンが枯渇するまで運動を継続できる．好気的解糖で生じたピルビン酸は，**TCA回路（クエン酸回路）** に取り込まれ，そこで発生した水素は**電子伝達系**に転送され，大量のATPを産生する．電子伝達系によるATP産生機構を**酸化的リン酸系**と呼ぶ．酸化的リン酸系は，グリコーゲンのほか，筋・脂肪組織由来の脂肪酸（非常に長時間の運動では筋組織由来のアミノ酸）もエネルギー基質に利用できるため，際限なくATPを供給し続けることが可能である．

TCA回路
tricarboxylic acid 回路

🟠 知っておくと役に立つ！

電子伝達系を動かし続けるためには
厳密には，電子伝達系を動かすためにはTCA回路が必要であり，TCA回路を動かすためには解糖系由来で産生されるオキサロ酢酸が必要である．したがって，グリコーゲンが枯渇すると運動は継続できない．

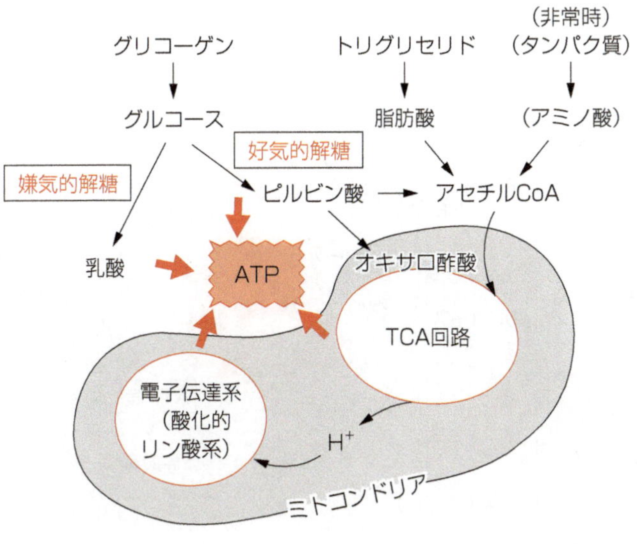

図9.3 解糖系，酸化的リン酸系

（２）スポーツ活動と内分泌系

　生体は，活発な活動をしていないときは，摂取した食物をグリコーゲンや脂肪の形で蓄え，スポーツ活動のような多くのエネルギーが必要なときに，それらを効率よく動員する必要がある．**内分泌系**は，このエネルギー基質の備蓄（**同化**，運動時に抑制される），動員（**異化**，運動時に促進される）（図9.4）の切り替えに重要な役割を担う．

　ひとつの個体には，役割の異なるさまざまな器官が存在する．それらの器官が生体の活動状況に沿うよう協調性を保ちながら活動するためには，器官同士の情報伝達が必要である．その情報伝達物質を**ホルモン**といい，ホルモンを産生する器官を**内分泌腺**という．内分泌腺には下垂体，甲状腺，上皮小体（副甲状腺），膵臓，副腎，性腺，松果体などがあり，標的器官を構成する細胞の受容体と結合することで効力を発揮する．表9.2におもなホルモンの種類と役割を示す．また，**自律神経系**（運動では**交感神経系**）も内分泌系同様の役割を担っており，**視床下部**はこの２つの系統を統合する役割をもつ．ただし，自律神経系の情報伝達物質はホルモンとは呼ばず，**神経伝達物質**と呼ぶ．スポーツ活動においてもこの２つの系統が相互に連関しているため（図9.5），９章では，この両系列を一括して扱う．

　運動は，ある種のストレス刺激ととらえられる．実際，運動は，ストレス反応系として知られる視床下部－下垂体（前葉・後葉）－副腎皮質系（内分泌系）と視床下部－交感神経－副腎髄質系（交感神経系）を活性化させる．また，これらの反応系とは別に，運動の影響で分泌量が変化するホルモンとして**バソプレッシン**，**インスリン**，**グルカゴン**があげ

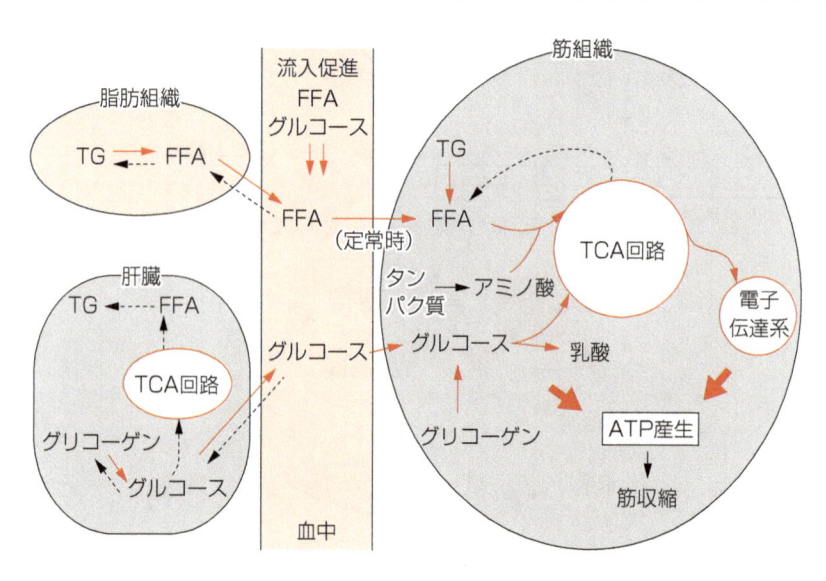

図9.4 同化，異化経路（概略図）

表9.2　おもなホルモンの種類と役割

ホルモン	役割
視床下部ホルモン*	各種下垂体前葉ホルモンの分泌を促進（一部は抑制）
下垂体	
下垂体前葉	
成長ホルモン	長管骨成長を促進，糖分解・脂質分解・タンパク合成を促進（タンパク質のみ同化作用）
プロラクチン	乳腺からの乳汁生産を促進，下垂体前葉ホルモンのうちのFSH・LH分泌を抑制する
甲状腺刺激ホルモン（thyroid-stimulating hormone（TSH））	甲状腺ホルモン分泌を促進する
性腺刺激ホルモン（ゴナドトロピン）	
1．卵胞刺激ホルモン（follicle-stimulating hormone（FSH））	卵胞の成熟・エストロゲン分泌を促進し排卵を誘発，精巣の精子形成を促進
2．黄体形成ホルモン（luteinizing hormone（LH））	卵胞から黄体への変換を促進し排卵を誘発．黄体のプロゲステロン分泌を促進．精巣の男性ホルモン分泌を促進
副腎皮質刺激ホルモン〔adrenocorticotropic hormone（ACTH））〕	副腎皮質ホルモン分泌を促進
下垂体後葉	
オキシトシン	乳汁排出および分娩を促進
バソプレッシン〔抗利尿ホルモン：anti-diuretic hormone（ADH）〕	腎の水再吸収作用を促進し，尿量を抑制・循環血漿量を維持（血漿浸透圧が低下）する
甲状腺	
甲状腺ホルモン	異化を含めた代謝全般の促進，基礎代謝を上昇（体温・心拍数上昇，造血亢進，精神活動上昇など）．発育促進
カルシトニン	血中Ca濃度低下作用
副甲状腺（上皮小体）	
副甲状腺ホルモン	血中Ca濃度上昇作用
膵臓	
インスリン	筋へのグルコース取り込みとグリコーゲン合成を促進（肝からの糖放出抑制による血糖降下作用），タンパク合成を促進，脂肪分解を抑制
グルカゴン	インスリンと反対の作用
ソマトスタチン	成長ホルモン・インスリン・グルカゴンの分泌を抑制
副腎	
副腎皮質	
コルチゾール（糖質コルチコイド）	タンパクを分解し糖新生を促進．成長ホルモン・グルカゴン作用を増強する（血糖上昇作用）．また，炎症・アレルギー反応を抑制する
アルドステロン（電解質コルチコイド）	腎のNa再吸収作用を促進し，尿量を抑制・循環血漿量および血圧を維持する（血漿浸透圧は変化なし）
副腎髄質	
アドレナリン，ノルアドレナリン	心拍出量を増加，糖・脂肪分解を促進．エネルギー源の動員に必要な血流確保．異化作用もあり
性腺	
性（腺）ホルモン（男性ホルモン，女性ホルモン）	生殖器の成熟，二次性徴発現
松果体	
メラトニン	睡眠を促す

*調節する下垂体ホルモンにより数種類存在する．

られる．表9.3に，運動により変化する伝達物質をまとめた．

インスリンは，エネルギー基質の同化作用とグルコースの各種臓器への取り込みによる血糖降下作用を担う唯一のホルモンであり，それ以外の伝達物質は，運動中に分泌量が増加し，エネルギー基質の異化作用とそれによるATP産生を促進する役割を担う．ただし，成長ホルモンは，糖・脂質に対しては異化作用，タンパク質に対しては同化作用を示すホルモンであり，長時間運動における筋肉の分解を抑制する役割を担う．

（3）継続的な運動トレーニングによる内分泌代謝への影響

定期的な運動による内分泌系への影響として，身体がストレスに慣れてくると，少ないホルモン量で同じ効果を得ることができるようになるため，ストレスに対するホルモン応答が小さくなる．定期的に高い運動強度のトレーニングを続けると，視床下部－下垂体－副腎皮質系の応答に変化を生じ，長時間運動により下垂体から分泌される**ACTH（副腎皮質刺激ホルモン）**の上昇反応の低下とそれによる副腎皮質からのコルチゾール上昇反応の低下が認められる（図9.6）．また，インスリンに対する筋組織の応答にも変化が生じ，同じインスリン刺激による筋組織の糖の取り込みが亢進する（**インスリン感受性の増加**という）．

代謝面では，有酸素運動時のエネルギー基質として，脂質が使われる割合が増加する．図9.7は，持久性トレーニング前後の相対運動強度と消費したエネルギー源の関係を示す概略図で，一般的な有酸素運動の運動強度である**最大酸素摂取量**（$\dot{V}O_2$ max）の60%程度の運動で**顕著と**なる．この効果は**グリコーゲン節約効果**と呼ばれる．有酸素運動トレーニングで「持久力」が向上するメカニズムのひとつは，グリコーゲンが

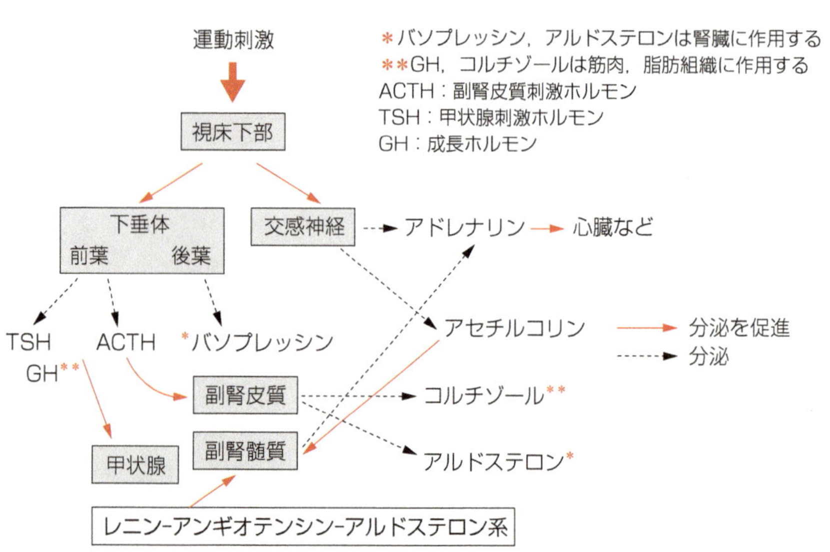
運動刺激
＊バソプレッシン，アルドステロンは腎臓に作用する
＊＊GH，コルチゾールは筋肉，脂肪組織に作用する
ACTH：副腎皮質刺激ホルモン
TSH：甲状腺刺激ホルモン
GH：成長ホルモン
視床下部
下垂体
前葉
後葉
交感神経
アドレナリン
心臓など
TSH
GH＊＊
ACTH
＊バソプレッシン
アセチルコリン
分泌を促進
分泌
副腎皮質
コルチゾール＊＊
副腎髄質
甲状腺
アルドステロン＊
レニン-アンギオテンシン-アルドステロン系

図9.5 内分泌系・自律神経系

表9.3　運動の影響をうける，おもな内分泌系・自律神経系伝達物質

	分泌臓器	制御因子または臓器	運動による変化
(a) 同化に関わる，おもな伝達物質			
インスリン	膵臓	血糖値	低下（高い運動強度では増加）
成長ホルモン	下垂体前葉	視床下部	増加
(b) 異化に関わる，おもな伝達物質			
コルチゾール（抗インスリン作用）	副腎皮質	下垂体前葉	増加
グルカゴン（抗インスリン作用，肝からの糖の放出）	膵臓	血糖値	増加
成長ホルモン（グリコーゲン，脂肪のみ異化作用）	下垂体前葉	視床下部	増加
(c) 結果的に異化作用を促進する，おもな伝達物質			
甲状腺ホルモン	甲状腺	下垂体前葉	増加
アドレナリン	各種神経系，副腎髄質	交感神経系	不変（高い強度では増加）
アルドステロン	副腎皮質	下垂体，腎臓	増加
バソプレッシン	下垂体後葉	視床下部	増加

枯渇するまでの時間が延長することで説明される．

2　急性スポーツ障害：低血糖，脱水症

（1）運動性低血糖

　運動中は筋組織中の糖（グリコーゲン）の需要が増大するため，血中からの糖（グルコース）の取り込みが増大する．生体は，その増大分にみあうように，肝臓から血中へのグルコース放出（**糖新生**という）量を増加させ，なるべく糖の利用を節約するために脂肪酸の利用を促進する

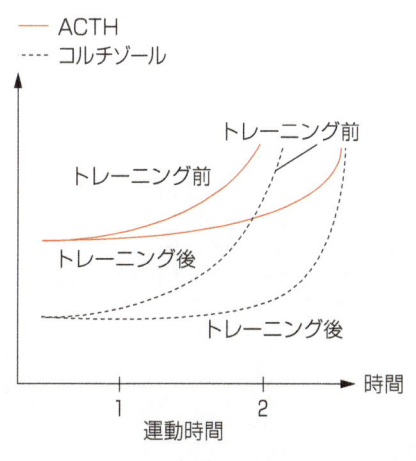

図9.6　運動トレーニングによるストレス応答の変化（概略図）

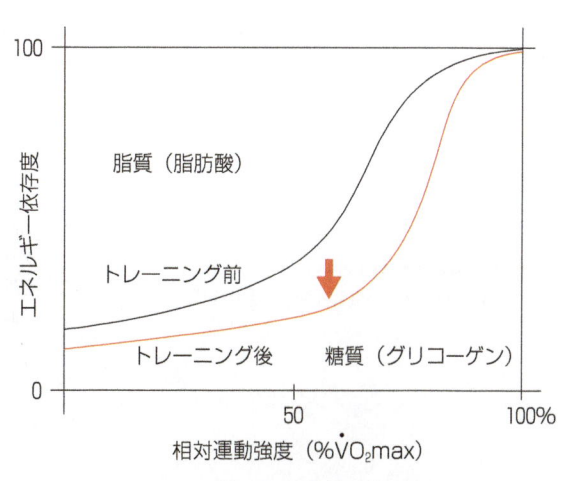

図9.7　グリコーゲン節約効果（概略図）
矢印はグリコーゲン節約効果を示す．

ことで，血中グルコース濃度が低下しないようコントロールする．何らかの原因により，血中へのグルコース供給が不足すると，低血糖に伴うさまざまな症状をきたす（**運動性低血糖**）．なお，インスリンや血糖降下薬服用中の糖尿病患者にみられる運動については，「慢性疾患をもつ者の運動：糖尿病，脂質異常症」（p.114）を参照されたい．

運動性低血糖は，内分泌性疾患に伴う低血糖症によくみられるような，大量の冷や汗，動悸，ふるえといった交感神経刺激症状を呈することが少ないため，一定の診断方法はない．典型的症状として脱力や疲労感を訴えることがあるが，そのほかの原因（たとえば脱水症，後述）との鑑別が難しい．おもな原因としては，長時間運動により肝臓や筋肉のグリコーゲンが枯渇したため，血中へグルコースを供給できなくなることがあげられるが，そのほかの原因が引き金となって起こる場合もある（表9.4）．

とくに，運動前の食事のタイミングが不適切な場合，食後に上昇したインスリンと運動刺激が相乗的に筋肉中の糖の取り込みを促進するため，一過性の低血糖を生じる場合がある．また，激しい運動により，糖分解が促進され高血糖になると，インスリン分泌も促進されるため，運動後にそのインスリンの影響で血中のグルコースが急速に筋組織に取り込まれ，逆に一過性の低血糖を起こすことがある．

対処法を表9.5に示す．運動前の食事では，食事と運動開始との間に少なくとも1時間の間隔をとることが重要である．また，運動が長時間にわたる場合は，運動中の炭水化物摂取が，グリコーゲンの枯渇防止に有効である．運動後の炭水化物摂取は，グリコーゲンの補充にきわめて有効であるが，糖吸収速度の大きい高グライセミック・インデックス

表9.4　おもな運動性低血糖の原因

1．長時間運動
2．運動前の不適切な糖摂取（運動30〜60分前）
3．高強度の激しい運動後（30分以内）
4．高地での運動（通常よりも糖の利用が促進）
5．オーバートレーニング症候群（グリコーゲン分解の抑制）

グライセミック・インデックス
炭水化物を摂取した際の血糖値の上昇度合を，ブドウ糖を100とした場合の相対値で示したもの．

グライセミック・インデックスの低い炭水化物（例）

春雨（26）
オールブラン（45）
そば（50）
全粒粉パスタ（50）
全粒粉小麦パン（50）
玄米（54）

カッコ内は食品100g当たりのGI値．
http://www.cc-zo.com/gi/foods/ より作成．

表9.5　運動性低血糖の予防法

1．運動前の食事を避ける
　（3時間前には食事を済ませることが望ましい）
2．運動中の補食は低血糖予防に有効
　（とくにグライセミック・インデックスの低い炭水化物）
3．3時間以上の長時間運動では炭水化物の補食を検討
4．運動後の食事は，グリコーゲンの補充に重要であるが，グライセミック・インデックスの高い食事は避ける
5．定期的な運動トレーニングは「グリコーゲン節約効果」により運動性低血糖予防にもつながる

(glycemic index, GI) の食物は低血糖を誘発しやすいので注意が必要である．なお，前述のグリコーゲン節約効果は，運動性低血糖の予防にもつながるため，定期的な持久性運動トレーニングこそが運動性低血糖の重要な予防策である点を銘記しておく．

（2）脱水症

運動中は，熱産生量増加による体温調節のため発汗が増加する．運動中の発汗でさらに失われる水分は，温度や湿度，風などの外部環境，体重や肥満度，運動前の食事の影響，運動強度などによりさまざまであるが，1時間あたり0.5～2L程度といわれる．そのため，その発汗量にみあった体液（水，電解質）の補充が必要であり，その補充が不十分であると脱水症に陥る．

表9.6 に示すように，**脱水症**の病態は，大きく高張性脱水と低張性脱水の2種類に分けられるが，運動で起こる脱水症では水分，電解質ともに不足することが多く，この両者が関係する混合性脱水が多い．

高張性脱水は，水分の喪失により，血液（正確には血清）中のナトリウム（Na）濃度が上昇することによって起こる．同じ汗の量でも，その中に含まれる塩分は，1Lあたり1～5gとさまざまであるため，運動中に必要な電解質の補充を予測することは非常に難しい．

低張性脱水は，脱水症予防のために水を過剰に補給し，相対的に電解質（ナトリウム）不足に陥ったために起こることが多い．

脱水症の判別に有効な兆候として，日内での1％以上の体重減少，黄色調の尿（高張性脱水のとき）があげられる．一方，口渇感，倦怠感，頭痛，皮膚粘膜乾燥，脈拍の上昇，皮膚の張りの低下などの自覚的また

表9.6 脱水の分類

	高張性脱水	低張性脱水
病態	水の不足	電解質（ナトリウム）の不足
原因	発汗にみあった水分の摂取不足	発汗に対する過剰な水分補充
症状	口渇，尿量低下，皮膚粘膜乾燥，肉体的疲労感（脱力感）	立ちくらみ，嘔吐，けいれん，精神的疲労感（倦怠感）
所見	黄色尿，血漿浸透圧上昇（290 mOsm/L 以上）	血漿浸透圧低下（275 mOsm/L 以下），低血圧
輸液治療	低張電解質（体液と同じ浸透圧で，ナトリウムが少なく，ブドウ糖を含むもの）	生理食塩水（体液と同じ浸透圧の食塩水）

は他覚的所見は個人差が大きいため、あまり有効とはいえない。ただし、高張性脱水では口渇感が強いのに対し、低張性脱水では、疲労や倦怠感が強いという違いが認められる。

脱水症の予防法を示す（表9.7）。発汗量が多く、大量の水分補給が必要と考えられる場合でも、低張性脱水症をきたすことがあるため、運動中の水分の過剰摂取は控え、運動能力が低下しないとされる2％以内の体重減少に収まるように適度の水分補給を行う。運動中の水分補給として一般的には、飲料中の塩分が1Lあたり約1.2g（約0.5gのナトリウム）程度含まれていることが望ましい。

また、ブドウ糖を含む溶液は、グリコーゲンの再補充という目的のみならず、循環血液量の回復にも有効である。運動後の水分補給は、体重減少分より25〜50％ほど多く必要であるといわれる。体内の水分貯蓄には、急速な水分補給より、比較的ゆっくりとしたペースの水分補給のほうが有効であり、2Lの水分補給をする場合は20〜30分に500mL程度のペースが望ましいとされる。アルコールやカフェインを多く含む飲料は、それ自体に利尿作用があるため、水分補給の目的としては適切ではない。

必要な塩分補給の目安は水1Lあたり約3〜6g程度とされているが、減塩食などの例外を除く通常の食事が可能であれば、必ずしも飲料から摂取する必要はない。また、1日の通常の食事では、1L程度の水分が自然に補給されるといわれているが、高タンパク質食では、タンパク質の代謝により多くの水分が必要になるため、その後の運動により脱水症をきたしやすい点に注意する。

表9.7 脱水症の予防法

【運動中】
1．体重減少が元の体重の2％以内に収まるように、ナトリウムを含む水分摂取を心がける
2．体重減少分を水分で補うような過剰の水分摂取は、低張性脱水をきたしやすいので避ける

【運動後】
1．体重減少分より25〜50％多めに水分を補給する
2．ブドウ糖を含む溶液は、循環血流量の回復に有効である
3．アルコール、カフェインを含む飲料は水分補給には不適切である
4．一般的には、通常の食事で十分な塩分が補給できる
5．高タンパク食は脱水症をきたしやすい

3 慢性スポーツ障害：高尿酸血症

　激しい運動を日常的に行っている人は血清尿酸値が高く，痛風発作を起こしやすいことがよく知られている．運動による尿酸産生増加のメカニズムを示す（図9.8）．

　ATP消費速度の大きい高強度の運動では，ATP供給が追い付かずATPの分解で生じたADPよりATPが再合成されるが，その過程で**AMP（アデノシン一リン酸）**が産生される．AMPは，最終的にはイノシン，ヒポキサンチンとなって血中へ放出され，おもに肝臓で尿酸が合成される．**尿酸**は腎臓より排泄されるが，運動で腎臓への血流が低下している場合は，尿酸排泄が不十分になりやすい．そのため，激しい運動では尿酸産生増加と排泄低下を起こしやすく，慢性的な血清尿酸値の上昇をきたす原因となる．

　このようなメカニズムから，有酸素運動よりも，短時間で高強度の無酸素運動を反復的に行う人のほうが高尿酸血症になりやすいと考えられる．ただし，有酸素運動で最も推奨されるレベルの運動強度〔**嫌気性作業閾値**または最大酸素摂取量（$\dot{V}O_2$ max）の60％程度〕でも，若干の尿酸値の上昇が認められることがある．

　一方，激しい運動と並ぶ高尿酸血症の代表的な原因の一つとして，肥満と内臓脂肪の蓄積が原因となる**インスリン抵抗性**があげられる．

　そのメカニズムとして，インスリンには，腎臓で尿酸やナトリウム（塩分など）を再吸収する作用があるため，インスリン抵抗性により，インスリンの血中濃度が上昇すると，尿酸を排泄する作用が抑制されやすいことがあげられる．次項で触れるが，定期的な運動トレーニングは

嫌気性作業閾値
anerobic threshold, AT

インスリン抵抗性
インスリンの効き目が低下しているため，グルコースや脂肪酸（p.109〜110参照）の取り込みが障害されている状態．

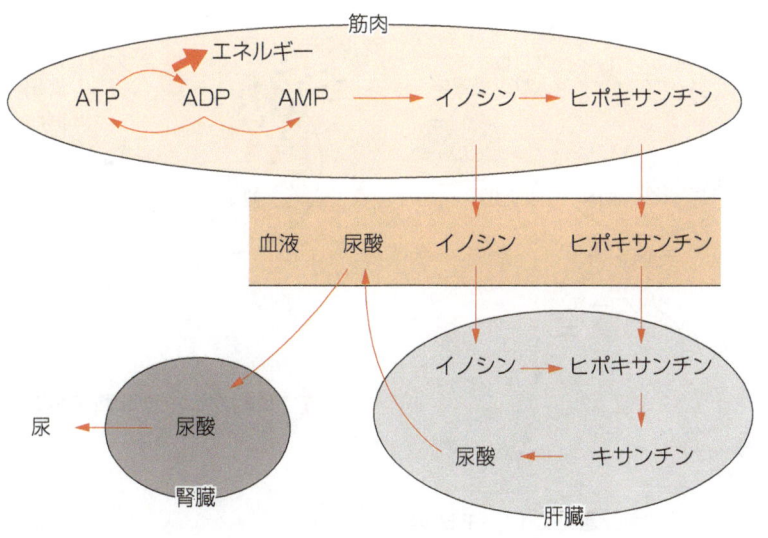

図9.8 尿酸代謝（概略図）

インスリン抵抗性を改善する効果がある．したがって，運動は，適切な運動強度（$\dot{V}O_2$ max の 40〜50％程度の運動，一般的にはやや速いペースでの歩行運動）で行えば，高尿酸血症の改善に役立てられる点にも留意する．

4 慢性疾患をもつ者の運動：糖尿病，脂質異常症

（1）糖尿病

　糖尿病は，血糖値を適正な範囲に低下させるために必要なインスリンの作用が不十分となり，慢性的に血糖値の高い状態が続く糖代謝異常である．糖尿病は大きく，インスリン分泌量そのものが不足している **1 型糖尿病**，少なくとも初期はインスリン分泌量自体は低下していないが，おもにインスリンの効き目が低下している（すなわちインスリン抵抗性）ために起こる **2 型糖尿病**，妊娠に伴う**妊娠糖尿病**，インスリン以外の内分泌疾患に伴う糖尿病に分類できる．運動は，患者の大部分（約 95％）を占める 2 型糖尿病患者においては治療の大きな柱のひとつであり，そのほかのタイプの糖尿病に関しても，循環呼吸機能が改善することで心血管疾患の予防効果が期待される．

　おもな運動による糖代謝改善のメカニズムを示す（図 9.9）．筋収縮刺激により，糖輸送担体（GLUT-4）というタンパクが細胞質から細胞表面へ移動し，筋肉中へのグルコースの取り込みが増加する．また，運動後約 1 日程度までは GLUT-4 が細胞表面に残存し，糖取り込み能力が持ち越されるため，1 日おきかそれ以上の頻度で運動を行えば，糖の

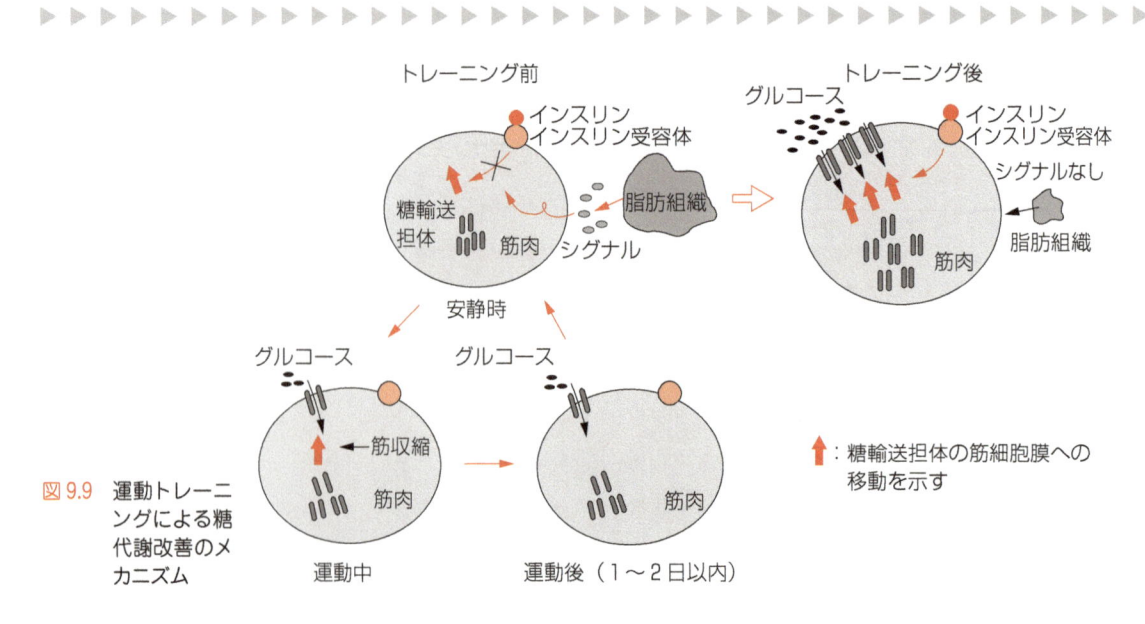

図 9.9　運動トレーニングによる糖代謝改善のメカニズム

利用効率が常に改善する．

　このように，運動による急性の糖代謝改善効果は，おもに運動そのものの効果（急性効果）である一方，継続的な運動トレーニングによる慢性効果は，安静時におけるインスリン抵抗性の改善にある．脂肪組織からは，インスリンの働きを悪化させるさまざまなシグナルが放出されているため，運動により体脂肪量が減少すれば，インスリンが正常な機能を取り戻すことができる．また，筋組織中のGLUT-4の発現量が増加しているため，インスリンにより細胞表面に移動するGLUT-4の量も増加する．また，レジスタンス運動で起こる筋肉量の増加はグリコーゲン可能貯蓄量を増大させるため，グルコース処理能力の改善にも役立てられる．

　糖尿病患者の運動プログラムの目安を運動形式別に示すが（表9.8），健常者に推奨されている運動プログラムと大きな違いはない．しかし，一部の糖尿病患者においては，運動を行うと十分な効果が得られないばかりか，病状を悪化させる可能性がある．糖尿病患者の運動で，とくに留意すべき事項を示す（表9.9）．

　第一に，一般に糖尿病患者は心血管疾患高リスク群に分類される．そのため，運動療法開始前には，運動負荷試験による心血管系機能の評価をうけることが望ましい．

　第二に，運動自体が，血糖値を大きく変動させる要因であるため，運動前後の血糖値のモニタリングが重要である．

　第三には，糖尿病合併症により障害される神経系，腎臓系，視覚系機能のメディカルチェックを行い，運動ができる状態にあるかどうかを確認する必要がある．

運動負荷試験
第2章参照．

表9.8　糖尿病患者に対する運動プログラムの目安

【有酸素運動】	
運動頻度	週3回以上
運動強度	中強度（酸素摂取予備能の40〜60％，予測最大心拍数の55〜70％）から高強度（酸素摂取予備能の60〜80％，予測最大心拍数の70〜85％）
運動時間	1セッションあたり20分以上を原則とする．中強度では週150分以上，高強度では週90分以上 運動量の目安としては週1000 kcal（中強度運動の150分にほぼ相当），さらに効果を得るためには週2000 kcal（中強度運動の300分にほぼ相当）
【レジスタンス運動】	
運動頻度	週2, 3回（2日おき）
種目	大筋群（体幹，大腿）を重点的に行う（8〜10種目）
運動強度	1 RM（1回はこなせるが連続して2回はこなせない負荷）の60〜80％の負荷で8〜12回，2, 3セット
セット数	1セット当たり8〜12回，2, 3セット

運動前の血糖値が非常に高い場合（300 mg/dL 以上）は，尿中ケトン体の有無をチェックする．尿中ケトン体陽性は，血中グルコースの重篤な利用障害を示唆している．このような場合，運動はさらなる高血糖を招き，激しい口渇，脱力感，多尿，さらに進行すると意識障害から死に至る危険性があるため，運動を行ってはならない．尿中ケトン体陰性の場合も，血糖値のさらなる上昇を招く高強度の運動は避ける．また高血糖に伴う多尿は，脱水症とそれに伴う体温調節異常の危険性を高める点についても留意する．

　インスリンや他の経口血糖降下薬を服用している患者では，運動により糖の利用が促進されると，低血糖を招く恐れがある．低血糖の兆候のおもなものには，ふるえ，発汗，脱力のほか多彩な神経症状（不安，頭痛，視覚障害，錯乱，記憶喪失）がある．高血糖同様，重篤な場合は昏睡から死に至ることもあるため，初期のこのような兆候をみのがさず，症状を認めたらすぐに対処できるように，常時あめやブドウ糖を携帯する．1人では運動しないことが望ましい．

　低血糖予防には，運動前後の血糖値のモニタリングと運動実施時期が大切である．運動前の血糖値が 100 mg/dL 未満の場合は，運動前に糖質摂取量を変更する（目安として，ふだんより 20 ～ 30 g 多く摂取）．また，運動時間が長い場合では，同じ服用量でも運動後では血糖降下作用が増えるため，運動後に低血糖を起こす場合がある．そのため，運動直後の血糖値が 100 mg/dL 未満のときは糖質を補充する．運動後に低血糖を起こしやすい人では，就寝前の運動を避ける，投薬量を減量するなどの措置を適宜検討する．また，インスリン注射をしている糖尿病患者では，インスリンの効き目をコントロールするため，運動中に血流が

表 9.9　糖尿病患者の運動に際する留意事項

1．一般に，糖尿病患者は運動負荷試験が推奨される
2．高血糖（運動前 300 mg/dL 以上）
　・尿中ケトン体陽性の場合は運動を行ってはいけない
　・多尿症状により脱水症になりやすい
3．低血糖（血糖降下薬，インスリン使用患者の場合）
　・運動前血糖値 100 mg/dL 未満のときは，ふだんより多めの糖質摂取をしておく
　・運動中低血糖の兆候（ふるえ，発汗，脱力）をみのがさない
　・運動後血糖値が 100 mg/dL 未満の場合も，多めに糖質摂取する
　・インスリンの腹部注射
　・就寝に近い時間帯の運動は遅発性低血糖に注意
4．神経症
　・末梢神経障害（皮膚のケア）
　・自律神経障害〔血圧，心拍数反応，知覚の低下（とくに胸痛，低血糖症状）〕
5．腎症（血中クレアチン 2 mg/dL 以上は要注意）
6．網膜症（血圧変動の大きい運動を避ける）

4 慢性疾患をもつ者の運動：糖尿病，脂質異常症

増加する上下肢の部位へのインスリン注射を避け，代わりに腹部に行う方法がとられる．

末梢神経障害のある患者では，足に水疱や潰瘍を生じやすいため，厚手の靴下，クッション性の良い靴の着用などの適切なケアを心がけ，自転車運動など体重が直接かからない運動を考慮する．自律神経障害をもつ患者では，健常者の運動でみられるような，運動による心拍数，血圧の上昇や発汗作用などの生理反応がみられないことや，低血糖症状や虚血性心疾患の主要兆候である労作時の胸痛を自覚できないことが問題になる．そのため，自律神経障害のある患者では，運動を始める前に必ず医師の許可が必要であり，自律神経障害が重度の場合は運動を行うことはできない．

腎症のある患者では，運動後に尿からのタンパク排泄が増加するが，腎疾患の悪化には直接には結びつかないと考えられているため，腎機能低下が進行していない限り運動が許可されることが多い．しかし，尿中タンパクが顕著に認められる（顕性腎症の）患者では，より安全面を重視した運動プログラムが必要になる．

網膜症の中でも，進行性の増殖性網膜症を有する患者では，高い強度の運動やレジスタンス運動のような息ごらえを伴う運動をすると，血圧の急上昇による網膜剥離や硝子体出血を起こすリスクがあるため，このような運動は避ける．

（2）脂質異常症

脂質異常症とは，血液中の脂質のうち，悪玉であるLDLコレステロール（LDL-C）が高い（140 mg/dL以上）か，善玉であるHDLコレ

> **知っておくと役に立つ！**
> **運動で糖尿病や脂質異常症はどの程度改善するか？**
> 「運動は，糖尿病や脂質異常症の改善に役立つ」というのが常識になりつつあるが，多くの研究を分析（メタ解析という）した結果からみると，実際の効果は，それほど大きいとはいえないかもしれない．糖尿病患者にとって，運動は薬とほぼ同じ効果をもつ安価な治療法であるといえる．脂質異常症の改善効果に関していえば，運動は，薬の効果の数分の一にすぎない（表9.10）．
>
> ただし，糖尿病，脂質異常症いずれの場合においても，薬物療法や運動療法の本来の目的は，血液データを正常にすることではなく，そのことを通じて心血管疾患をはじめとする，より重篤な病気を予防するためにある．運動には，心肺機能の改善，肥満改善（とくに腹部脂肪量の減少），筋力低下防止といった薬ではみられない別の効果がある．運動トレーニングは，こうした効果を通じて，心血管疾患の予防，さらにいえば，超高齢社会を迎えるわが国の最重要課題の一つである，生活の質（QOL）の向上につながる可能性があることをみのがすことはできない．

表9.10 運動による効果と服薬による効果の比較

【運動による効果】	【服薬による効果】
糖尿病患者では	経口血糖降下薬では
HbA1c －0.7%	HbA1c 平均－0.8%
脂質異常症では	脂質異常症治療薬では
LDLコレステロール －3.9 mg/dL	LDLコレステロール －38 mg/dL
TG －7.1 mg/dL	TG －44 mg/dL
HDLコレステロール ＋1.9 mg/dL	HDLコレステロール ＋12 mg/dL

ステロールが低い（40 mg/dL 未満）か，中性脂肪（トリグリセリド，TG）が高い（150 mg/dL 以上）かのいずれかの状態を示す脂質代謝異常の一種である．脂質異常症は，心血管疾患の代表的な危険因子の一種であり，他の心血管疾患危険因子である肥満，高血圧，糖尿病などを合併していることが多い．定期的な運動は，脂質代謝自体を改善するだけでなく，これらの関連要因の改善を通じて脂質異常症を改善すると考えられている．

運動による脂質代謝改善効果のメカニズムを示す（図 9.10）．**コレステロールや TG** は水に溶けないため，血中では，リポタンパクという輸送体に結合して運搬される．HDL や LDL もリポタンパクの一種であり，**LDL コレステロール**や **HDL コレステロール**は，血中におけるコレステロールとリポタンパクとの結合形態を示す言葉である．

食物中の脂肪が消化されてできた TG は**カイロミクロン**というリポタンパクにより運ばれ，肝臓で合成された TG は，筋肉や脂肪などの末梢組織へは VLDL というリポタンパクにより運ばれる．有酸素運動では，エネルギー源として遊離脂肪酸を動員するため，TG の分解が進行し，血中 TG が低下する．またその過程で HDL 産生が促進される．これらの効果は，遊離脂肪酸（FFA）をエネルギー源として使う割合が増加する長時間運動で大きくなる．

また運動を継続して行うと，TG 分解と HDL 産生が促進する**リポタンパクリパーゼ（LPL）**の活性が上昇し，LDL 産生を促進する**肝性トリグリセリドリパーゼ（HTGL）**の活性が低下する．これらの酵素活性の変化は活動状態に関係なく認められるため，安静時にも脂質代謝改善効果が期待できる．また前述のとおり，継続的な運動により同じ運動強度

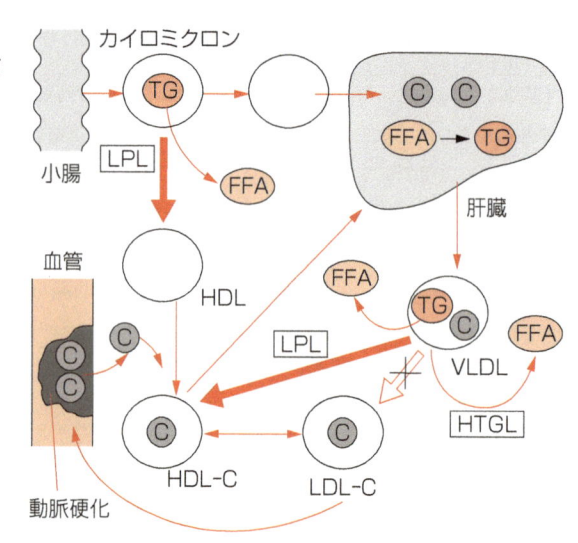

図 9.10 運動トレーニングによる脂質代謝改善のメカニズム

でも運動中のFFAの利用の割合が増加するため，運動中の脂質代謝改善効果は，運動習慣が長くなるほど大きくなると考えられる．

脂質代謝異常症を有する患者に対する運動プログラムの目安を，運動形式別に表9.11に示す．糖尿病患者と同様に，脂質異常症患者の運動プログラムも一般成人に勧められる運動プログラムとほぼ同じである．

留意点として，第一に，脂質異常症患者は，すでに運動時の胸痛など心血管疾患を疑わせる症状を有する，またはすでに心血管疾患にかかっている場合が多いため，心血管疾患のリスク評価をするためのメディカルチェック（図9.11）を行い，必要に応じて運動負荷試験を実施することが望ましい．

第二に，前述のとおり，脂質異常症患者は肥満を合併していることが多いため，レジスタンス運動のような強い強度の運動よりも，大きなカロリー消費が期待できる有酸素運動が重視される．そのため，運動頻度や運動時間も多めに設定されている．エネルギー消費量の目安は，週当たり2000 kcal以上（目安としては，週5時間以上の有酸素運動）とされている．

復習トレーニング

❶ スポーツ活動中の内分泌代謝についての記述である．正しいものはどれか．
a．〔　〕100 m走で使われるATP産生方式は嫌気的解糖系である．
b．〔　〕重量挙げでは，クレアチンをエネルギー基質とする．

表9.11 脂質代謝異常症患者に対する運動プログラムの目安

【有酸素運動】	
運動頻度	週5回以上
運動強度	中強度（酸素摂取予備能の40〜60%，予測最大心拍数の55〜70%）
運動時間	1セッション当たり30〜60分，週当たり計200〜300分 運動量の目安としては週2000 kcal以上
【レジスタンス運動】	有酸素運動の補助的役割にすぎず，積極的には推奨されていない

c．〔 〕運動中のインスリン濃度は低下する．
d．〔 〕副腎皮質刺激ホルモンは下垂体後葉より分泌される
e．〔 〕成長ホルモンは，運動中に分泌量が上昇し，同化作用と異化作用をあわせもつ．

❷ **運動関連の低血糖についての記述である．誤っているものはどれか．**
a．〔 〕運動中の糖質補給は，運動性低血糖の予防に有効である
b．〔 〕低血糖予防のための運動後の食事としては，糖質吸収の速い（高グライセミック・インデックスの）食品を選択する．
c．〔 〕短時間の激しい運動でも，運動後に低血糖をきたすことがある．
d．〔 〕高地での運動では低血糖症になりやすい．
e．〔 〕過剰な運動トレーニングは，運動性低血糖の一因である．

❸ **脱水症についての記述である．正しいものはどれか．**
a．〔 〕のどの渇きは脱水症状の最も有効なサインである．
b．〔 〕運動中には，体重減少分と同程度の水分補給を行うべきである．
c．〔 〕運動後には，体重減少分と同程度の水分補給を行うべきである．
d．〔 〕一般に，水分補給は可能な限り急速に行うことが望ましい．
e．〔 〕ブドウ糖を含んだ水分補給は，脱水症の回復に有効である．

❹ **慢性疾患をもつ者の運動についての記述である．正しいものはどれか．**
a．〔 〕運動は高尿酸血症の増悪因子であるため，高尿酸血症のある患者には薦められない．
b．〔 〕1型，2型糖尿病を問わず，運動は糖質代謝を改善する．
c．〔 〕1型糖尿病患者において，運動前のインスリン注射は上下肢に行う．
d．〔 〕脂質異常症患者では，運動量よりも運動強度が重視される．
e．〔 〕糖尿病性腎症患者では，尿タンパク量のさらなる増加を招くため，運動を控えるべきである．

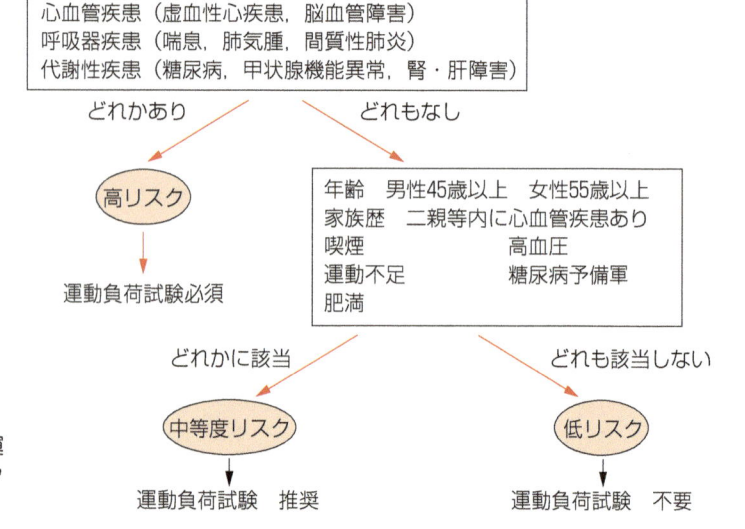

図9.11 脂質異常症患者における運動前のメディカルチェックの概略

10章

皮膚

10章の POINT

- ◆ 皮膚の構造と機能を理解する．
- ◆ アスリートに多い皮膚の病気と日常のスキンケアについて学ぶ．

1 スポーツ活動と皮膚：解剖と生理のポイント

（1） 皮膚は人体最大の臓器である

　人体表面をくまなくおおう皮膚は，人体で最大の臓器である．一般に「臓器」というと心臓や脳をイメージするだろうが，**皮膚は皮下脂肪も含めると体重の約14％を占め，その面積は約1.6 m^{2}にもなる臓器**である．口の中や眼などを除けば人体のうちで皮膚におおわれていない部分はなく，その機能も多岐にわたる（p.125, 表10.1 参照）．

　このようにとても大切な役割を担っている皮膚であるが，いつもみなれているせいか，あるいはどの場所をとっても同じようにみえるからか，その役割は軽視されがちである．ここではまず皮膚の構造と機能を学び，皮膚の大切さを学ぶ．

（2） 皮膚の基本構造（図10.1）

　皮膚の一般的な構造は表面側から順に，表皮，真皮，皮下組織に分けられ，さらに表皮は角質層と細胞層に分けられる．

① 表皮

　表皮の特徴のひとつは毛細血管が分布していないことであり，すなわち皮膚を切っても表皮までであれば出血はしない．むろん神経細胞の末端となる細胞（痛覚などの感覚点）があるため痛みは感じる．

　角質層の特徴は，細胞の核が存在しないことである．核が存在しないとは，細胞分裂をしないということである．1日当たり全身から10 g前後の角質層が垢としてはがれ落ちるため，同じ量の角質層が供給され

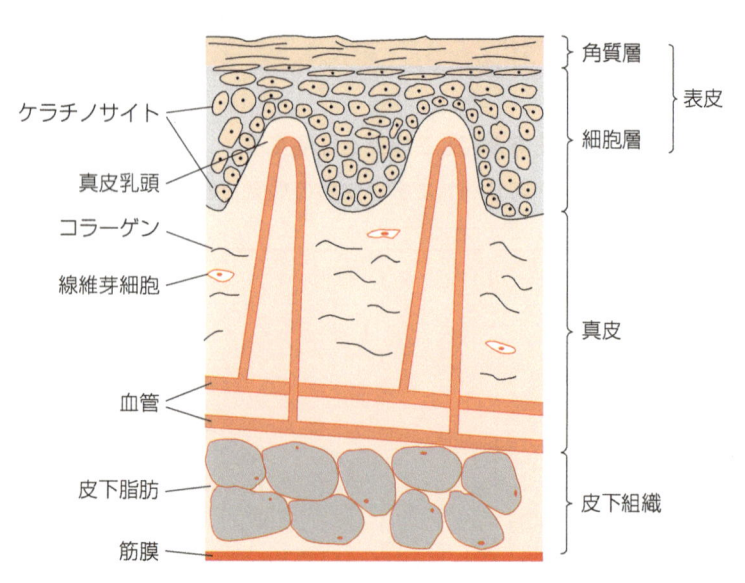

図10.1　皮膚の基本構造

続けなければいずれなくなってしまう．角質層はどこから供給されるのだろうか．それは，表皮の細胞層の最奥にある**ケラチノサイト**（角化細胞）という細胞が何度も細胞分裂を繰り返しながら皮膚の上層へと押し上げられ，いつのまにか核が消えて角質層になる．このケラチノサイトが細胞分裂を始めてから垢となってはがれ落ちるまでには，約4週間かかる．

② **真皮**

真皮の特徴は細胞成分に比べて細胞外成分が多いことと，血管と神経が分布していることである．真皮にある細胞は線維芽細胞が主であるが，この線維芽細胞がつくり出すコラーゲンが真皮の約90％を占める．**コラーゲン**の主成分はタンパク質で，外界の刺激から体内を守る役目を担う．真皮の細胞外成分ではほかに弾性線維があり，皮膚に弾力性を与える．

表皮と真皮の境は平坦ではなく入り組んでおり，真皮が表皮側に出っ張った部分は**真皮乳頭**と呼ばれる．真皮と表皮が入り組んでいるおかげで，中程度のやけどをしてケラチノサイトが損傷しても，真皮側に出張ったケラチノサイトが生き残っているおかげで，約3週間で表皮が再生する．

③ **皮下組織**

皮下組織はほとんどが脂肪細胞でできている．むろん皮下脂肪の量や厚みの個人差は大きい．頭皮を含む全身の皮膚の下に皮下脂肪があるが，まぶたと陰嚢の皮下には皮下脂肪はみられない．皮下脂肪の役割には断熱材としての体温の保持作用，クッションとしての保護作用，そしてエネルギーの貯蔵作用などがある．皮下脂肪の下には筋膜がある．

弾性線維
結合組織を構成する成分の一種．おもにエラスチン（タンパク質）からなる．

（3）皮膚付属器の構造

皮膚の付属器には，毛，皮脂腺，汗腺，爪があり，これらは表皮が変化したものである．

① 毛

毛は頭部をはじめとして，手のひらや足の裏以外のほぼ全身に分布している．その構成要素は，毛，毛包，皮脂腺，立毛筋である（図10.2）．**毛包**には**毛母細胞**があり，ここで毛がつくられて上方に発育する．

毛は，成長し，脱落し，そして休止する．この毛の一生のサイクルを**毛周期**といい，部位によってその長さは異なる．頭髪では成長期が4〜7年，脱落退行期が2〜3週間，休止期が数か月である．1日に約0.4mm伸びるので，散髪しないと1m以上にも伸び得る．

② 皮脂腺

男性ホルモンは胸毛などの成長を促進し，前頭部や頭頂部にある頭髪の脱落を促進する（男性型脱毛）．**皮脂腺**は毛のない部分にも存在するが，前額部，鼻，腋の下，外陰部などに多く分布する．その役割は皮脂を分泌し水と混ざって皮表膜をつくり，外部からの化学物質や細菌の侵入を防ぎ，毛や皮膚に保湿作用をもたせることである．

③ 汗腺

汗腺には，大量の水分を分泌する**エクリン汗腺**と，脂質を多く分泌し表皮の細菌によって分解されて臭いを発生する**アポクリン汗腺**の2種類がある．エクリン汗腺はほぼ全身に分布し，手のひら，足の裏，腋の下にとくに多い．一方アポクリン汗腺は腋の下や外陰部に多い．

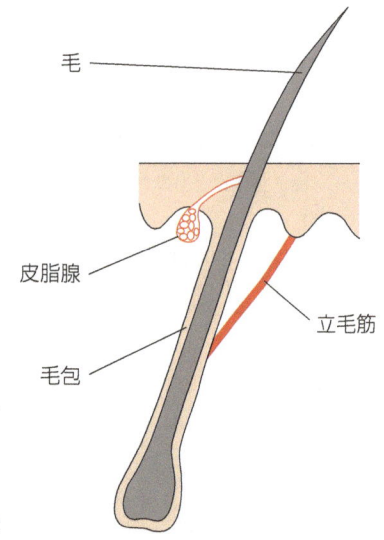

図10.2 毛の構造

④ 爪

爪も表皮が変化したもので，爪甲，爪郭，爪床，爪母からなる（図10.3）．爪甲は角質層が変化したもので，手指と足趾の背面にある．爪の成分はケラチンと呼ばれるタンパク質からできている．爪郭とは，爪甲の両脇（側爪郭）と根元（後爪郭）の部分を指す．爪床は爪甲の下の部分で，一層の表皮細胞と真皮でできている．

爪を上から観察すると毛細血管内の血液を観察できる．また爪を上から圧迫すると毛細血管内の血液が押し出されて白くなり，圧迫を解除するともとのピンク色に戻るのが観察できる．爪床の色調と，もとの色調に戻るタイミングから，血液中の酸素含有量や末梢循環の状態を観察するのに適している．爪母は爪甲の一番根元の部分で，ここで1日当たり約0.1 mmずつ爪甲が形成されて爪甲全体を前方に押し出す．たとえ爪がはがれても爪母の部分が残っていれば，約半年で新しい爪に生え変わる．

動脈血酸素飽和度
図4.3（p.46）参照．

（4）皮膚の多彩な機能（表10.1）

① 外界刺激からの保護作用

皮膚の最大の機能は，外界の刺激から体内臓器を保護することであるが，そのほかにも重要な機能がある．外界からの刺激には，物理的外力，化学物質，細菌などの微生物，光，とくに紫外線があげられる．これら外界からの刺激が直接体内に届くと，臓器は大きく損傷される．皮膚のうち，とくに角質層が損傷されると細菌などが繁殖しやすくなる．

② 体温調節作用，排泄作用，吸収作用

皮膚からの放熱量は，皮膚血管に流れる血流量と発汗量によって調節

表10.1 皮膚の機能

1．外界刺激からの保護作用
　① 物理的外力
　② 化学物質
　③ 細菌などの微生物
　④ 光，とくに紫外線
2．体温調節作用
3．知覚作用
4．排泄作用
5．吸収作用
6．免疫作用

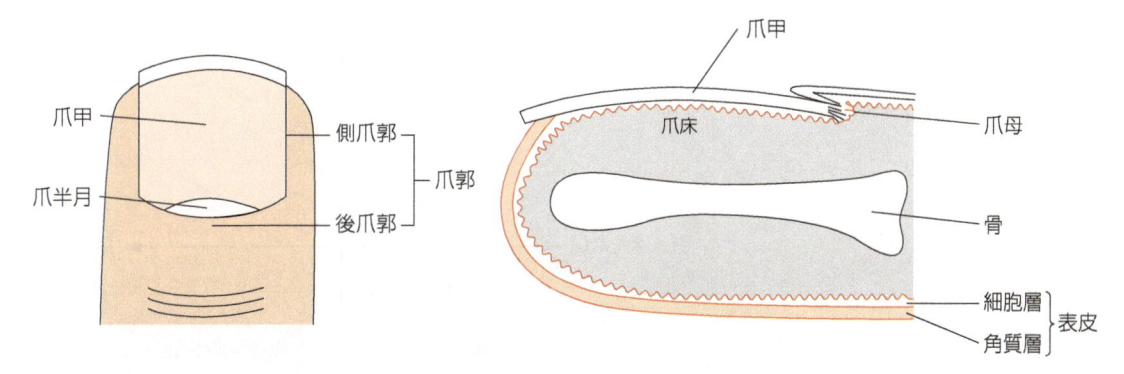

図10.3 爪の構造

される．深部体温が上昇すると皮膚血管が拡張し，皮膚血流量が増大し，体の中心部や筋肉で発生した熱を，血液を使って皮膚表面に運搬して放熱する．逆に外気温が低下すると放熱を抑えようとする調節が働き，皮膚血流量が減少して保温をはかる．

汗は，血液のうち血漿成分を原料として，エクリン汗腺でつくられる．汗の成分は水と塩分であるが，この塩分濃度は暑さに慣れていない時期は濃く，暑さに慣れてくると徐々に薄くなる．したがって大量に発汗したのに水分・塩分補給を怠ると，血漿成分の不足と塩分の不足が起こり，血液粘度は上昇する．また暑さに慣れてくると汗をかき始める体温（**セットポイント**）が低下し，汗をかき始めやすくなる．

角質層には水に溶けたものが体内に侵入するのを防ぐバリアとしての機能がある一方で，脂質に溶けたものは毛包や皮脂腺を通して体内に吸収される．皮膚の外用剤はこの点を考慮してつくられている．

③ **免疫作用**

皮膚は常に外界と接していて，さまざまな物質の侵入の危険にさらされている．このため，異物に対する免疫作用の場所として重要である．皮膚には，さまざまな免疫担当細胞や殺菌作用のある細胞が存在している．一方，全身で起こった免疫異常（**アレルギー反応**）の症状が現れやすい場所でもある．皮膚炎，じんましん，血管炎や赤や紫色のあざなどは，皮膚を舞台とした免疫反応の一症状である．

免疫異常
第8章も参照．

（5）皮膚のタイプ

皮膚のタイプ（スキンタイプ）は，皮脂量と水分量の組合せで4種類に分類できる．すなわち普通肌，乾性肌，脂性肌，乾燥型脂性肌である

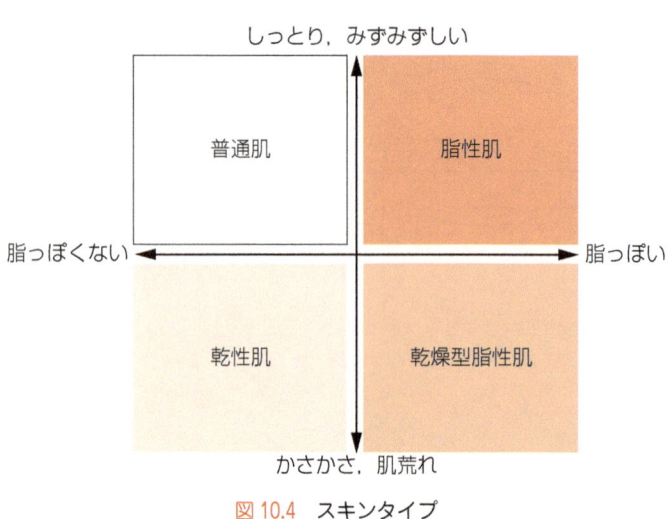

図10.4　スキンタイプ

（図 10.4）．また紫外線に対する反応性（**フォトスキンタイプ**）により 6 種類に分類されるが，日本人などの黄色人種にはフォトスキンタイプの Ⅱ，Ⅲ，Ⅳ が多い（表 10.2）．このうちフォトスキンタイプ Ⅰ・Ⅱ の人は，長期間にわたる紫外線（とくに UVB）曝露の影響により，ある種の皮膚がん（**有棘細胞がん**）にかかる確率が高くなる．

有棘細胞がん
巻末の「用語解説」参照．

● 知っておくと役に立つ！

皮膚疾患とその読み方
皮膚科の病名には難しい表現や漢字がたくさん使われている．次に，本文で出てきたアスリートに多い疾患の病名をあげた．本文中の一般的な病名と読み方を調べてみよう．

病名	読み方	本文中の一般的な病名
胼胝	べんち	たこ
接触皮膚炎	せっしょくひふえん	かぶれ
汗疹	かんしん	あせも
摩擦水疱	まさつすいほう	靴ずれ
爪下血腫	そうかけっしゅ	爪の血豆
紫外線皮膚炎	しがいせんひふえん	日焼け
白癬	はくせん	水虫
鶏眼	けいがん	うおのめ
陥入爪	かんにゅうそう	巻き爪

2 アスリートに多い皮膚疾患

ここではアスリートに多くみられる代表的な皮膚疾患を取り上げ，さらに日常生活におけるスキンケアの注意点について学ぶ．

(1) 日焼け

紫外線皮膚炎ともいい，一種のやけどである．紫外線は人体に対する影響の違いから UVA，UVB，UVC に分類され（表 10.3），そのうち UVB により日焼けが起こる．日焼けには赤い日焼け（**サンバーン**）と黒い日焼け（**サンタン**）の 2 種類がある．サンバーンは紫外線に当たった数時間後から現れ，8〜24 時間後にピークに達し，2〜3 日後には消失する．サンタンは紫外線に当たった数日後から現れ，数週間から数か月持続する．

この紫外線から皮膚を守るために最も効果的な方法は，衣類で皮膚表面をおおうことである．すなわち長袖・長ズボンの着用，鍔のある帽子をかぶることや日傘をさすことである．

スポーツを実施する上でこれらが行えない場合は，日焼け止め（**サンスクリーン剤**）を皮膚に塗る．サンスクリーン剤の成分には紫外線を吸

表 10.2 フォトスキンタイプ

Ⅰ：常に赤くなり（サンバーン），決して皮膚色が濃くならない
Ⅱ：常に赤くなり（サンバーン），その後少し皮膚色が濃くなる（サンタン）
Ⅲ：時々赤くなり（サンバーン），必ず皮膚色が濃くなる（サンタン）
Ⅳ：決して赤くならず，必ず皮膚色が濃くなる（サンタン）
Ⅴ：皮膚色がとても濃い
Ⅵ：黒人

表 10.3 紫外線の分類と人体に対する影響

	波長	人体に対する影響
UVA	400〜315 nm	しわ，たるみ
UVB	315〜280 nm	日焼け，しみ，皮膚がん
UVC	280 nm 以下	オゾン層で吸収され地表には到達しないが，最も危険

収するものと散乱するものの2種類があり，単独または組み合わせてつくられている．

吸収剤はおもにUVBに効果があるが，かぶれることがある．**散乱剤**はUVAとUVBの両方に効果があるが，白っぽくなりやすい．UVAに対する効果の指標は**PA**（protection grade of UVA）で表され，＋から＋＋＋＋の4段階で表示される．一方UVBに対する効果の指標は**SPF**（sun protection factor）の1〜50の数値で表示され，数値が高いほど効果が高い．屋外スポーツではPA＋＋＋以上，SPF20以上のサンスクリーン剤が推奨される．ただし規定量のサンスクリーン剤を3時間ごとに塗り変える必要がある．

日焼けした場合にはⅠ度のやけどに準じて，炎症を抑えるために日焼けした部分を水で冷却する処置を行う．さらに日焼けがひどく痛みを伴う場合には皮膚科を受診し，ステロイド外用剤を塗布する．

（2）たこ，うおのめ

野球や器械体操などバットやラケット，鉄棒などを強く握る競技に多い．表皮のうち角質層がこれらの機械的刺激に対して防御的に増殖反応を起こしたものである．**たこ**は角質層が外界に向かって単純に増殖するのに対し，**うおのめ**は真皮方向にもまるで楔のように増殖し（角栓），これが刺激となって痛みを伴う（図10.5）．

たこの対処方法としては，入浴後など角質層が軟らかくなった状態で，カッターナイフなどで削る．ただし慎重に削らないと皮膚の感覚に違和感が残り，スポーツ活動に影響を及ぼすことがある．うおのめは皮膚科を受診し，サリチル酸含有絆創膏を貼って角質層を軟らかくした状

やけど（熱傷）の分類
深度により次のように分けられる．

Ⅰ度　発赤
Ⅱ度　水疱形成
Ⅲ度　白色〜炭化

参考：日本熱傷学会用語委員会編，『熱傷用語集』，日本熱傷学会（1996）．

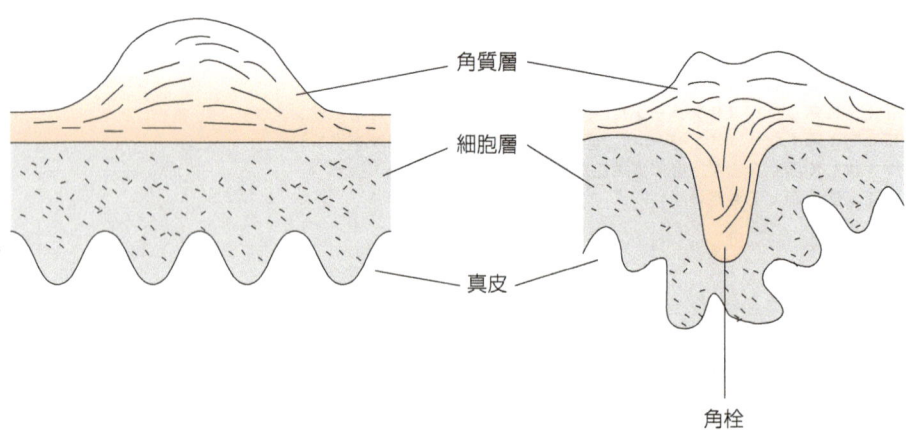

図10.5　たこ（左）とうおのめ（右）

態で，医療用の先の尖ったはさみで角栓を除去する．

（3）靴ずれ，まめ

　足型に合わない新しい靴で長時間歩行した際に，**靴ずれ**が起こりやすい．必ずしも窮屈な靴を履いた場合にのみ起こるのではなく，大きめの靴でも歩くたびに靴の中で足が踊り，摩擦熱で角質層の下に水疱（**まめ**）ができるという，一種のやけどである．

　水疱が圧迫されると角質層がさらにはがれるので痛みがある．水疱の膜は除去せず，針などで角質層に穴を開け，たまっている浸出液を排出する．

（4）あせも（汗疹）

　汗をかくと角質層が軟らかくなり，汗腺の出口をふさいでしまう．この状態でさらに汗をかくと，汗が汗腺内に貯留して小さな水疱（**あせも**）となる．さらにこの水疱が破れると中の汗が表皮内にしみ込んで，かゆみが出てくる．

　対策としては汗をかいたらすぐ清潔なタオルでふき取ること，運動を終えたら涼しい場所に移動すること，なるべく早くシャワーで汗を流すことである．

（5）水虫

　白癬菌（はくせんきん）という真菌（カビ）による感染症である．白癬菌は湿気を好むため，股間，足趾の間，爪甲と爪床の間に好発する．治療は抗真菌剤のクリームを塗るが，最近では飲み薬も使われるようになっている．

（6）巻き爪，爪の血豆

① 巻き爪

　つま先の細い靴を履いていると足の親指が横から圧迫され，爪の両脇が内側に変形してくる（巻き爪．図 10.6）．また爪，とくに足の親指の爪を短く切りすぎると，新たに伸びてきた爪の先端が皮膚に食い込み，さらにこれが刺激となって感染症を併発すると炎症を起こして大変な痛みを伴う．

　対策としては常に足を清潔に保つこと，とくに爪甲の両脇の溝（側爪郭）の部分を毛先の柔らかい歯ブラシなどを使って良く洗うことである．感染症を併発しているときは皮膚科で抗菌外用剤を塗布するが，場合によっては手術が必要となる．

　手術の方法としては，爪甲の両サイドを切除し，さらに爪母を薬品で焼いて爪の幅を狭くしてしまう方法（フェノール法），爪甲の下面に接着剤で人工爪をつけて爪の先端が伸びてくるのを待つ方法（人工爪法），形状記憶合金を爪甲に刺して変形してしまった爪を強制的にもとに戻す方法（ワイヤー法）などがある．いずれも爪の先端を皮膚より先に伸ばすための方法であり，爪を短く切ること（**深爪**）はいけない．少なくとも 1～2 mm は皮膚の先端から出しておく．

② 爪の血豆

　足趾をスパイクなどで踏まれた場合，爪甲と爪床の間に血液が貯留する（**血豆**）．この血液貯留が生じると，爪をはがす方向の力を発揮するため激痛がある．爪甲に十数か所，針で穴を開けると血液が排出され，痛みが軽減する．

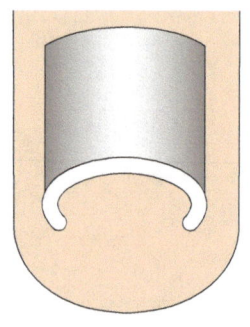

図 10.6　巻き爪

爪甲がはがれかけていても無理に除去せず，もとに戻して軽くテープで固定する．爪母が障害されていなければ新しい爪が生えてくるが，爪床が乾燥して障害されると新たに生えてきた爪が変形する．このときには骨折を伴っていないか，X線検査も行う．

（7）テープかぶれ

テーピングはアスリートにとって必要不可欠なサポート手段となっている．このテーピングに使われるテープには伸縮性がないホワイトタイプ，伸縮性のあるエラスティックタイプ，キネシオロジータイプなどがある．このテープに使われている粘着剤の刺激によって**かぶれ（接触皮膚炎）**が起こることがある．このテープかぶれを防ぐためにはアンダーラップを巻くことが推奨される．

またテープを乱暴にはがすと角質層に損傷を与え，皮膚のバリア機能が低下するためテープかぶれを起こしやすくなる．テープをはがす際にはテープに切れ目を入れたあと皮膚を押さえながらゆっくりとはがす．

最近粘着剤を使用せず，テープ同士が自着するタイプの**テーピングテープ**も登場している．皮膚炎には，皮膚科で処方されるステロイド含有軟膏を塗布する．

（8）日常のスキンケア

スポーツ選手は屋外の直射日光の下，汗をかきながら泥や砂にまみれて動き回っている．一般の人よりも皮膚を酷使しているといえよう．酷使した皮膚をスポーツ活動のあと丁寧にケアすることは，アスリートによくみられる皮膚疾患予防のみならず，競技引退後に進行する皮膚の老

アンダーラップ
テーピングテープの下，直接肌に巻く専用の保護テープ．

紫外線に対するスキンケア
p.127 参照.

汗に対するスキンケア
p.129 参照.

化を少しでも食い止めることに役立つ．

　入浴は単なる皮膚の洗浄効果のみならず，温熱効果や精神的リラックス効果も期待できるので，皮膚の状態によってシャワーと入浴を使い分けると良い．シャワーや入浴後には一見皮膚はみずみずしくみえるが，すぐに乾燥し始める．とくに乾燥肌タイプの人は，入浴後10分以内に保湿剤を皮膚に塗ったほうが良い．

　洗髪は必ずしも毎日行う必要はない．むしろ過剰な洗髪が皮膚を傷めることがある．また皮脂が毛孔に詰まることが「ハゲ」に直結するものでもない．頭部の不快感にもよるが，1〜3日に1回程度の洗髪が勧められる．ただしシャンプーの成分が頭皮に残ると，これが刺激となり皮膚炎を起こすことがあるので，十分すぎるくらいの水量でシャンプーの泡を流し落とすようにする．

復習トレーニング

次の文章のカッコの部分に適切な言葉を入れなさい．

❶ 皮膚の構造は，体表面から順に「　　層」，「　　層」，「　皮」，「　組織」，「筋膜」である．

❷ 皮膚の機能には，「　　作用」，「　　　作用」，「知覚作用」，「排泄作用」，「　　作用」，「　　作用」の5つがある．

❸ 紫外線対策で効果的なものは，「　　　　　」の着用，「　　　」の使用，「　　　　」の塗布である．

11章

スポーツ活動と熱中症

11章の POINT

- ◆ スポーツ活動は，いろいろな環境下で行われる．春，秋のようなスポーツ実施に好都合な日が多い時期ばかりでなく，非常に寒い日が多い冬期にも，非常に暑い日が多い夏期にも実施される．
- ◆ 夏期のスポーツ活動中にはとくに熱中症が多く発生しており，注意が喚起されている．スポーツ活動中の熱中症の予防対策がいろいろと講じられているにもかかわらず，現在でも夏期を中心に，まれに春期や秋期にも熱中症が発生し，不幸なときには死に至る．
- ◆ 11章では，熱中症の予防対策について述べる．水分摂取の重要性を強調するとともに，その他の対策についても述べる．

11章 スポーツ活動と熱中症

1　体温維持の機構

体温維持に関する中枢は，視床下部に存在する．視床下部の支配のもと，運動，分泌腺活動，特異力学的作用などによる**産熱機構**と，伝導，対流，輻射，蒸散（発汗）による**放熱機構**とがバランスよく機能することにより，ある一定範囲の正常体温に維持される（図11.1）．

放熱機構のうち，**伝導・対流・輻射**は環境温度（気温）により，**蒸散**は環境湿度により影響をうける．環境温度が体温以上になれば，伝導・対流・輻射の放熱機構は作用しなくなる．また環境湿度が高くなれば，蒸散の放熱機構としての効率が低下する．

運動中には当然骨格筋運動による熱産生が亢進するので，ある程度の体温上昇（38℃前後まで）は生理的なものと考えられる．

2　熱中症の発生メカニズム

高気温およびまたは高湿度の場合には，この放熱機構が十分に働くことが不可能となり，生体内に熱がうっ積し，異常な体温上昇（40℃前後以上）が導かれることになる（図11.2）．そして生体は異常な体温上昇に対して，発汗をさらに亢進させることにより，対処しようと反応する．この際に十分に水分（必要に応じてナトリウムなどの電解質も）が補給されなければ，脱水状態も導かれる．

この異常な体温上昇と脱水状態が合わさった状態を**熱中症**と呼ぶ．熱中症は，**熱疲労**（全身倦怠感など循環不全状態が主徴候），**熱けいれん**（筋肉痛を伴う筋けいれんが主徴候）および**熱射病**（多臓器障害を起こ

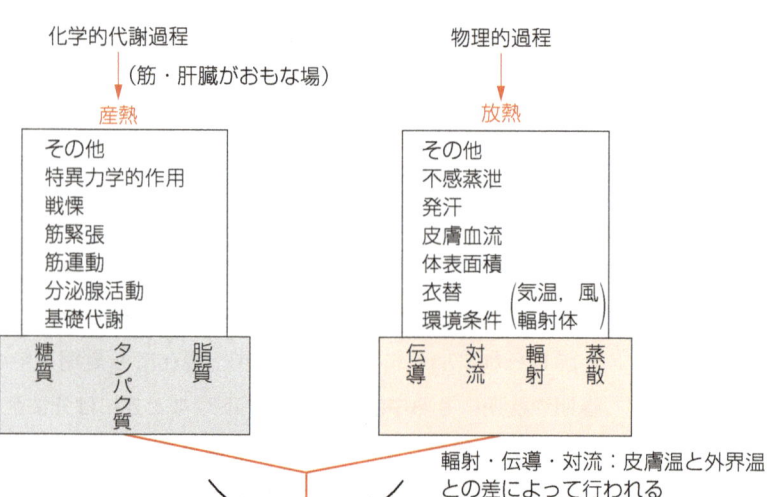

図11.1　産熱・放熱のバランス
吉村寿人，『人の適応能』，共立出版（1977）より一部改変．

輻射・伝導・対流：皮膚温と外界温との差によって行われる
蒸散：発汗によって促進され，湿度が関係

し，突然死の発生率が高い．最も重症）に分類される（表11.1）．

労作時熱射病と古典的熱射病との相違を，表11.2に示す．労作時熱射病の特徴としては，年齢が若年で，運動時に多い，横紋筋融解が重症，顕著なDICを伴うことなどがあり，また流行性はなく，基礎に慢性疾患をもつこともない，などがある．

表11.1 熱中症の分類

- **熱疲労**
  脱水による症状で，脱力感，倦怠感，めまい，頭痛，吐き気などを認める

- **熱けいれん**
  大量発汗した状態で，水分だけを大量に補給したときに血中塩分濃度が極端に下がり，疼痛を伴った筋肉のけいれんを認める

- **熱射病**
  体温の異常上昇（40℃を超えるような）を認め，意識障害が起こり，DICも起こし，多臓器障害を認める非常に重症な病態　→予後は非常に悪い

3 熱中症の発生状況

（1）熱中症死亡事故の現状

熱中症死亡事故の現状を図11.3に示す．夏期の暑さの影響もあったと考えられるが，1980年代半ばまで増加傾向にあった熱中症死亡事故が，熱中症の危険性に関する情報の普及の徹底が功を奏して，それ以降は減少傾向に転じている．

（2）学校における熱中症死亡事故の状況

昭和50〜平成23年（1975〜2011）にわたる，学校で発生した熱中症死亡事故の状況を示す．この30数年間で161名の熱中症死亡例があり，圧倒的に男性（150名）のほうが女性（11名）よりも多いことが判明している（表11.3）．

学校行事での熱中症死亡事故のほとんどは，運動部活動や登山，長距離走あるいは長距離徒歩の際に起こっている．熱中症死亡事故の発生時期はとくに夏期（7〜8月）に多いことは明らかであるが，春期や秋期にも発生していることに注意する必要がある（図11.4）．

> **知っておくと役に立つ！**
>
> **DIC**
> disseminated intravascular coagulopathy
> 全身性血管内凝固症候群
> 全身に存在している血管内のごく一部を除いて，血液中の血小板数が極端に減少している病態である．そのために血管が何らかの原因で破れると大量出血を起こし，死につながると考えられている．以前は悪性腫瘍末期あるいは重症感染症に多く認められると考えられていたが，熱射病においても認められることが判明している．

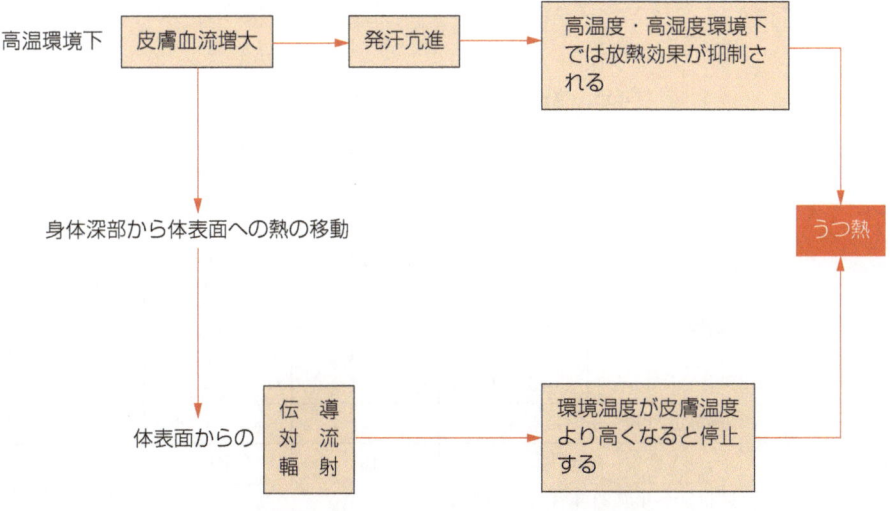

図11.2 体外への放熱と体内うつ熱の機序

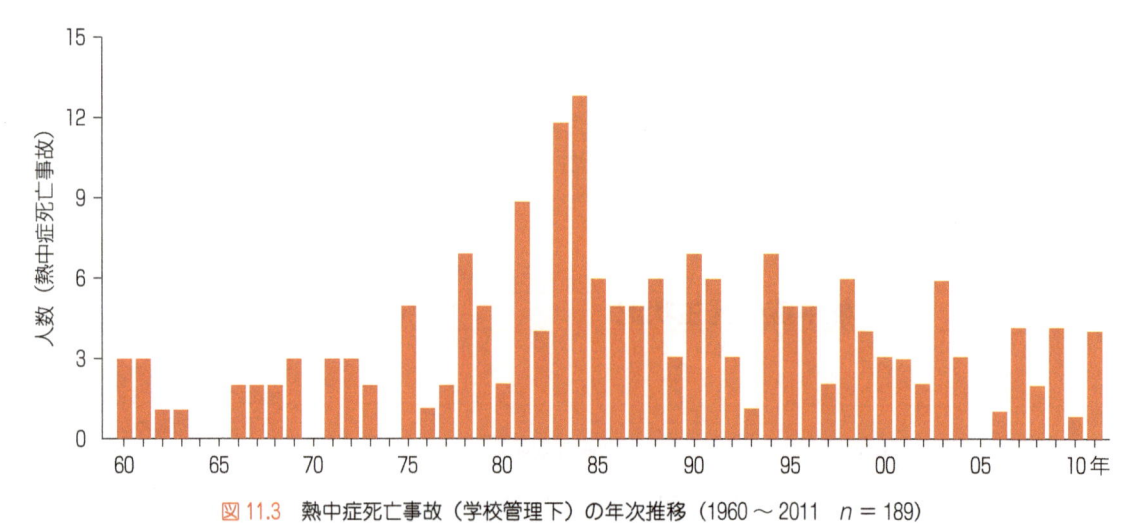

図 11.3　熱中症死亡事故（学校管理下）の年次推移（1960～2011　n = 189）
日本スポーツ振興センターのデータ．日本体育協会，『スポーツ活動中の熱中症予防ガイドブック』（平成 25 年 4 月），p.35.

表 11.2　古典的および労作時熱射病の相違

特　徴	古典的	労作時
年齢	高齢	若い
運動	なし	あり
横紋筋融解	まれに重症	重症
急性尿細管壊死	<5%	30%
乳酸性アシドーシス	まれ	よくあり
低カルシウム血症	まれ	よくあり
DIC	軽度	顕著
流行性	あり	なし
慢性疾患	あり	なし
熱性疾患	まれ	よくあり

DIC : disseminated intravascular coagulopathy 全身性血管内凝固症候群
R. D. Sidman , E. J. Gallagher より一部改変．

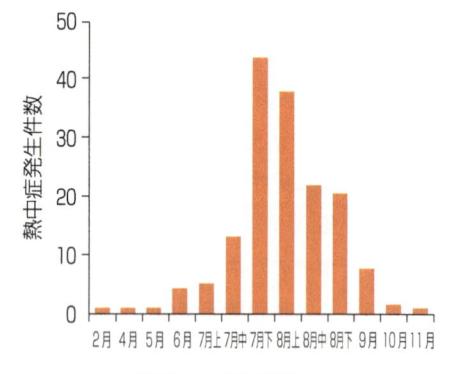

図 11.4　発生時期
学校管理下の熱中症死亡事故（n = 161）
昭和 50～平成 23 年（1975～2011）
日本体育協会，『スポーツ活動中の熱中症予防ガイドブック』（平成 25 年 4 月発行），p.37.

表 11.3　学年別，性別の熱中症死亡事故数

学　年		総　数	男　子	女　子
小学校		5	5	0
中学校	1 年生	14	13	1
	2 年生	19	16	3
	3 年生	5	3	2
高校	1 年生	64	62	2
	2 年生	39	37	2
	3 年生	14	13	1
高等専門学校	5 年生	1	1	0
合計		161	150	11

昭和 50～平成 23 年（1975～2011）
日本体育協会，『スポーツ活動中の熱中症予防ガイドブック』（平成 25 年 4 月発行）より作成．

熱中症死亡事故の発生時間帯については，午前10時から午後6時までの陽射しの強い時間帯に多いことは明らかであるが，それ以前の朝方およびそれ以降の夜にかけて発生していることにも注目する（図11.5）．熱中症事故発生までの運動継続時間は，2，3時間以上のことが多いように思われるが，1時間以内の短時間の運動であっても発生している（図11.6）．また体型でみると，やせタイプや普通タイプよりも肥満タイプで多いことも判明している．

なお日本以外では，イスラエルにおける労作時熱射病による87名（平均年齢20歳）の死亡例の検討でも同様の傾向であったことが報告されている．

4　熱中症の予防対策

熱中症に対する予防対策としては，運動実施者，運動環境の両面から考えていく必要があり，個人の暑熱環境に対する耐性，暑熱環境の判定，暑熱環境下でのスポーツ実施に関する対策がある（表11.4）．

（1）熱耐容能について

次に当てはまる者は熱耐容能が低下していると推測される．高齢者，肥満者，体力（とくに心肺持久力）低下者，薬物（利尿薬，血管拡張薬，β-ブロッカー，抗コリン薬，抗ヒスタミン薬，筋弛緩薬，中枢神経抑制薬など）服用者，高血圧症患者，熱環境未順化者．

したがって，これらに当てはまる者の暑熱環境下でのスポーツ実施に対しては，とくに注意が必要になる．

表11.4　熱中症予防で考慮すべき点

(1) 個人の問題：暑熱環境に対する耐性
・高齢者
・肥満
・高血圧症
・薬物使用
・体力（とくに持久力）
・暑熱馴化

(2) 暑熱環境の判定
・WBGTの応用

(3) 暑熱環境下でのスポーツ実施
・こまめな休息
・水分や電解質の補給

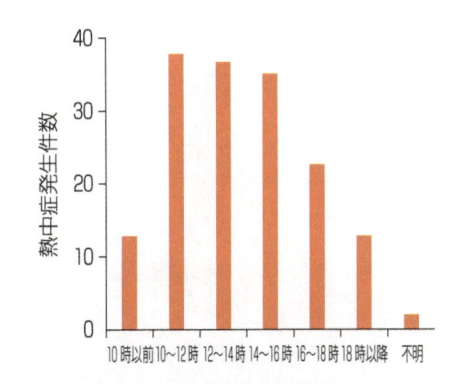

図11.5　発生時刻
学校管理下の熱中症死亡事故（$n = 161$）
昭和50〜平成23年（1975〜2011）
日本体育協会，『スポーツ活動中の熱中症予防ガイドブック』（平成25年4月発行），p.37.

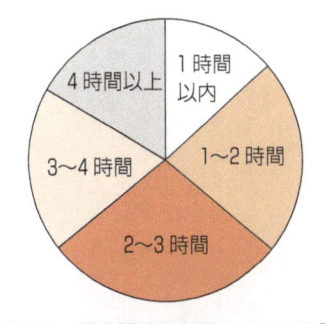

図11.6　運動開始から発症までの時間
学校管理下の熱中症死亡事故（$n = 140$）
昭和50〜平成23年（1975〜2011）
日本体育協会，『スポーツ活動中の熱中症予防ガイドブック』（平成25年4月発行），p.37.

（2）暑熱環境の判定とスポーツ実施許可

暑熱環境の判定には，図11.7に示すような携帯型のWBGT計を使用してWBGT（湿球黒球温度）を測定することが有用であり，その数値から表11.5や表11.6によりスポーツ実施の許可レベルを決定する．

このWBGTにより，練習や試合中におけるペースダウンの指示や，練習あるいは試合への参加中止を決定することが望ましい．

（3）暑熱環境下でのスポーツ実施時に行うべきこと

前述のスポーツ実施基準があるが，実際にはスポーツ実施に適切ではない暑熱環境下で試合などを行わねばならないことがある．そのようなときには練習中や試合中であっても，こまめに休憩をとり，水分（電解質補給も含めて）摂取を積極的に行うことが重要である．

汗中には塩分が含まれ，その濃度はしばしば0.5〜0.6%に達することもある．激しい運動で発汗量が2Lに達するときには，塩分損失量が10g前後になると考えられる．推奨される水分補給法を表11.7に示す．20〜30分ごとに休憩をとり，各休憩に200mLくらいの水分補給をすることが一般的な方法であろう．また大量の発汗時には，少量の塩分を含む水分を摂取することが重要である．

5　熱中症発生時の救急処置

熱中症対策で最も重要なことは，前述したように予防対策である．予防対策を講じても，熱中症を絶対に起こさないことは不可能であり，し

> **知っておくと役に立つ！**
>
> **WBGT（湿球黒球温度）**
>
> 湿球黒球温度．湿球温度（湿度）が最も重要視されており，次いで黒球温度（輻射熱）で，乾球温度（気温）が最も軽視されている．公式によって求められるが，現在は携帯型WBGT計で簡易に測定できる．気温のみで判定するよりも，このWBGT値でスポーツ実施の可否を決定するほうが有用である．
>
> 【WBGTの算出方法】
> 屋外：
> 　0.7×湿球温度＋0.2×黒球温度＋0.1×乾球温度
> 屋内：
> 　0.7×湿球温度＋0.3×黒球温度

> **知っておくと役に立つ！**
>
> **運動中の水分補給**
>
> 水分補給は熱中症予防のために重要であるが，運動パフォーマンス維持のためにも重要と考えられている．水分補給，とくに糖質を含む水分の補給は，水分を補給しない場合に比較して明らかにパフォーマンスが向上することが確認されている．

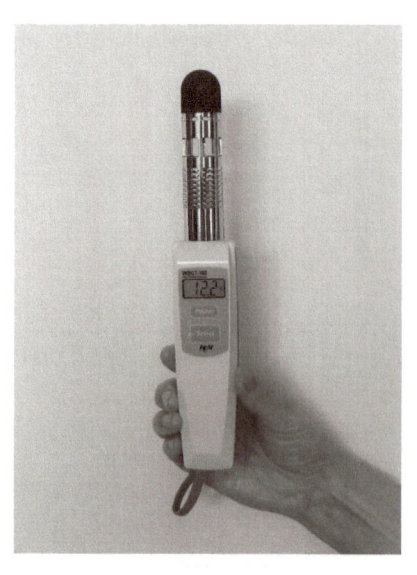

図11.7　WBGT計（携帯型）

表 11.5　健常成人のための練習あるいは競技会の中止あるいは実施修正のための WBGT レベル

WBGT（℃）	持続的活動および競技会	トレーニングおよび非持続的な活動	
		非馴化，体力のない，リスクの高い者	馴化した，体力のある，リスクの低い者
≦ 10.0	一般的には安全：労作時熱射病は個人の要素によって起こりうる	一般的活動	一般的活動
10.1 〜 18.3	一般的には安全：労作時熱射病は起こりうる	一般的活動	一般的活動
18.4 〜 22.2	労作時熱射病や他の熱障害の危険性は上昇し始める．リスクの高い者は監視されるべきであり，競技をするべきではない	安静／活動比を増加させる．水分摂取を監視する	一般的活動
22.3 〜 25.6	すべての競技者のリスクは増大する	安静／活動比を増加させ，活動の強度および総時間を減少させる	一般的活動．水分摂取を監視する
25.7 〜 27.8	体力のない，非馴化の者のリスクは高い	安静／活動比を増加させ，活動の強度および総時間を減少させる	一般的活動．水分摂取を監視する
27.9 〜 30.0	労作時熱射病リスクのための中止レベル	安静／活動比を 1：1 に増加させ，活動の強度および総時間を減少させる．高強度運動を制限する．注意深くリスクの高い者をみる	高強度あるいは長時間の運動に関しては慎重に計画する．注意深くリスクの高い者をみる
30.1 〜 32.2		練習および競技会を中止あるいは停止させる	高強度運動および高気温・湿度への1日の暴露時間を制限する．早期の症候をみる
＞ 32.3		運動を中止する	代償できない熱ストレスをすべての競技者に与える運動を中止する

L. E. Armstrong, D. J. Casa, M. Millard-Stafford et al., *Med. Sci. Sports Exerc.*, **44**, 556（2007）より一部改変．

表 11.6　WBGT による熱中症の警告

WBGT	危険度	警告
18℃未満	低い	熱障害は起こりうるので，やはり注意が必要
18 〜 22℃	中等度	熱障害の症候に注意し，必要ならペースダウン
23 〜 28℃	高い	ペースダウン トレーニング不十分者は中止
28℃以上	きわめて高い	ペースを十分に落としても不快 競技を行ってはならない

R. L. Hughson, L. A. Standi, J. M. Mackie, *Physician Sportsmed.*, **11**, 94（1983）より一部改変．

たがって万が一発生した場合には，速やかに救急処置を行う．

熱中症の予後を決定する最も重要な要素は，冷却および水分補給（電解質補給も必要に応じて）と考えられる．いかに速やかに高体温を低下させ，水分を補給できるかにより，突然死するか，後遺症が残るか，まったく後遺症も残らずに完全治癒するかが決まる．

冷却方法は，氷水に全身を浸して冷却する「氷水浴／冷水浴法」が最も効果的で，医療スタッフが対応可能な場合は推奨される．一般のスポーツ現場では，水道につないだホースで全身に水をかけ続ける「水道水散布法」が次に推奨される．それも困難な場合は，冷房の効いた部屋で氷水で濡らしたタオルをたくさん用意し，全身にのせて，次々と取り換える．（日本スポーツ協会，スポーツ活動中の熱中症予防ガイドブック）

水分補給の方法としては，意識の有無により飲水あるいは点滴静注のいずれかの方法がとられる．また通常の脱水状況であれば，水分のみあるいは0.1％程度の濃度の食塩水を与える．大量の脱水が予測される場合には，0.9％濃度のいわゆる生理食塩水を，ひとまず予測される脱水量の80％程度を目標に静注することが必要になる．大量の脱水の際に水分のみを大量に補給すると，かえって低ナトリウム血症をもたらし，筋けいれんつまり熱けいれんを誘発してしまうとの報告もある．状況に応じて，電解質とくにナトリウムの補給を考慮して水分補給を行うことが重要である．

さらに重症な熱射病では，臓器障害に対する処置とともにDIC対策も必要である．また救急蘇生のABCも必要に応じて行わねばならない．

表11.7 水分補給のめやす

① スポーツ開始前（1～2時間前）に500 mL程度の水分を摂る
② スポーツ実施中には15～30分ごとに水分を摂取する
③ スポーツ開始前と実施中とで失われる水分の80％を補給し，残りはスポーツを終了した後に補う
④ 水温は5～15℃が飲みやすい
　 0.2％程度の食塩と，糖分を5％程度含む物が適当

W. D. McArdle, F. I. Katch, V. L. Katch, Exercise Physiology (Edition 3), Lea & Febiger (1991), p. 547～579より一部改変．

復習トレーニング

次の文章のカッコの部分に適切な言葉を入れなさい．

❶ 運動，分泌腺活動，特異力学的作用などによる（　　）機構と，伝導，対流，輻射，蒸散（発汗）による（　　）機構とがバランスよく機能することにより，ある一定範囲の正常体温に維持されている

❷ 以下に当てはまる者は熱耐容能が低下していると推測される．高齢者，（　　），体力（とくに心肺持久力）低下者，薬物（利尿薬，血管拡張薬，β-ブロッカー，抗コリン薬，抗ヒスタミン薬，筋弛緩薬，中枢神経抑制薬など）服用者，高血圧症患者，熱環境（　　）者．
→p.137参照

❸ 熱中症の予後を決定する最も重要な要素は，（　　）および（　　）補給（電解質補給も必要に応じて）と考えられている．

次の文章で正しいものには○，誤っているものには×をつけなさい．

❹〔　〕体温維持に関する中枢は，視床上部に存在していると考えられている．

❺〔　〕学校行事での熱中症死亡事故のほとんどは，運動部活動や登山，長距離走あるいは長距離徒歩とで占められている．

❻〔　〕通常の脱水状況であれば，水分のみあるいは0.1％程度の濃度の食塩水を与えることで十分である．

12章 スポーツ活動と疲労

12章の POINT

- ◆ アスリートは日常から激しいトレーニングを強いられることから，疲労しやすい環境にある．
- ◆ 著しい疲労は，競技力の低下だけではなく，身体諸機能の低下を招き，慢性疲労などを症状とするオーバートレーニング症候群に陥る可能性もある．
- ◆ アスリートの疲労状態を定期的に調べ，練習量の調節や疲労回復のための休養のポイントを考えていくことは非常に重要である．
- ◆ 第12章では疲労のメカニズムを学び，次に疲労の評価方法の具体例について学ぶ．さらにオーバートレーニング症候群と疲労指標との関連についても学ぶ．

12章 スポーツ活動と疲労

> ● 知っておくと役に立つ！
>
> **疲労**
> 疲労は生体を守るための防衛反応のひとつである．もし疲労を感じなければ，身体機能が損なわれるまで運動を実施してしまう可能性がある．したがって，極度の疲労を感じた場合は無理をせず，トレーニング量を抑え，積極的に休養することがオーバートレーニング症候群を予防するポイントである．休むこともトレーニングであることを意識する．

1 疲労のメカニズム

日常より激しいトレーニングを行うアスリートにとって，疲労はつきものである．**疲労**は，競技パフォーマンスの低下だけではなく，怪我や故障などの二次的な障害を招く恐れもある．したがって，トレーニングによる疲労を解消し，体調が良好な状態でトレーニングに効率良く適応していくことは，アスリートにおいて非常に重要な課題である．

（1）ホメオスタシスとストレス，急性疲労

生体は，外界の変化に関わらず，内部環境を常に一定に保つ仕組み（**ホメオスタシス**）をもつ．日常生活において，私たちは常に多くの刺激（**ストレッサー**）にさらされている．ストレッサーには，暑さ寒さや衝撃などの外的刺激や，運動や不快感などの内的刺激がある．生体の内部環境が維持されるためには，ストレッサーによる内部環境の乱れ（ストレス）を最少にして，もとの状態に戻そうとする作用が働く．たとえば，運動を行うとたくさん汗をかく．これは運動で発生した体内の熱を汗とともに外に放出し，上昇した体温を低下させるために生じる反応である．

このようなホメオスタシスの仕組みは，体温だけではなく，血圧，血流量，血糖値，体液の浸透圧や水素イオン指数（pH）などを調節して一定の状態に保つことや，ウイルスや細菌などの体外から侵入する病原体を排除して侵入前の状態に戻すこと，傷を修復してもとの状態に戻すことなどもあげられる．

生体は細胞で構成されており，細胞が接している環境である細胞外液

1 疲労のメカニズム

が生体における「内部環境」である．細胞は内部環境である細胞外液から活動に必要な栄養素や酸素を取り込み，細胞外液に老廃物や代謝産物を捨てる（図 1.3 参照）．

運動時，筋活動のエネルギー産生のために，糖や脂質の代謝利用と酸素消費が増大して代謝産物である乳酸や二酸化炭素，熱などが産生される．これらは細胞外液の pH や電解質，体温などを変動させることから，運動は内部環境を乱すストレッサーとして作用する．細胞外液である内部環境が大きく変化すると，細胞は活動を継続できない疲労状態になる．激しい運動により内部環境に栄養素の欠乏や疲労物質の蓄積が起こると，**急性疲労**が生じる．

（2）自律神経系，内分泌系，免疫系および慢性疲労

運動による内部環境の乱れの情報は，受容器を介して大脳にある視床下部に伝わり，視床下部―自律神経系，視床下部―下垂体・内分泌系，および免疫系が相互に伝達物質を共有し，密接に関連しあって内部環境が維持される（図 12.1）．運動を行うことで自律神経系が刺激を受け，副腎髄質からカテコールアミンが分泌され，免疫系に作用する（視床下部―自律神経系→免疫系）．

また，運動により下垂体から**副腎皮質刺激ホルモン**（adrenocorticotropic hormone, **ACTH**）が分泌され，副腎皮質からグルココルチコイドが産生され，免疫系に作用する（視床下部―下垂体・内分泌系→免疫系）．また逆に，免疫系→神経系・内分泌系の系もある．

たとえば，運動を行うと骨格筋では微小な筋損傷が生じる．この損傷部位に動員されたマクロファージは，**炎症性サイトカイン**（インターロ

生体の内部環境
第1章参照．

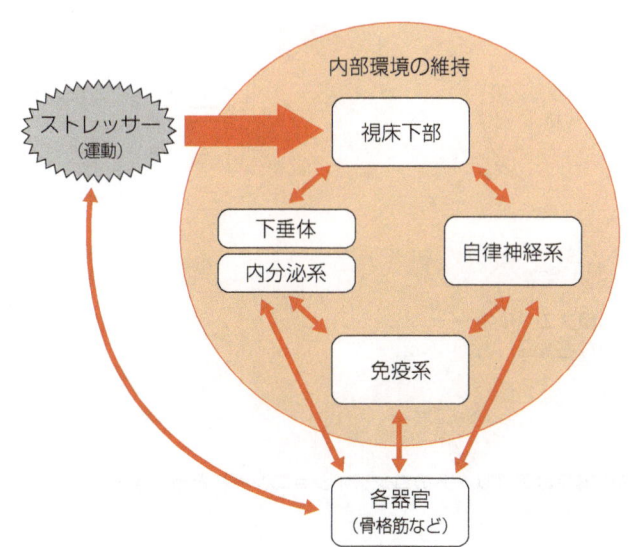

図 12.1 運動とホメオスタシス

イキン1：IL-1，インターロイキン6：IL-6，腫瘍壊死因子α：TNF-α）を産生する．これらのサイトカインは神経系や内分泌系に作用することが知られており，IL-1およびIL-6，TNF-αは，視床下部の体温中枢の血管内皮細胞に作用して発熱を誘導する．

さらに，IL-1は視床下部に作用して下垂体からACTHを誘導し，結果的に副腎皮質からグルココルチコイドが産生されることで炎症反応が抑制されるといったフィードバック機構を営む（免疫系→神経系・内分泌系）．

内部環境の変化に対しては，このように自律神経系・内分泌系・免疫系が内部環境をもとの状態に戻そうと反応することや，血液が内部環境の栄養素を補充して疲労物質を除去することで疲労が回復する．しかし過度なトレーニングを継続すると，内部環境の乱れが繰り返し生じ，それが生体の適応の限界を越えると，ついには自律神経系・内分泌系・免疫系に機能障害が生じる．その結果，内部環境の失調が生じ容易には回復しない．これが**慢性疲労**のメカニズムと考えられる．

2 コンディショニングにおける疲労の評価

アスリートにおける日々の体調は，自律神経系・内分泌系・免疫系による内部環境のホメオスタシスの維持によって保たれている．激しい運動（生理的ストレッサー）や緊張・プレッシャー（精神的ストレッサー）などによる刺激によって生じた内部環境の乱れをいかに取り除くかが，**コンディショニング**としての重要課題である．

疲労は，運動により生体内で生じた刺激以外にも精神的因子や環境的

精神的因子や環境的因子
詳細は，第2章を参照．

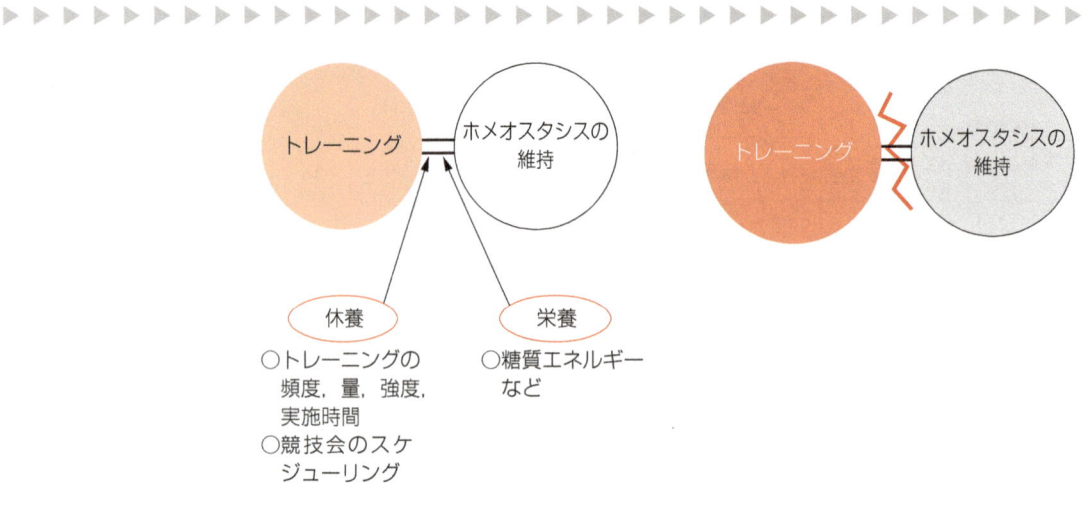

ホメオスタシスの維持はアスリートのコンディショニングにとって重要

因子によっても誘発される．コンディショニングを考える際は，生体内外のさまざまな因子がコンディションに影響することを常に念頭におき，準備を進めることが重要である．

アスリートの体調変化をとらえるために有用な評価項目としては，主観的指標として調査用紙による自己評価の記録があげられ，客観的指標として体組成，自律神経系指標，免疫系指標，内分泌系指標などがあげられる．

（1）自己評価記録

主観的指標は，アスリートが自覚する痛みや症状を把握できるため，疲労評価において非常に重要な指標である．**自己評価記録**は，全般的体調や疲労感，睡眠状況，食欲などを3〜5段階で自己評価して継続的に記録するという方法である．ここに睡眠時間や体重，練習時間などの数値の記録や内科的症状（頭痛，喉痛，腹痛，関節痛，熱感，悪寒，吐き気，下痢，咳，痰，鼻水，倦怠感など）や整形外科的な疼痛箇所の記録などを加えることで評価範囲の幅を広げることも可能であり，多角的な評価につながる（図12.2）．

しかし，評価項目を増やしすぎると，記入するアスリートや解析するスタッフの負担となり，定期的な評価が困難となることもある．評価項目については必要項目をアスリートと相談して吟味し，各自もしくはチームに適したものを作成する必要がある．

精神状態の評価としては，自記式質問票で気分の状態を測定する**気分プロフィール検査**（profile mood states，POMS）や**状態・特性不安検査**（state trait anxiety inventory，STAI）もしばしば用いられ，

アスリートの体調変化をとらえるための評価項目	主観的指標 ・自己評価記録 客観的指標 ・体組成 ・自律神経系指標 ・免疫系指標 ・内分泌系指標

12章 スポーツ活動と疲労

	月　　　日
睡眠時間	
	時間
睡眠状況　（○で囲む）	
1．快 2．やや快 3．普通 4．やや不快 5．不快	
食欲　（○で囲む）	
1．食欲あり 2．普通 3．やや食欲なし 4．食欲なし	
疲労感　（○で囲む）	
1．疲労感なし 2．少し疲労感あり 3．まあまあ疲労感あり 4．かなりの疲労感あり 5．非常に疲労感あり	
身体症状　（○で囲む）	
1．頭痛　　　　7．吐き気 2．のどの痛み　8．下痢 3．腹痛　　　　9．咳（せき） 4．関節痛　　 10．痰（たん） 5．熱感　　　 11．鼻水 6．悪寒　　　 12．倦怠感（だるさ）	
身体コンディション　（○で囲む）	
1．コンディション良 2．コンディションやや良 3．普通 4．コンディションやや悪 5．コンディション悪	

図 12.2　自己評価記録の例

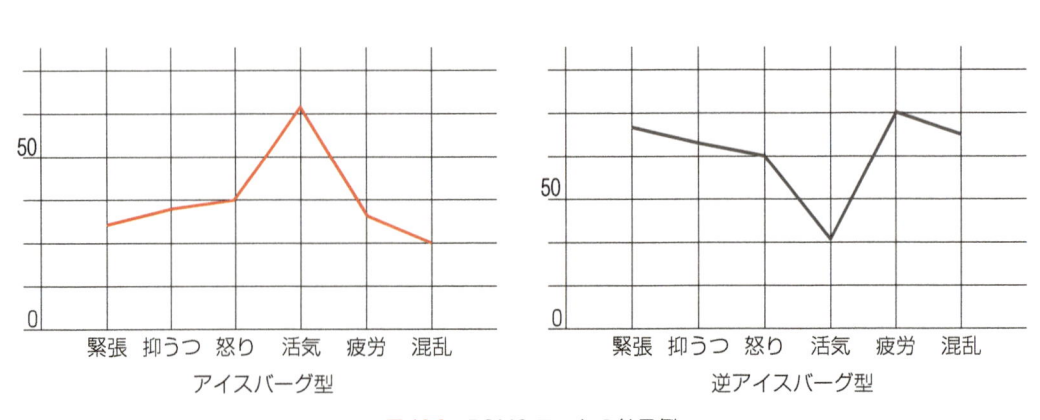

図 12.3　POMS テストの結果例
（左：アイスバーグ型、右：逆アイスバーグ型）
横軸：緊張　抑うつ　怒り　活気　疲労　混乱

オーバートレーニング症候群では特徴的な気分の悪化を確認することができる．

　POMS は 65 問の質問項目で構成されており，各質問に対して「まったくなかった」から「非常に多くあった」の 5 段階で解答し，緊張，抑うつ，怒り，活気，疲労，混乱の 6 つの尺度により気分や感情の状態を評価する．解答時間はおよそ 10 分程度である．活気を示すスコアは高く，緊張，抑うつ，怒り，疲労，混乱を示すスコアが低い場合は，**アイスバーグ（氷山）型**と呼ばれ，精神状態が良好であることを示し，活気が低く，他の尺度が高い場合は，**逆アイスバーグ型**と呼ばれ，精神状態が不良であることを示す（図 12.3）．

（2）自律神経系指標

　自律神経系指標としては，脈拍数や心拍変動などが用いられる．

　脈拍数は交感神経活動が高まると上昇する特徴があり，起床時の脈拍数を継続して測定することで日々の疲労感と関連づけられる．脈拍数は特別な器具も不要で自身で測定できる，非常に簡便な疲労指標である．**心拍変動**は，自律神経活動の間接的な評価として利用されており，心臓周期（心臓が収縮し弛緩する，1 回の周期）から次の周期の微細な変動を測定する．脈拍数および心拍変動は，非侵襲的に評価できることからアスリートに負担を与えず，コンディション評価に適した指標であると考えられる（図 12.4）．

　また自律神経系は免疫系に影響するという観点から，心拍変動と上気道感染症（いわゆるかぜ症候群）との関連を検討した報告もある．上気道感染症に罹患している時期は交感神経活動が高い状態にあることか

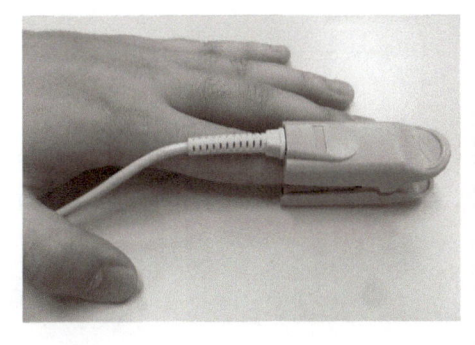

図 12.4　指尖脈波を用いた心拍変動の測定
指先で心拍変動が測定できる機器が販売されている．このような簡便に測定できる機器は，スポーツ現場において使用しやすい．

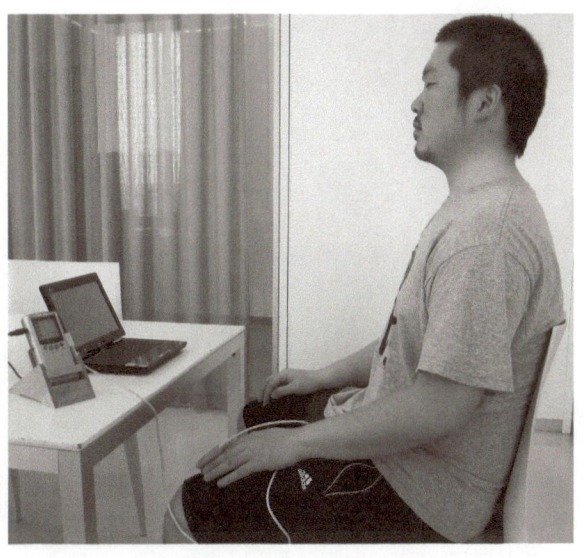

ら，心拍変動を定期的に測定することで感染罹患のリスクを評価できる可能性が考えられる．

（3）免疫系指標

① 白血球，N/L比

免疫系指標としては，血液中の白血球の分画，唾液中の**分泌型免疫グロブリンA（SIgA）**などがあげられる．**白血球**は免疫系の主体であり，**顆粒球（好中球，好酸球，好塩基球），リンパ球**および**単球**に分けられる．メディカルチェックや疾病診断においても，白血球数は感染症罹患や炎症状態の評価に使用される．

このほかにも好中球や単球の貪食能，リンパ球の幼若化能などの機能の変化は，免疫系の活性状態を知る上で役立つ指標であり，これらの指標がストレッサーによる刺激によって変動することも示されている．

好中球およびリンパ球は，**好中球／リンパ球比（N/L比）**として，炎症状態や自律神経系の評価の簡便な指標として用いられる．運動は交感神経活動を高めるため，N/L比が高まり（交感神経が亢進した状態），逆にN/L比が低下すると副交感神経が亢進した状態とされている．アスリートにおいて，安静時のN/L比が高い場合は交感神経が亢進している状態であり，生体の内部環境が乱れた状態，つまり疲労状態にあると解釈できる．

② 唾液中のSIgA

疲労評価に用いられる生化学的指標としては，これまで血中の指標がおもであったが，近年，唾液中の指標が注目されている．唾液の採取は，ⅰ）非侵襲（採血のように採取の際に組織に傷をつけたりしないこ

SIgA
secretory immunoglobulin A

N/L比
neutrophil/lymphocyte 比

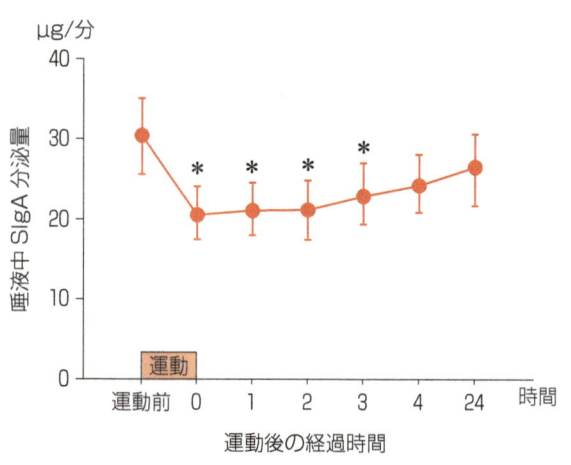

図12.5　唾液中SIgAの急性の高強度運動に対する応答
健康な成人男性16名が対象．最大酸素摂取量の75％の強度で1時間の自転車運動によって，唾液中SIgA分泌量は減少した．＊：$p < 0.0024$ vs. 運動前．

と）であり対象に痛みや精神的苦痛を与えないこと，ⅱ）医療資格が不要であること，ⅲ）採取したいときにいつでも採取できること，などがあげられ，血液採取と比較すると多くの優れた点がある．しかし，採取条件を一定にしないと外部環境によって唾液の分泌量や成分が変動しやすく，採取の際にはできるだけ同じ条件下で行う（採取はいつも同じ時間帯で行い，運動や食事の前の採取が望ましい）．

唾液のおもな機能として，緩衝作用，潤滑作用，消化や再石灰化への関与のほかに，抗菌作用，抗ウイルス作用，抗真菌作用があげられ，唾液に含まれる各種タンパク質は疲労状態や免疫機能の評価に用いられる．そのなかでも唾液中の SIgA は，上気道感染症（かぜ症候群）の予防に働き，免疫機能を反映する有用な指標と考えられる．唾液 SIgA 分泌は，高強度運動によって減少する特徴があり（図 12.5），継続的な運動（日々のトレーニングや合宿，試合期間中など）によっても安静時レベルが低下することや（図 12.6），柔道やレスリングなどの階級制種目において短期間に減量を行うと（**急速減量**），唾液 SIgA が低下することが報告されており，疲労やストレス状態を反映する指標として用いられている．

（4）内分泌系指標

内分泌系指標としては，コルチゾール，テストステロン，エストラジオールなどがあげられ，いずれも血液や唾液で測定が可能である．**コルチゾール**はストレスホルモンとして広く用いられており，**テストステロン**は男性ホルモン，**エストラジオール**は女性ホルモンである．

テストステロン／コルチゾール比（T/C 比）は，タンパク同化／異

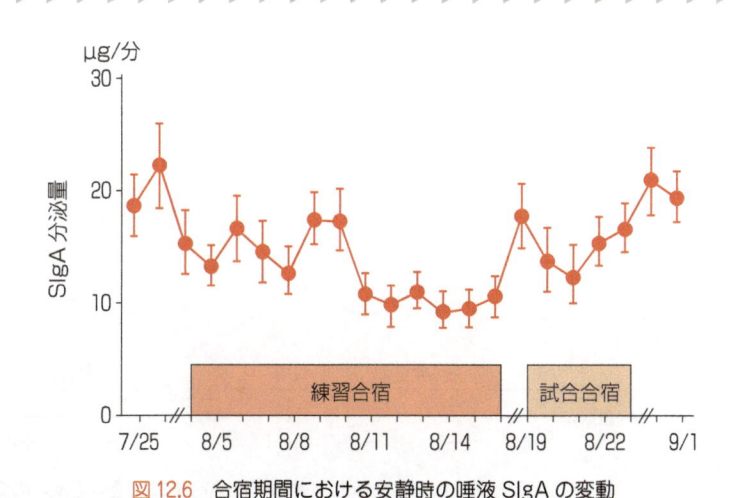

図 12.6　合宿期間における安静時の唾液 SIgA の変動
ラグビー選手を対象とし，合宿期間中の安静時の唾液中 SIgA 分泌量を調べた．練習合宿の日程が進むほど，安静時の唾液 SIgA 分泌が低下していくことがわかる．
山内亮平，清水和弘，古川拓生，渡部厚一，竹村雅裕，赤間高雄ほか，体力科学，58（1），131（2009）．を改変．

知っておくと役に立つ！

疲労評価の指標

ここで紹介した疲労評価の指標のいくつかは，研究段階のものもあれば，実際にスポーツ現場において使用されているものもある．とくに唾液による疲労評価は，スポーツ科学では最先端の課題であり，オリンピック日本代表選手のコンディション評価のために使用されている．

疲労評価の指標は，医学の分野で用いられているものをスポーツの分野に取り入れたものもあれば，アスリート用に開発され，逆に医学や健康の分野において応用できるものもある．スポーツ科学，医科学，健康科学は密接に関連し，相互に協力していくことでより良いものが開発されていく．

化のバランスを評価する指標として用いられる．過度なトレーニングによりコルチゾールは増加し，テストステロンは減少することでT/C比は低下することが示されている．つまりT/C比を定期的に調べることで，アスリートのトレーニング状態を反映できる可能性がある．しかしこれらのホルモンは，日内変動や個人差の大きさについて考慮する必要があり，前述した唾液指標と同様に，測定条件を同一にして継続的に測定するなどの工夫が必要である．

エストラジオールやプロゲステロンは，月経周期により変動することから基礎体温や月経回数の記録などとともに，月経状態の評価に用いられる．女性アスリートは，日々の激しいトレーニングによって女性ホルモン分泌に支障をきたし，無月経や希発月経に陥るアスリートも少なくない．また女性ホルモンは免疫系の調節にも関わっており，女性ホルモン分泌が少ない無月経のアスリートは，正常月経のアスリートに比べて唾液SIgA分泌が少なく，かぜの罹患が多いことが示されている．したがって，内分泌系指標測定とともに免疫系指標測定，および感染症罹患調査による多角的なコンディション評価としてアプローチすることが必要である．

（5）疲労評価法

アスリートは，心身ともに極限の状態で競技やトレーニングを行うことが多く，慢性疲労状態に陥りやすい．また上気道感染症は競技現場で多くみられる疾患であり，アスリートの体調を著しく損なう原因となる．これらの疾患を未然に防ぐことにより，試合やトレーニングにおいてパフォーマンスの最大限の発揮が可能となる．

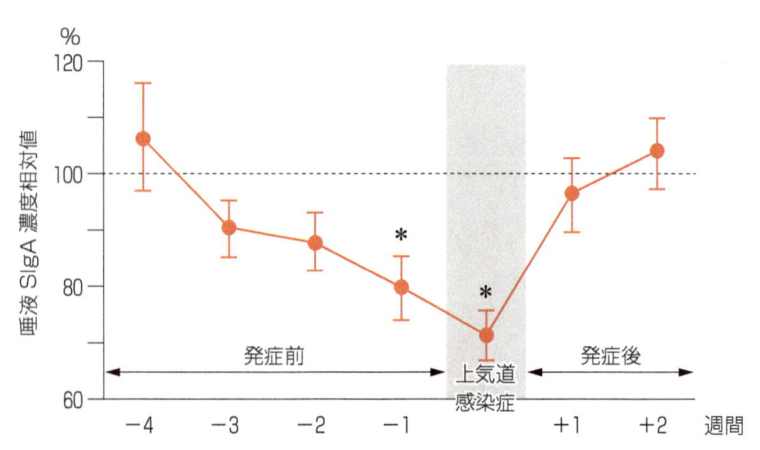

図12.7 アスリートにおける上気道感染症の前後の唾液中SIgAの変動
上気道感染症の発症の数週間前から安静時の唾液SIgA分泌が低下していくことがわかる．
V. Neville, M. Gleeson, J.P. Folland, *Medicine & Science in Sports & Exercise*, 40 (7), 1228 (2008) を改変．

そこで，前述した指標を用いた日々の疲労評価が体調管理に大いに役立つ．たとえば，唾液 SIgA は上気道感染症発症の数週間前から安静時の値が低下すると報告されている（図 12.7）．したがって，唾液 SIgA を定期的に調べることで上気道感染症の発症を予測できる可能性がある．このように各指標の定期的な測定によって，アスリートの体調の悪化を予測し，未然に予防策を立てることが可能となる．また，強化合宿期間中の唾液 SIgA を調べてみると，合宿が進むにつれて唾液 SIgA の値が低下していくことがわかる（図 12.6 参照）．このような結果から，唾液 SIgA の値が低下しすぎないように練習量の調節や，栄養摂取状況の整備（サプリメント摂取など），疲労回復の実施（マッサージ，入浴など），休養を増やすといった対策を立てることで，慢性疲労を未然に予防できる可能性がある．

このように，疲労に関わる指標を継続的に測定すると，練習量の調節や疲労回復方法の実施，休養を入れるタイミングを明確にし，体調の良好な維持に役立つ可能性が考えられる．1種類の指標のみで疲労評価を行うことは，困難である．したがって，より正確にアスリートの体調を把握するためにも客観的指標と主観的指標を併用し，多角的なコンディション評価を行うことが重要である．

3　オーバートレーニング症候群

オーバートレーニング症候群は，過剰なトレーニングによって生じた疲労が十分に回復しない状態で，さらにトレーニングが積み重ねられた結果として生じる，一種の慢性疲労状態である（図 12.8）．つまり，運

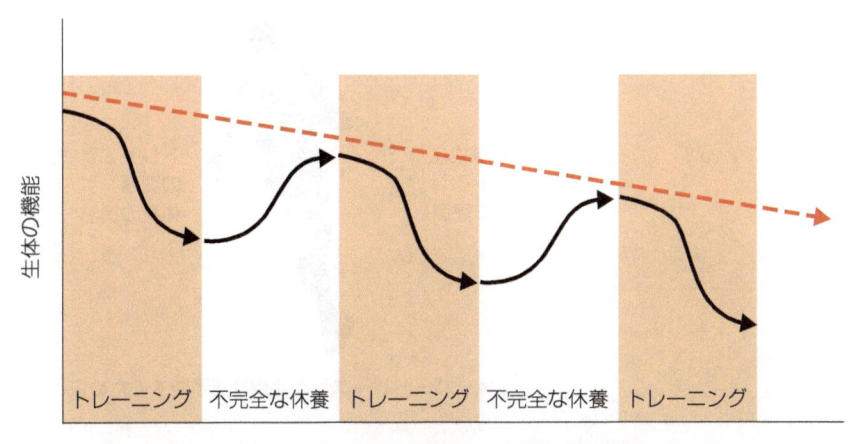

図 12.8　オーバートレーニング症候群の原因
トレーニングよる機能低下の回復が不完全なままでトレーニングを続けてしまうと，生体の機能が徐々に低下していく．

動によるストレス刺激が繰り返し生じることによって，生体の適応の限界を越え，自律神経系・内分泌系・免疫系による内部環境の調節系に機能障害が生じた状態といえよう．

　オーバートレーニング症候群では，慢性疲労に加えて競技パフォーマンスの低下などの症状が認められる．内科的症状や精神症状を伴うことも多く，動悸，息切れ，めまい，立ちくらみ，胸痛，睡眠障害，食欲不振，免疫機能低下，うつ気分および集中力低下なども併発する．軽度の症状は，日常生活を行う上ではほとんどみられず，高強度のトレーニングを行った際に症状が出現することや競技成績の低下などが特徴となる．中等度の症状は，日常生活や低強度のトレーニングにおいても出現し，競技成績が顕著に低下することが特徴となる．重度の症状が日常みられるようになると，トレーニングはほとんどできなくなる．また，不眠状態や抑うつ状態がみられ，日常生活に支障をきたすこともある．

　前述した疲労指標とオーバートレーニング症候群の関係については，いくつか報告があり，オーバートレーニング症候群のアスリートは正常のアスリートと比べると，安静時の心拍数や血圧，血中アドレナリンが高値を示すことや，唾液SIgAは低値を示すことが知られている．またオーバートレーニング症候群のアスリートでは，POMSテストにおいて不良状態とされる逆アイスバーグ型を示す（図12.3参照）．しかし，いずれもオーバートレーニング症候群に特異的な異常でないため，オーバートレーニング症候群の診断と経過の評価は総合的に行われる．

　オーバートレーニング症候群の対処としては，軽症の場合はトレーニング量を軽減させ，中等度から重症であればストレッチを除いて完全休養とする．完全休養の目安としては，日常生活で感じられる疲労感が消

疲労指標によりアスリートの体調を定期的に評価

トレーニング計画の調整
休養の追加

オーバートレーニング症候群を予防するために

失し，運動を行う意欲が湧くまでは様子をみる．また，不眠症状があれば睡眠薬，抑うつ状態が強ければ抗うつ薬の投与が必要になる場合もある．

　オーバートレーニング症候群の予防のためには，前述した疲労指標を用いてアスリートの体調を定期的に評価し，トレーニングの頻度，量，強度，実施時間といった要素が過度にならないようにトレーニング計画を調整し，休養を適宜追加することが重要である．また，急なトレーニング量の増加，炭水化物（糖質エネルギーとなる）摂取の不足，過密な競技会のスケジューリングなども極力避けることが重要である．

復習トレーニング

次の文章のカッコの部分に適切な言葉を入れなさい．

❶ 急性疲労は，内部環境における（　　　）の不足と（　　　）の蓄積が原因で生じる．

❷ 慢性疲労は，（　　）系，（　　）系，（　　　）系における機能障害が原因で生じる．

❸ より正確にアスリートの体調を把握するためには，（　　　）指標と（　　　）指標を併用することが重要である．

❹ POMSテストの6つの尺度は，精神状態が良好であると（　　　　）型を示す．

❺ 唾液分泌型免疫グロブリンA（SIgA）は疲労が蓄積すると（　　　）する．

❻ オーバートレーニング症候群は，過剰なトレーニングによって生じた（　　　）が（　　　）しない状態で，さらにトレーニングを積み重ねることで生じる．

13章 女性スポーツ医学

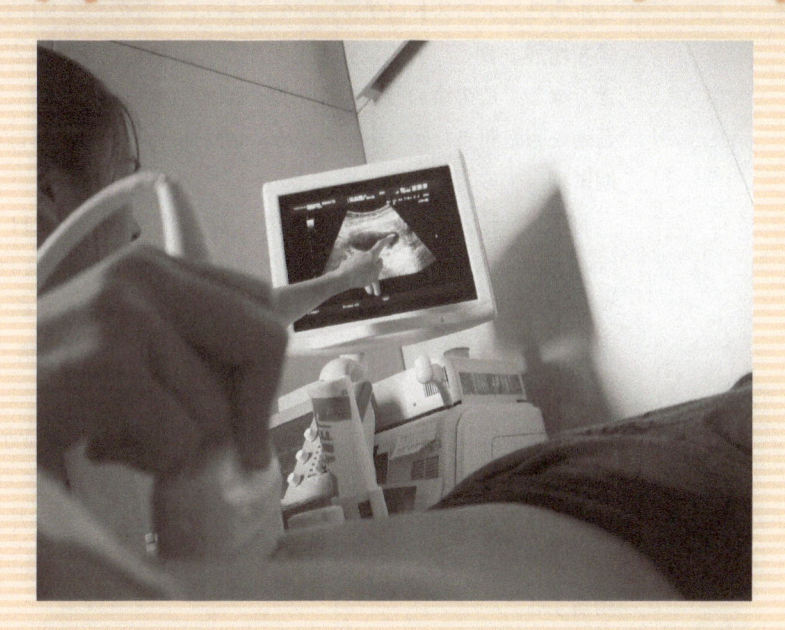

13章のPOINT

- ◆ 激しいスポーツ活動により，初経発来遅延や月経異常をきたすことがある．
- ◆ 無月経に続発する骨粗鬆症は難治性であり，予防に努める必要がある．
- ◆ 月経周期調節により，コンディションの良い時期に競技会を迎えることも可能である．
- ◆ 妊婦スポーツや中高年者のスポーツにはそれぞれ注意点が存在する．

1　スポーツ活動と月経

（1）月経とは

　性成熟期の女性は，妊娠中や授乳期を除き，通常 28〜30 日程度の周期で子宮出血を繰り返す．これが**月経**である．

　まず月経のメカニズムを知っておこう．卵巣に対して脳下垂体から適切に **FSH**（follicle-stimulating hormone，**卵胞刺激ホルモン**）が働くと，通常片側の卵巣内の 1 個の卵胞が発育し，それに伴って卵胞から女性ホルモン（**エストロゲン**）が分泌される．このエストロゲンが子宮内膜を増殖させる．卵胞は約 2 週間かけて成熟し，直径約 20 mm まで大きくなる．この頃の子宮内膜の厚さは約 10 mm となる．ここまでの 2 週間を**卵胞期**または（子宮内膜の）**増殖期**といい，基礎体温でいう低温期に相当する．

　卵胞が十分発育すると，次に排卵が起こる．**LH**（luteinizing hormone，**黄体化ホルモン**）が下垂体から急激に分泌され，その作用をうけて卵子が卵胞，そして卵巣から飛び出すのが**排卵**である．卵子が卵管に拾われたところに，もしもタイミング良くそこに精子が到達していれば**受精**が起こり，**妊娠**が成立する．

　卵胞を形成していた細胞群は卵巣中で**黄体**という組織を形成し，黄体から分泌される黄体ホルモンの作用により子宮内膜は厚くなり維持される．受精卵が子宮へ到着するのを待ち，妊娠成立に備えた状況である．この時期が**黄体期**，（子宮内膜の）**分泌期**である．基礎体温の高温期に相当する．

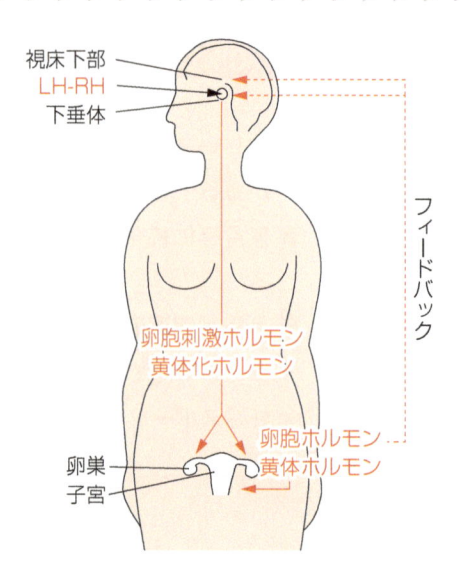

図 13.2　月経の調節機構
LH-RH：黄体形成ホルモン放出ホルモン．

1 スポーツ活動と月経

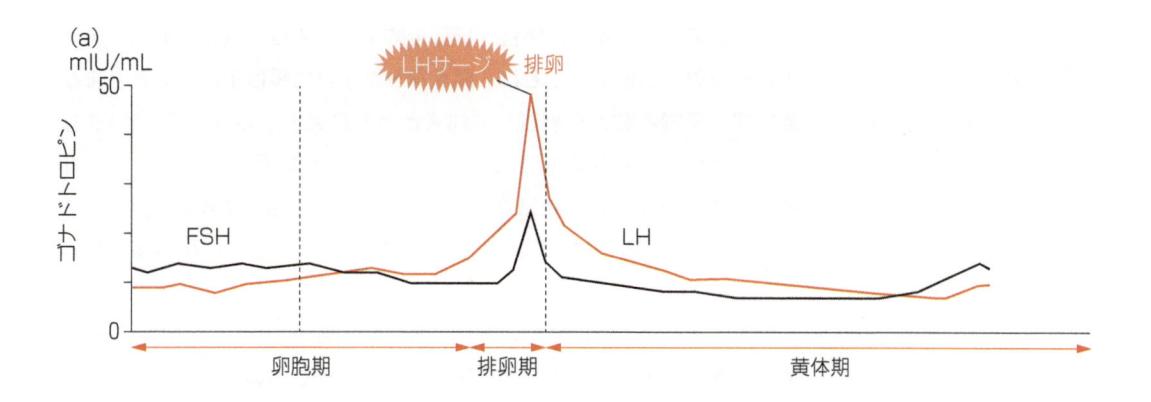

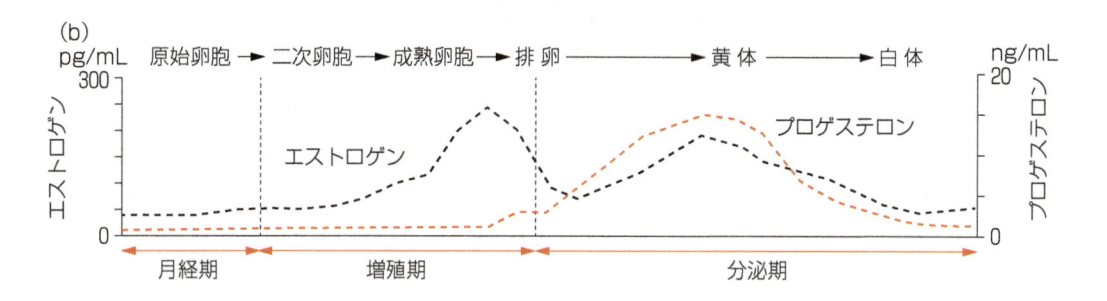

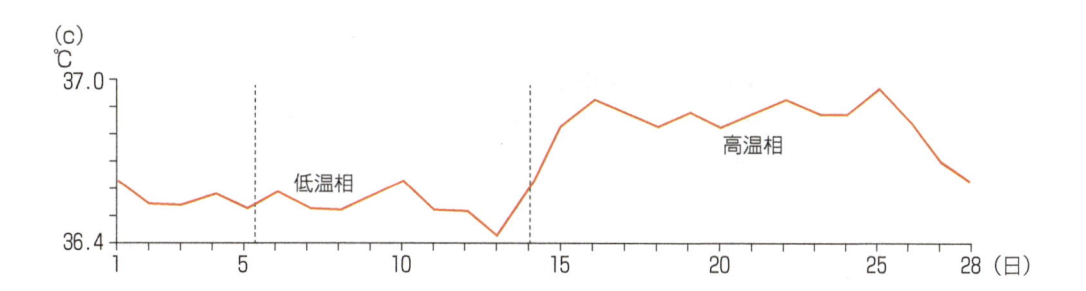

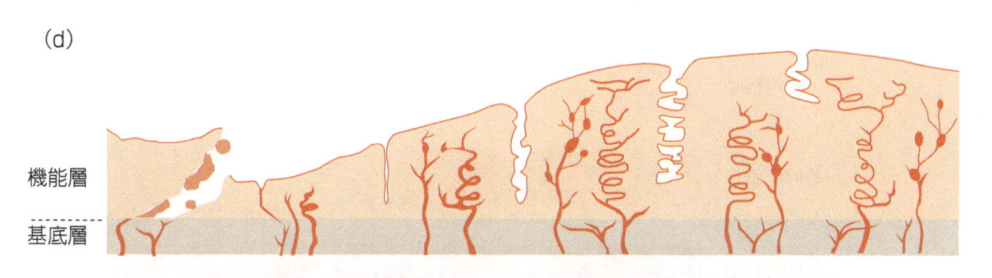

図 13.1 月経周期とホルモン，卵巣，基礎体温，子宮内膜の変動
(a) 脳下垂体から分泌される，FSH と LH の血中濃度の変動．(b) 卵巣の変動と女性ホルモン（エストロゲン，プロゲステロン）の血中濃度の変動．(c) 基礎体温の変動．(d) 子宮内膜の変化のようす．

妊娠が成立しなかった場合，排卵後約12〜14日で黄体の退縮，黄体ホルモンの分泌低下とともに，厚くなった子宮内膜は子宮内にとどまりきれず，子宮内腔から剝脱して血液とともに流出する（図13.1）．すなわち，排卵があれば必ずそのあとには妊娠または月経があることになる．月経が規則正しく発来するためには，視床下部–下垂体–卵巣系における精妙で周期的なホルモン調節がなされていることが必要である（図13.2）．

なお，月経は一般に生理と呼ばれることがある．しかしこの呼び方は俗語であり，医学・生理学の用語としては月経を用いるようにしたい．

（2）月経周期と月経随伴症状

「月経→卵胞期→排卵→黄体期→月経」という一連のサイクルは，約1か月ごとに繰り返される．その結果，**月経周期**に伴い，体に周期的な変化がもたらされる．具体的には，体重，浮腫の程度，乳房の緊満感，倦怠感，気分，便通，腹痛・腰痛の程度などが月経周期に応じて変化する．したがって女性アスリートでは体調，パフォーマンスレベル，メンタルの変動を月経周期と切り離して考えることはできない．

（3）月経周期とパフォーマンス

それでは月経周期のどの時期に運動能力が高まったり，ベストのパフォーマンスを発揮しやすくなったりするのだろうか．

① 主観的コンディション

月経周期の時期による主観的なコンディションの差異を683名の女性アスリートに尋ねると（図13.3），コンディションの良い時期として

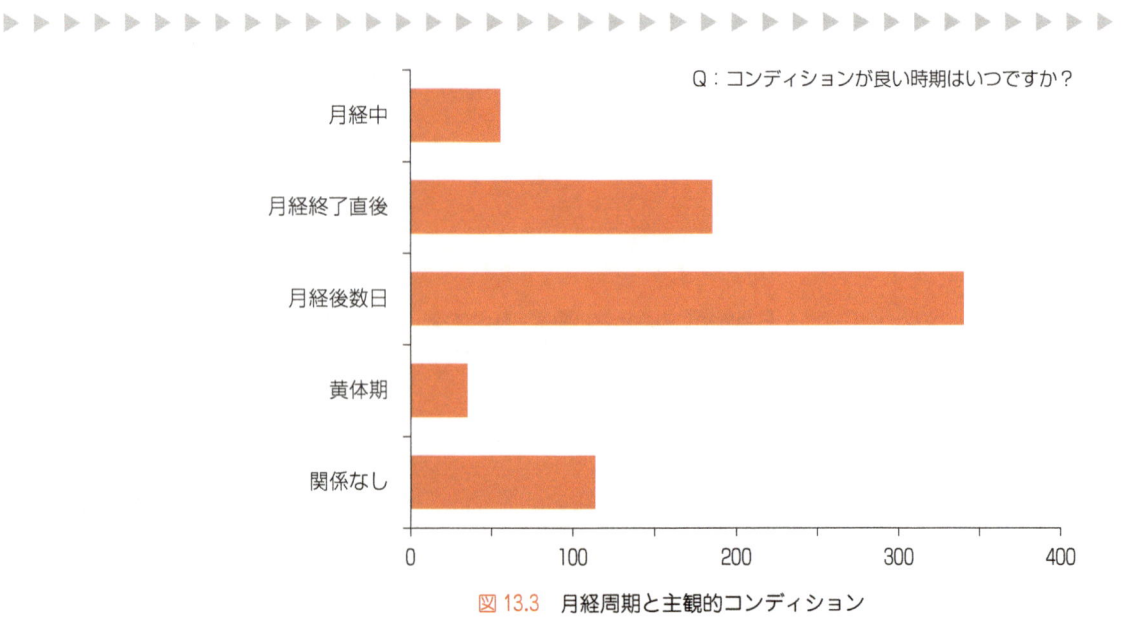

図13.3 月経周期と主観的コンディション

「月経後数日（卵胞期）」と答えた者が最も多く，「月経前の 1 週間（黄体期）」というのが最も少ない回答であった．もちろん個人差はある．

② **コンディションの差異の原因**

黄体期にコンディションが悪くなる原因は，女性ホルモン変動の影響である程度説明できる．黄体期に分泌される黄体ホルモンには体温上昇作用，中枢性麻酔作用，水分貯留作用があり，これがアスリートの自覚的なコンディション不良やメンタルの落ち込み，意欲の減退につながると考えられる．これらの症状はアスリート以外でも**月経前症候群**（premenstrual syndrome，**PMS**）として知られる．

③ **月経周期調節**

重要な競技会がコンディションの悪い時期に重なるのを避けるために，月経時期の調節を考慮してもよい．その場合，単に月経が競技会に当たるのを避けるだけではなく，積極的に月経時期に介入してベストな時期で競技会を迎えたいという要求にも応えなければならない．

この目的で用いられる薬剤が **OC**（oral contraceptives，**経口避妊薬**）である．OC はエストロゲンとプロゲストーゲンの合剤であり，1 日 1 錠ずつ継続的に内服することで性中枢の働きを抑制し，排卵を停止させる．OC 内服期間中は高温期と同等のホルモン状態となり月経は起こらず，内服終了後数日して消退出血が始まることを利用して月経時期調節を行う（図 13.4）．

OC 内服中に，悪心・浮腫・体重増加などを自覚するアスリートも存在するため，内服期間中に競技会に参加するよりも，競技会前に内服を終了して消退出血をすませておくほうが無難である．余裕をもって内服スケジュールを組むには，2 か月程度前から専門医と相談しておくのが

消退出血
OC 服用後に子宮の内膜が剥がれ落ちるための出血．

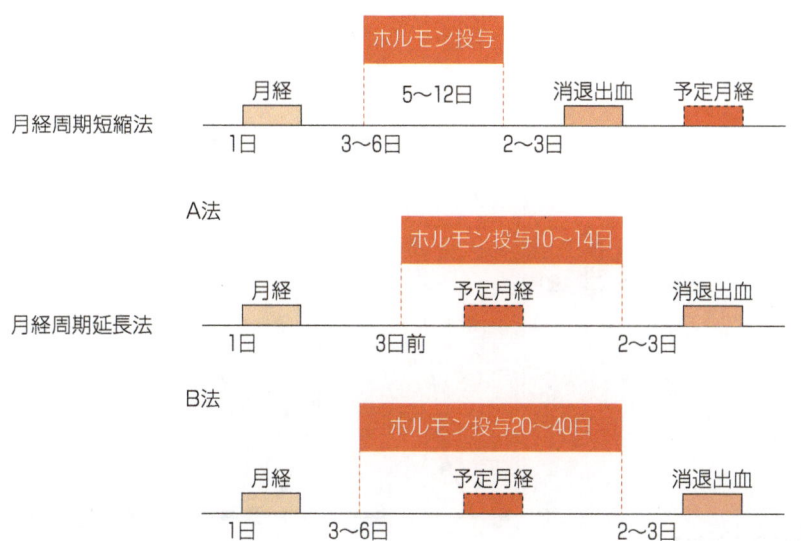

図 13.4 月経の移動法

（4）スポーツによる月経異常

一部の女子アスリートでは，少女期から開始される専門的トレーニングや厳しいウエイト・コントロールの影響により，初経の発来が遅延する傾向にある（図13.5）．また，性成熟年齢に達したアスリートにおいても続発性無月経，希発月経，無排卵周期症などの月経異常が多い．アスリートに認められる初経発来遅延傾向や月経異常の発現機転（いつ，どんなきっかけで現れ始めたか，など）として，いくつかの要因があげられる．

① 精神的・身体的ストレス

一般女性においても，転居，進学などの環境変化や強い精神的ストレスをもたらす出来事により**続発性無月経**をきたすことがある．女性アスリートの場合でも競技会や選手選考の重圧，チーム内人間関係などが精神的ストレスとなることは容易に想像される．

また，日常のトレーニングにおける身体的消耗度の激しい者ほど月経異常の頻度は高い．長距離走選手では1週間当たりの走行距離や練習時間が長いほど，月経異常を発症する割合が高くなる．

こうしたストレスにより，アスリートの中枢，とくに視床下部が影響をうけ，視床下部から分泌される**ゴナドトロピン放出ホルモン**（GnRH）のパルス状分泌が減少する．その結果，安静時のゴナドトロピン分泌が減少し排卵が停止する．すなわち運動性無月経は視床下部性機能障害によると考えられている．

> **パルス状分泌**
> 一定の間隔で規則正しく分泌されること．

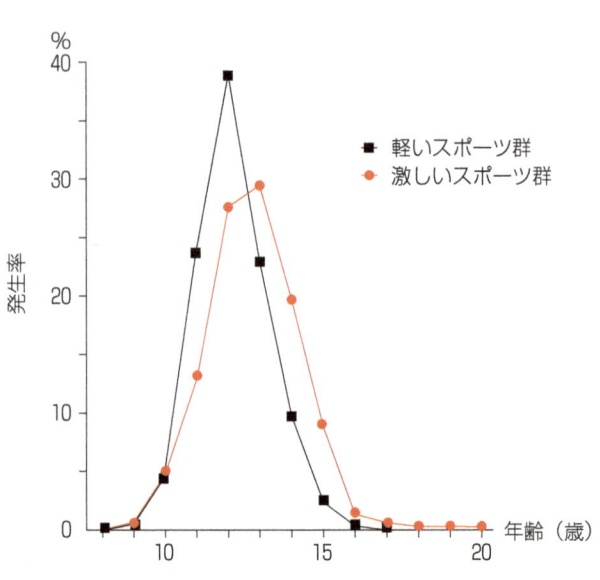

図13.5　初経発来年齢の分布

② 低体重（低体脂肪）

競技種目によっては，コンディション調節や体型維持のために体重減少，低体重維持を図る選手が多い．**低体重**とは通常，低体脂肪を意味する．一流女子アスリートの体脂肪率から月経異常の頻度をみると（図13.6），体脂肪が少ないほど月経異常が高率で，体脂肪率が15％を下回ると半数が，10％を下回るとほぼすべてが月経異常をきたしている．

女性の体脂肪には，体温の放散防止，エネルギー代謝，性ステロイドホルモンの合成という役割がある．極端な体脂肪の減少は性ホルモン合成を障害し，月経異常の原因となりうる．

③ 栄養摂取の問題

運動性無月経の要因として，近年 energy availability（食事摂取エネルギーから運動消費カロリーを差し引いた「**余裕度**」）の概念が注目されている．energy availability が低いほど，月経異常の発生率が高まる．この「余裕度」を増やすことで月経異常を予防できる可能性がある．

（5）無月経に続発する問題点

スポーツ活動に起因する無月経であっても，無治療のまま長期間放置することには多くの問題点がある．

① 難治性

運動性無月経を半年以上無治療のまま放置すると，多くの場合血中エストラジオールやLHが極度に低下し，重症化する．治療としては，まずトレーニング量の減少や栄養摂取量の増加を図りつつ，低体重や low energy availability から回復させることを根本に考えるべきだが，排卵の再開までは時間がかかるうえ，競技特性上うけ入れられにくいことも

エストラジオール
エストロゲンの一種．

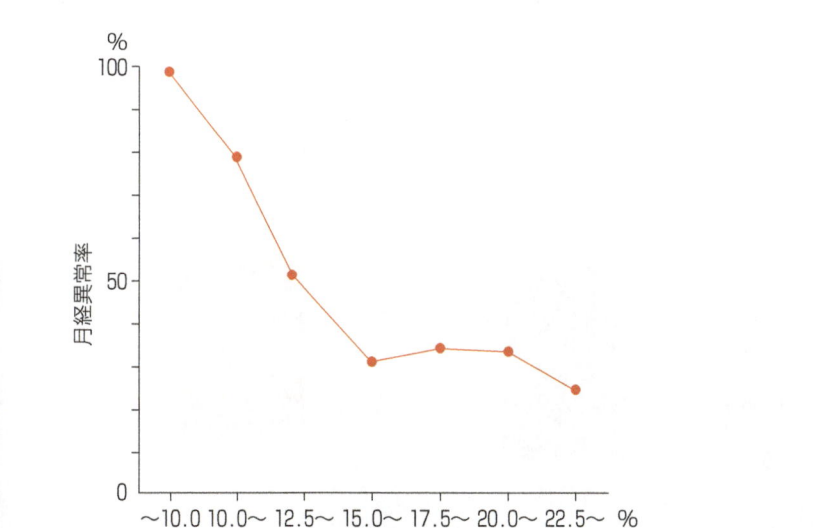

図13.6 体脂肪率と月経異常率

ある．したがって，まず低エストロゲン状態の改善のための**ホルモン補充療法**（hormone replacement therapy, HRT）が行われる．この場合，治療に年単位の時間を要することが多い．

② 低骨密度

疲労骨折を起こしたアスリートでは，続発性無月経などの月経異常が多いことが知られている．長距離走選手について月経の有無により**骨密度**を検討すると（図 13.7），無月経群は対象群より明らかに骨密度が低い．また，血中エストラジオール値と骨密度は，明らかな正の相関関係を示すこともわかっている．

すなわち若年期に長期間の無月経により低エストロゲン状態が持続すると，正常な骨密度の獲得がなされず，骨強度が脆弱なままとなる．その状態で運動負荷が繰り返されると，当然ながら**疲労骨折**を起こしやすくなる．

③ 妊孕性

1964 年（昭和 39）の東京オリンピック日本代表選手の引退後の性機能，妊孕性（妊娠のしやすさ）に関する調査によると，結婚後の不妊症率，妊娠や流産の回数は一般女性と同じである．また，引退後の実業団女子長距離選手を調査すると，ほとんどが半年以内で月経が再開しており，排卵障害が持続した例は少ない（図 13.8）．したがって無月経のアスリートであっても，将来の妊孕性はおおむね問題ないと考えられている．

しかし一部の競技では，競技開始年齢の若年化に伴い 18 歳まで一度も月経が発来しない原発性無月経の選手が存在する．こうしたアスリートの将来の妊孕性については，決して楽観視すべきでないであろう．

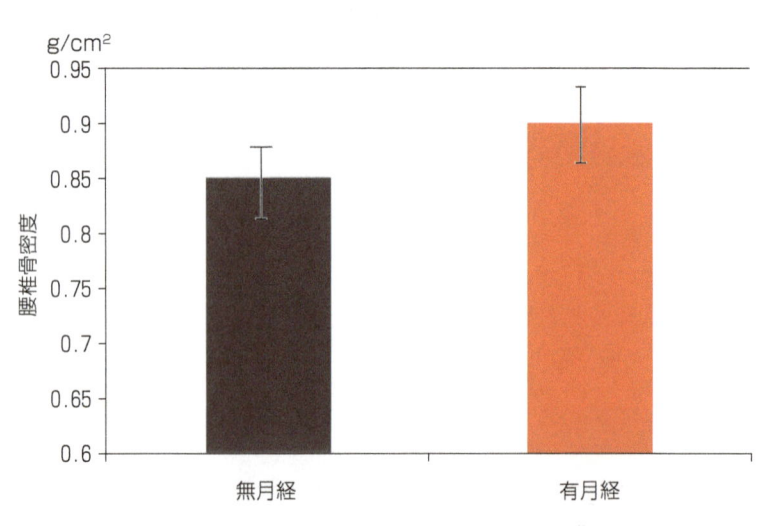

図 13.7 長距離ランナーにおける月経の有無と腰椎骨密度

④ 女性アスリートの三徴

　摂食障害，無月経，骨粗鬆症の3つは合併しやすいことから**女性アスリートの三徴候**（female athlete triad）と呼ばれ，その対策の困難さから国際的にも注目されている．摂食障害→無月経→骨粗鬆症の順に病態が進んでくると考えられており，骨粗鬆症にまで陥ると有効な治療手段がないのが現状である．

　続発性無月経・低エストロゲン状態が明らかとなった段階で早期に栄養摂取，トレーニング量の観点からの対策を講じるべきである．

2　妊娠とスポーツ

（1）妊婦スポーツ

　かつては妊婦がわざわざスポーツを行うなど考えられないことであったが，近年は妊娠中も適度な運動を行おうとする妊婦が増加している．それに応じて産科施設や各スポーツクラブも，妊婦対象のエアロビクスや水泳などを指導するプログラムを用意するようになっている．

　妊婦がスポーツを行う目的は，ⅰ）運動不足解消，体力維持，ⅱ）体重増加予防，ⅲ）気分転換，ⅳ）分娩に必要な筋力の強化，などであろう．ただしスポーツ活動により母児いずれかに何らかの異常をきたしては本末転倒であり，安全管理が重要である．

　日本産科婦人科学会が定めた**妊婦スポーツの安全管理基準**〔2003年（平成15）〕を表13.1に示す．

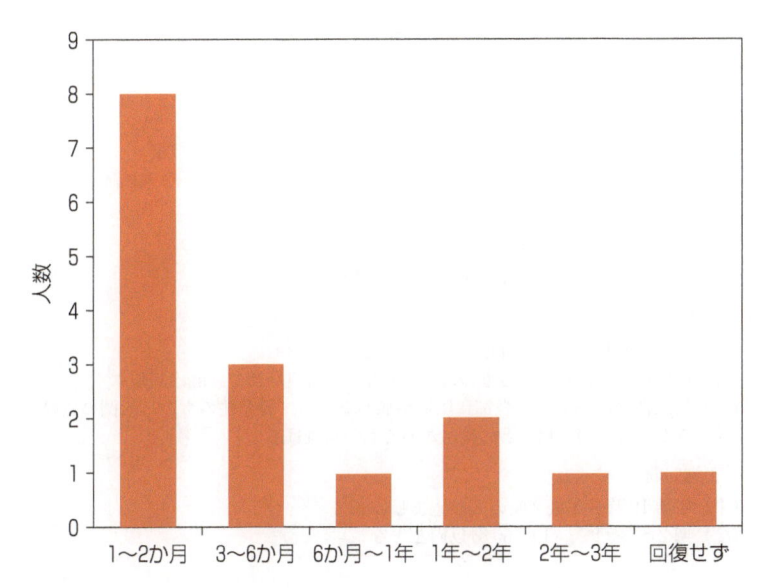

図13.8　引退時に無月経だった長距離ランナーが月経再開までに要する期間

（2）妊婦スポーツを行うための条件

① 母児の条件

　子宮収縮誘発による流早産と，子宮血流量減少による胎児低酸素状態が問題となる．したがって，流早産を起こしやすい体質と考えられる妊婦はスポーツを行うべきでなく，妊娠経過に異常のないことが必要である．

　多胎妊娠においては，子宮内容積の増大のために子宮収縮が誘発されやすく，早産ハイリスクであることから，妊婦スポーツは禁忌である．

　妊娠前から継続しているスポーツの場合には，自覚的運動強度のスコアで「ややきつい」以下の運動（表13.2）であれば，流産や先天異常の頻度には影響のないことが知られている．

　自然流産の発生時期は，その多くが妊娠12週未満であることから，妊娠してからスポーツを始める場合には，原則として妊娠12週以降となっている．

② 環境

　体温の著しい上昇は，妊娠初期であれば胎児奇形の原因になりうる．また妊娠後半期に胎児の体温が上昇すると，胎児脳に対する防御機構が低下する恐れがある．したがって，暑熱環境下でのスポーツ実施は避けるのが無難である．

　また，妊娠中は重心が前方や上方へ移動し体重も増加するため，バランスを崩しやすい．腹部が大きくなることで足元を確認しにくくなるため，平坦でない場所では転倒する危険性がさらに高くなる．

③ スポーツ種目

　妊娠してから始めるスポーツとしてよく行われているのは，水泳，エ

表 13.1　妊婦スポーツの安全管理基準（抜粋）

1．母児の条件
　（1）現在の妊娠が正常で，かつ既往に早産や反復する流産がないこと
　（2）単胎妊娠で胎児の発育に異常が認められないこと
　（3）妊娠成立後にスポーツを開始する場合は，原則として妊娠12週以降

2．環境
　（1）真夏の炎天下に戸外で行うものは避ける
　（2）陸上スポーツは平坦な場所で行うのが望ましい

3．スポーツ種目
　（1）有酸素運動，かつ全身運動で楽しく長続きするもの
　（2）妊娠前から行っているものは中止しなくても良いが，強度は制限する
　（3）競技性の高いもの，腹部に圧迫が加わるもの，瞬発性のもの，転倒の危険性があるもの，相手との接触があるものは避ける

4．実施時間
　（1）午前10時〜午後2時の間が望ましい
　（2）週2〜3回で，1回60分以内とする

アロビクス，ウォーキング，ヨガなどである．妊婦に適したスポーツは母児にとって安全な有酸素運動で，全身運動で楽しく長続きするものである．

妊娠前から行っているスポーツについては，基本的には中止する必要はない．ただし，妊娠前より運動強度を下げる必要がある．たとえば水泳では，タイムを争うようなレースには出場すべきでない．

④ 運動強度

母体がスポーツを行うと，筋肉血流量の増加に伴い，子宮血流量が低下し，胎児低酸素症が発症する恐れがある．許容できる運動強度は，母体心拍数で140〜150 bpm以下とするものが多い．20歳代でのこの心拍数に相当する自覚的運動強度は「ややきつい」となる（表13.2参照）．

動物実験によると，運動時間が長くなるとそれに伴い子宮血流量がしだいに低下していくことが明らかになっている．これを考慮して，長時間の連続運動における許容運動強度は，母体心拍数135 bpm程度に相当する自覚的運動強度である「やや楽である」以下となっている．

⑤ 実施時間

子宮収縮の日内変動の検討から，子宮収縮出現頻度の少ない午前10時から午後2時頃が妊婦スポーツに適した時間帯と考えられる．

また長時間に及ぶ運動は母児にストレスをもたらすため，運動習慣の少ない妊婦は週2，3回で，1回の運動時間は60分以内を目安とすることが望ましい．

⑥ 妊娠高血圧症・妊娠糖尿病と運動

妊娠高血圧症に対する運動療法の予防効果は認められており，肥満・高血圧家族歴をもつ妊婦には積極的に勧められる．妊娠高血圧症を発症

表13.2 ボルグの自覚的運動強度（RPE）

指数	表現	%最大酸素摂取量	運動強度
20 19	非常にきつい	100	約95%
18 17	かなりきつい	90	約85%
16 15	きつい	80	約70%
14 13	ややきつい	70	約55%
12 11	楽である	60	約40%
10 9	かなり楽である	50	約20%
8 7	非常に楽である	40	約5%

指数×10≒心拍数

小野寺孝一，宮下充正，体育学研究，21（4），191（1976）．

している場合，運動直後の血圧が重症域に達していなければ主治医と相談のうえ注意して行ってもよいが，子宮内胎児の発育遅延や羊水過少のような胎盤機能不全を示唆する所見があれば行ってはならない．重症妊娠高血圧症を発症した場合は安静療法が必要となり，運動療法は禁忌である．

運動は妊娠糖尿病の予防・治療にも用いられる．毎食後30分以上の軽度な運動が望まれ，短時間でも血糖降下作用がある．ただし妊娠糖尿病の治療にインスリンを使用している場合は，運動により低血糖を生じる可能性があり注意を要する．

従来は合併症があれば運動は禁忌であったが，このように妊娠中といえども疾病の種類によっては非妊時と同様に，予防・治療に運動を応用することが可能となっている．

（3）妊婦スポーツの効果

スポーツを行う妊婦では，以下のような効果が期待されている．

① 安産傾向

分娩時間の短縮，帝王切開率の減少などが注目されているが，スポーツ実施妊婦と非実施妊婦とで，あまり違いはみられない．実際，分娩の難易に大きく影響を与えるのは，体型，児の大きさ，陣痛の強さなどである．ただし，陣痛を乗り切る体力的自信をもてる効果はあるだろう．

② 精神的健康

妊婦が自ら身体的活動を自粛するあまり，ひとりで閉じこもっていると，気が滅入ったり，考え込むことが多くなったり，人付き合いが減ったりしてストレスが増加する．スポーツはこうしたストレスの発散に役

〜すこやかな妊娠と出産のために〜
"妊婦健診"を受けましょう（リーフレット，厚生労働省）
http://www.mhlw.go.jp/bunya/kodomo/boshi-hoken13/

立つ．妊婦スポーツ教室などに参加していた妊婦たちは出産後も連絡を取りあうことが多く，産褥期のマタニティーブルーの防止にも役立っているようである．

③ 不定愁訴の軽減

妊娠中には多くの妊婦で腰痛，便秘，冷え，痔，肩こり，息切れ，不眠などの不定愁訴が現れる．これらは妊娠週数が経過するとともに増加する傾向にあるが，スポーツを継続している妊婦ではこれらの不定愁訴の頻度が少ない傾向にある．

（4）メディカルチェック

① 医療機関でのチェック

一般に妊婦健診は妊娠24週未満では4週間ごと，24～36週は2週間ごと，それ以降は毎週行われる．正常な妊娠経過で妊婦スポーツ実施可能と判定されても，いつ異常が出現するか予測できない．とくに性器出血，子宮収縮などの切迫流早産の兆候に注意を払う必要があり，スポーツを行っている妊婦では，できれば毎回内診により頸管長や腟分泌物の状態をチェックすべきである．また子宮内胎児発育遅延を早期発見するために，超音波検査による児発育評価もこまめに行わねばならない．

② スポーツ施設でのチェック

集団でエアロビクスや水泳を行う場合，各施設における実施前，実施中，実施直後のメディカルチェックが重要となる．母子健康手帳を必ず持参させ記載事項を確認することは毎回必要である．スポーツ施設では血圧，脈拍数測定，胎児心音確認，外診による胎位や子宮収縮の確認が行えるにすぎない．なんらかの異常が認められた場合には，スポーツは

胎位
子宮腔内で胎児がとる位置関係．頭部が下を向いている状態（頭位）が正常である．

中高年女性のスポーツではモチベーションの維持が重要

禁止として，かかりつけ医にただちに連絡する必要がある．

3　中高年女性の生涯スポーツ

(1) 中高年女性のスポーツ活動の意義

　更年期以降はさまざまな身体機能が低下し，体力，すなわちストレスに対する体の予備力が減退する．したがって定期的に運動やスポーツを実施することにより，直接的には体力を維持・向上させ，間接的には血糖や血中脂質を適正に保ち，さまざまな更年期に伴う不定愁訴の改善に役立つ．また閉経以降進行する骨密度の低下を少しでも予防し，転倒による骨折のリスクを下げることにも役立つと考えられる．

　さらに，運動を通した新たな人間関係形成などの社会的効果も期待することができ，ライフスタイルの改善に有用である．したがって中高年女性のスポーツといえば，勝負や記録にこだわった競技スポーツではなく，健康の維持増進を目的とした健康スポーツをさす．

　中高年女性にスポーツプログラムを勧める際に重要なのは，モチベーションの維持である．50歳代以降の女性では健康の維持増進のための運動への関心は高い傾向があり，日常生活でつとめて体を動かすようにしている者が多い．ここから一歩踏み出してスポーツ活動を開始するには，仲間からの誘い，身近なスポーツサークルの存在，特定のスポーツへの興味など，もうひと押しが必要であろう．いざスポーツ活動を開始したあとでも，嗜好にあわせて種目を再考したり，到達目標を設定したり，運動仲間との交流に楽しみをみいだしたりといった，運動習慣を長

く続けていくためのモチベーションが必要となってくる．

　高齢期になって始めた週1回，約2時間程度の運動の体力面への効果は，短期（8週間）より中長期（6か月から3年）継続すると，明らかに下肢筋力，敏捷性などに有意な向上が認められた．種目によってはバランス調整能（平衡性）も著しく向上し，高齢者の転倒防止プログラムとして興味深い．そのほか対象者にはうつ傾向がほとんどないことも認められており，スポーツは中高年者の情緒面にも好影響を及ぼしていると考えられる．

（2）スポーツの種類，中高年者に適したスポーツ

　スポーツを実施する上での体力にはⅰ）筋力，ⅱ）全身持久力，ⅲ）柔軟性の3つの要素が含まれる．いずれを重点的に鍛えるかにより，それぞれに適したスポーツ種目がある．

- ⅰ）筋力の向上に役立つ運動として，ウエイトトレーニングやダンベル体操などが含まれる．
- ⅱ）全身持久力の向上に寄与する運動は，強度が低く持続的な有酸素運動であり，ウォーキング，ジョギング，ハイキング，山歩き，水泳などが代表である．
- ⅲ）柔軟性の向上には，身体のバランス感覚習得やリラックスなどのためにプログラムされた運動が適している．ストレッチング，ヨガ，太極拳，気功，各種健康体操が含まれる．

　生活習慣病予防や肥満防止などから，中高年者には，脂質代謝や末梢循環を改善して呼吸循環機能を高める**有酸素運動**が望ましいと考えられ

表13.3　運動時の目標心拍数

年齢から運動時の目標心拍数を算出する計算式
目標心拍数 ＝ ｛（220 － 年齢）－安静時心拍数｝× 運動強度＋安静時心拍数

（例）
　　年　　齢：50歳　　・・・①
　　安静時心拍数：60拍／分・・・②
　　運 動 強 度：0.4　　・・・③（40％の場合：0.4）
　　運動強度約40％の場合（ボルクの自覚的運動強度11：楽であるに相当）
　　　　①　　　②　　　③　②
　　［｛220 － 50（歳）－ 60（拍）｝］× 0.4 ＋ 60（拍）＝ 104（拍）
　　運動強度約60％の場合（ボルクの自覚的運動強度13：ややきついに相当）
　　［｛220 － 50（歳）－ 60（拍）｝］× 0.6 ＋ 60（拍）＝ 126（拍）

てきた．一方，骨量を増加させるためには負荷の強い**無酸素運動**が有効であり，近年は転倒予防なども考慮して，筋力・瞬発力・柔軟性を高める運動も重視されるようになっている．ただし呼吸・循環系に負担がかからず，衝突，転倒などの危険が少ない種目が望ましい．

　とくに高齢者の場合には，基礎体力の低下や合併症，骨密度の低下，神経伝達速度の遅延を考慮し，軽い運動から始め，徐々に無理のないことを確かめながら負荷を増していくのが安全である．ただし運動量を増すほど効果が期待できるというわけではない．ウォーキングであれば1日5000歩である程度の骨量維持は可能である．むしろ骨折予防の観点からいえば，関節可動域を広げ柔軟性を保持するようなストレッチングや筋力トレーニングもあわせて行うことが望ましい．

（3）スポーツを行う場合の注意点

　運動強度の目安としては，**ボルグの自覚的運動強度**（表13.2参照）を用いると便利である．この表では，自覚強度を表す数字（rate of perceived exertion）を10倍するとだいたい20歳代の推定心拍数になるよう設定されている．したがって，中高年女性において心拍数と運動強度を対応させるには，工夫する必要がある（表13.3）．

　運動の持続時間と頻度は，1回30分程度で週3回以上が望ましい．

　安全面では，必ず運動前に体調のセルフチェックを行い，無理をしないことが必要である．そのほかでは，満腹時と空腹時を避ける，適切な服装とシューズを選ぶ，オーバーペースにならない，水分摂取を励行する，などの配慮が必要となる．

中高年女性に適したスポーツ
ヨガ，ストレッチング，フラダンス，プールでのウォーキングなど．

（4）中高年女性スポーツの実際

　ある大手スポーツクラブによれば，やはり中高年女性を重要な顧客として想定しており，若年者とは異なる配慮がなされているとのことであった．まず運動種目としては以下のような種目が勧められている．
- ヨガ，ストレッチング
- フラダンス
- プールでの，ウォーキング，アクアジョギング，アクアビクス，アクアファイター（格闘技系の動作）

　静的な運動から，ある程度循環系に負荷のかかる水中での有酸素運動まで用意されていて，本人の興味や好みに応じて種目を選択していく．

　まずエアロバイクを用いて最大心拍数などを測定する体力測定を行い，結果をふまえて運動強度を個別に決めていく．その際，とくに中高年者では「これくらいはできる」というところから，さらに数割強度を落として始めるように配慮するとのことであった．また，年齢を問わずニーズの高い，肥満女性のための減量プログラムも用意されている．

　スポーツを行う場所はスポーツクラブだけではない．場所や時間の制約が少なく，運動強度や持続時間も自ら調節できる，手軽なスポーツの一つがランニングである．日常的な健康ジョギングには飽きたらず，レースに出場しようと志すのはランナーの性(さが)であり，実際多くの中高年女性がロードレースやフルマラソンに出場するようになってきている．

　インストラクターの運動処方と指示のもと，手加減した強度の軽運動ばかり行うのが中高年女性のスポーツではない．自分の体の変化に敏感でありつつ，多少の無理は承知で，年齢の常識を覆すようなスポーツ活

動にチャレンジするのも，スポーツの醍醐味だと思われる．「教えられる運動」から自発的，自立的なスポーツ活動へと移行していくのが理想的であろう．

復習トレーニング

次の文章のカッコの部分に適切な言葉を入れなさい．

① 月経は（　　）の12〜14日後に発来する．
② 運動性無月経の要因として近年注目されているのは（　　）である．
③ 妊婦スポーツにおいて問題となるのは，（　　）と胎児低酸素状態である．
④ 中高年女性の（　　）予防や転倒防止に，スポーツが役立つ可能性がある．

14章 スポーツ精神医学

14章の POINT

◆ 精神医学は内科学の一部で，疾病を治療する医学である．
◆ この章で解説する疾患の多くは治療により治癒するものであって，他の内科疾患と同様に考えれば良い．
◆ アスリートや競技関係者の多くは，精神科的な治療を避ける傾向があるが，これは偏見にすぎないこと，そして精神疾患が治療可能な疾患であることを十分理解してほしい．

14章 スポーツ精神医学

本書は，体育・スポーツ・健康科学系の学生を対象にしたものなので，精神医学の知識を学ぶ機会はきわめて少ないだろう．最初に述べたいのは，精神医学は臨床医学のなかでは内科系の分野に属し，他の内科分野と同様に疾患を治療する医学の一分野であるということである．したがって，疾患を治療する精神医学には，健常な心理状態において競技に参加する際に，より高い競技力を発揮できる心理状態をつくるメンタルトレーニングは含まれない．さらに，ここで解説する疾患は，多くは治療により治癒するものであって，他の内科疾患と同様に考えれば良い．

このような考え方は，スポーツに関係する人たちに必ずしも理解されているとはいえない．アスリートや競技関係者の多くは，「優れたアスリートは，強いメンタルをもっている．精神科的な疾患に罹患するということは，メンタルが弱いということになってしまう．したがって，それを認めることができない」ということから，精神科的な治療を避ける傾向がある．一般の精神科に対する偏見は，過去には非常に強くあったが，最近は駅前にメンタルクリニックができ多くの患者さんが訪れる状況がある．それにもかかわらず，スポーツ界においては，未だに非常に強い偏見がある．若い学生諸君には，このことをまずよく認識し，精神疾患が治療可能な疾患であることを十分理解してほしい．

1 うつ病

うつ病は，多く認められる精神的障害のひとつで，日本の一般人口における有病率は2％前後であるといわれている．また，比較的女性に多い疾患であることが知られている．当然アスリートにもうつ病は認めら

表14.1　うつ病の診断基準

A) 以下の症状のうち5つ（またはそれ以上）が同じ2週間の間に存在し，病前の機能からの変化を起こしている．これらの症状のうち少なくとも1つは，（1）抑うつ気分または（2）興味または喜びの喪失である．
　注：明らかに，一般身体疾患，または気分に一致しない妄想または幻覚による症状は含まない．
（1）その人自身の言明（例：悲しみまたは，空虚感を感じる）か，他者の観察（例：涙を流しているようにみえる）によって示される，ほとんど1日中，ほとんど毎日の抑うつ気分．
　注：小児や青年ではいらだたしい気分もありうる．
（2）ほとんど1日中，ほとんど毎日の，すべて，またはほとんどすべての活動における興味，喜びの著しい減退（その人の言明，または他者の観察によって示される）．
（3）食事療法をしていないのに，著しい体重減少，あるいは体重増加（例：1か月で体重の5％以上の変化），またはほとんど毎日の，食欲の減退または増加．
　注：小児の場合，期待される体重増加がみられないことも考慮せよ．
（4）ほとんど毎日の不眠または睡眠過多．
（5）ほとんど毎日の精神運動性の焦燥または制止（他者によって観察可能で，ただ単に落ち着きがないとか，のろくなったという主観的感覚ではないもの）．
（6）ほとんど毎日の易疲労性，または気力の減退．

れる．しかしながらアスリートの場合，強いメンタルがトップアスリートの条件という認識が強く，うつ病の兆候があるにも関わらず受診しないケースも多い．

　現在，多くのうつ病治療薬が開発されており，治療ベースに乗れば，比較的速やかな回復が期待できる．このため，スポーツ関係者にも，うつ病の知識は必須である．

（1）うつ病の診断

　アメリカ精神医学会のうつ病の診断基準を表 14.1 に示す．症候の評価には経験が必要なので，最終的な診断は専門医によってなされることが必要である．

（2）うつ病の原因

　うつ病の原因は現在明らかではない．多くのケースでは，長期にわたってストレスが継続した場合に発症することが認められる．しかし，ストレスが明らかでなく発症することもある．

　生物学的には，脳内神経伝達物質のセロトニンやノルアドレナリンの働きが不十分であることが考えられている．また，ストレスによって長期にストレスホルモン（糖質コルチコイド）が高値をとることも，うつ病発症の原因の一つであろうと考えられている．

（3）アスリートとうつ病

　アスリートのうつ病発症の割合について，アメリカの大学生アスリートの 21％にうつ病の兆候の経験があったという報告があり，決して一

表 14.1 続き

（7）ほとんど毎日の無価値観，または過剰であるか不適切な罪責感（妄想的であることもある．単に自分をとがめたり，病気になったことに対する罪の意識ではない）．
（8）思考力や集中力の減退，または決断困難がほとんど毎日認められる（その人自身の言明による，または，他者によって観察される）．
（9）死についての反復思考（死の恐怖だけではない），特別な計画はないが反復的な自殺念慮，自殺企図，または自殺するためのはっきりとした計画．
B）症状は混合性エピソードの基準を満たさない．
C）症状は，臨床的に著しい苦痛，または，社会的，職業的，または他の重要な領域における機能の障害を引き起こしている．
D）症状は，物質（例：乱用薬物，投薬）の直接的な生理学的作用，または一般身体疾患（例：甲状腺機能低下症）によるものではない．
E）症状は死別反応ではうまく説明されない．すなわち，愛する者を失った後，症状が 2 か月を超えて続くか，または，著明な機能不全，無価値観への病的なとらわれ，自殺念慮，精神病性の症状，精神運動抑止があることで特徴づけられる．

American Psychiatric Association，高橋三郎，大野裕，染矢俊幸訳，『DSM-IV-TR　精神疾患の分類と診断の手引』，医学書院（2002）．

般人口に比べて少なくないと思われる．しかしながら，先にも述べたようにアスリートはうつ症状を訴えない傾向が強く，トレーナーやチームドクターが必ずこれに気づいて治療につなげることが大切である．

また，アスリートのなかには，自分に対して厳しい，完璧主義，決してまわりに迷惑をかけたくない，という傾向が強い人も多い．このような性格傾向はうつ病になりやすい**メランコリー親和型性格**と共通するものであり，そういった性格傾向のアスリートであれば，ときどき声かけなどをして精神的なコンディションを知っておいたほうが良い．

アスリートがうつ病を発症するきっかけはいろいろあるが，勝利へのプレッシャーのほかに，新しいチームへの移籍，家族の状況の変化などの要因がある．したがって，新人アスリートや家族状況に変化があったという情報をうけたときには，まず注意をしたほうが良い．

（4）うつ病の予防と治療

うつ病の予防は困難であるが，睡眠時間が短いことはうつ病発症のリスクファクターになるという研究もあり，ふだんからトレーニングの強度やストレスに応じた十分な睡眠をとることも重要である．また，不眠はうつ病の初期の兆候である可能性もあり，不眠の訴えがあれば，うつ病の可能性を疑って早めに専門医に相談するようにしたほうが良い．

うつ病と診断されれば，治療は休息と投薬である．休息は必須であるが，アスリートはトレーニングを休むことに非常に不安を感じる．このときにどうするかであるが，本人と相談しながら，休息の重要性を理解させ，トレーニングを休むことへの焦りとストレスとのバランスをみながら決定してゆく．また，長期的には現在の休息が早期の競技復帰につ

アスリートがうつ病を発症するきっかけ

ながることも，繰り返し説明すると良い．さらに，適度な有酸素運動はうつ病に対して治療的な効果があるともいわれており，過剰にならないように注意しながらジョギングなどを許可することは可能である．一方でアスリートは，適度な運動にとどまらず運動強度を上げてしまうこともあるので，この点への注意も必要である．

　薬物療法には，うつ病治療薬を用いる．薬物療法は専門医によって行われることが望ましい．初回うつ病エピソードに対しては，薬物療法が比較的速やかに効果を示すことも多い．そのような場合，アスリートに限らず薬物を中断してしまうことも多い．しかしながら，早期に薬物を中断すると再発のリスクが非常に高いため，初回投与時からこのような中断のリスクについて十分に説明する．また，うつ病治療薬の副作用として吐き気などがあるが，多くの場合吐き気は2週間くらいのうちに消退するので，これについても十分に説明して不安なく服用してもらえるようにする．薬物療法の長期的展望について，早い時期から繰り返し説明することが重要である．

エピソード
症状が認められること．

（5）競技復帰へのポイント

　症状が軽快するなかで，どのようなタイミングで競技に復帰するかは難しい．アスリートの場合は，競技会が節目として考えられる．一方で，外科疾患と異なりうつ病などの場合，回復への時間的な見通しは正確に立ちにくい．したがって，症状の経過を観察しながら競技への参加についてのアドバイスを行うということになる．

　服薬しながら競技に参加することもあるが，うつ病に用いられる薬物は一部の精神刺激薬（リタリン，ベタナミンなど）を除いて，ドーピン

うつ病の治療には休息と投薬が必要

グに関わるものはない．しかし，うつ病に用いられる薬物の競技への影響については，十分なデータがないのが現状である．

考えられることのひとつは，薬物が競技力を低下させる可能性である．正常者に抗うつ薬を投与して競技力を調べれば，プラセボに比してわずかながら競技力が低下する可能性が高い．しかしながら，服薬せずに症状の悪化するリスクとのバランスを考えると，治療中のアスリートに対しては，投与を継続したほうが競技力の安定が望める．もうひとつは，心機能への作用である．抗精神病薬は心臓のHERGチャンネル（電位依存性カリウムチャンネル）の開口を抑制する働きがある．通常量を身体的に健康な若年者に投与する場合には，大きな危険はないと考えられるが，服薬しながら競技に参加する場合には，事前に運動負荷心電図などのチェックを行ったほうが良い．

運動負荷心電図
運動を行い，脈拍が上昇したときの波形をみる検査．

2　オーバートレーニング症候群

オーバートレーニング症候群は，高強度トレーニングを持続した場合に起こり，長期にわたってパフォーマンス低下を呈する病態である．スポーツ医学においては，非常に良く知られた病態であるが，**国際疾病分類（ICD-10）**には掲載されておらず，スポーツ医学特有の診断である．

オーバートレーニング症候群の原因や治療に関しては，これまでにも多く解説されているが，ここでは精神症状について述べたい．オーバートレーニング症候群の精神症状は，うつ病の精神症状に酷似している．表14.2に，オーバートレーニング症候群の症状と，DSM-IVの大うつ病の診断の対応を示した．これをみると，症状のそろったオーバート

表14.2　うつ病とオーバートレーニング症候群の比較

オーバートレーニング症候群の症候*	DSM-IV 大うつ病 診断基準項目
身体的パフォーマンスの低下	—
全身倦怠感，活力の欠如	A-2，A-5，A-6
不眠	A-4
食欲の変化	A-3
焦燥感，イライラ感，興奮，不安	A-5
体重の減少	A-3
意欲の減退	A-2
集中困難	A-8
抑うつ感	A-1

＊Armstrong, VanHeestら（2002）．
内田直，臨床スポーツ医学，**21**（12），1369（2004）．

レーニング症候群は，うつ病とも診断できることがわかる．うつ病では当然身体的パフォーマンスは低下しているが，診断基準とはなっていないのでこれは外した．

うつ病の原因として，ストレスによって長期に**ストレスホルモン（糖質コルチコイド）**が高値をとることが考えられていることを述べたが，身体的ストレスによってもこの分泌は起こり，高強度トレーニングを続けた場合には身体的ストレスによってうつ病類似の状態が生まれる可能性もある．治療は，トレーニング量の調整など他項に譲るが，休息は重要である．薬物療法については，うつ病に準じた処方を行う．積極的に薬物療法を行うことが早期の回復につながることも多い．

オーバートレーニング症候群の対処
第12章も参照．

3　睡眠障害

アスリートの睡眠障害には非常にさまざまなものがある．一般的な**不眠症**である精神生理性不眠から，競技に関連して多くみられる**睡眠時無呼吸症候群**などまで，多くの疾患が含まれる（表14.3）．慢性の睡眠障害によって競技能力の低下が起こる可能性は高く，これを治療するだけで競技能力が向上することもある．そういった意味ではみのがせない疾患である．

（1）精神生理性不眠症

精神生理性不眠症は，ごく一般にみられる不眠症である．基礎疾患がなく，翌日に重要な試合があるなどの理由で眠れない日が何日か続いた場合に，その心配が当座なくなったあとでも，今日も眠れないのではな

表 14.3　睡眠障害の分類

睡眠障害は，米国睡眠医学会による分類第2版（ICSD-2）が多く使われている．この分類の大項目を以下に示す．
- Ⅰ　不眠症
- Ⅱ　睡眠関連呼吸障害
- Ⅲ　中枢性の過眠症（概日リズム性睡眠障害，睡眠関連呼吸障害，その他の夜間睡眠を障害する原因によらないもの）
- Ⅳ　概日リズム性睡眠障害
- Ⅴ　パラソムニア
- Ⅵ　睡眠関連行動障害
- Ⅶ　孤立した症状，明らかな正常範囲内の偏り，解決していない睡眠の問題
- Ⅷ　その他の睡眠関連疾患

いかと睡眠に注意が向き，不眠症だけが独り歩きしてしまうような病態である．

このような状態には，一般的には短時間作用型の睡眠薬を用いることが多いが，**睡眠衛生指導**を行うことも有効である．ベッドに長時間眠れないままでいることは，ベッドを眠れない場所と認識することが定着してしまう．これを避けるために，ベッド上の時間を制限することが有効である場合も多い．

（2）睡眠不足症候群

選手の睡眠不足は非常に多いが，みのがされているケースも多い．著者らの調査によると，学生長距離選手は夏期合宿期間中に，昼寝もあわせて1日平均9時間近い睡眠をとっているが，通常の授業期間中では7時間前後に減少していた．アスリートは日中非常に高強度のトレーニングを行う日が続くことがあり，このような場合にはその回復過程としての睡眠は通常よりも多く必要であると考えられる．

アメリカの研究では，毎日強制的に10時間前後の睡眠を2か月間とらせた場合に，反応時間やバスケットボールのフリースロー，3ポイントシュートなどの競技能力が向上したという報告がある．こういった研究から，とくに訴えがなくても，最高のパフォーマンスを行うために必要な，十分な睡眠をとっていないアスリートは多くいると思われる．

また，学生アスリートや他の勤労をしながら競技を続けているアスリートでは，日中の眠気など自覚症状のある睡眠不足の例は多くみられる．そのような例のなかには，競技に対して意欲がなく，一見オーバートレーニング症候群あるいはうつ病と思われる症例も実際にある．この

睡眠衛生指導
良い睡眠を得るために，生活習慣を改善するように指導すること．

睡眠不足はアスリートの競技能力を低下させる

ような症例に出会った場合には，日常の生活習慣を見直すと良い．何時に起床，食事はどうか，日中の活動はどのようなものか，トレーニングの量，帰宅が何時になるか，就床時刻など詳細に問診すると，睡眠不足を発見することができることが多い．治療は，十分な睡眠時間をとらせることであるが，これで回復しなければ他の疾患を考えたほうが良い．

（3）睡眠時無呼吸症候群

睡眠時無呼吸症候群の詳細については，最近広く知られるようになった．いびきがひどい，ベッドパートナーから無呼吸があるとの指摘があるなどにより来院するケースが多い．特定の競技のアスリートに多い疾患でもある．体重が重い選手の多いスポーツや，頸部を鍛える必要から太くなる傾向のあるスポーツでは，この疾患が多いことが予想される．

事実これまでにアメリカのNFL（National Football League）のプロフットボール選手に，同年代の対象群よりも高率である14％に睡眠時無呼吸症候群がみられることが報告されている．わが国でのスポーツ関連の報告では，力士を対象に夜間睡眠中の酸素飽和度（SaO_2）を測定し，23人中11人に何らかの異常が認められた，という報告がある．

これらの報告をみると，アメリカンフットボールや相撲だけでなく，他の格闘技やラグビー選手などにも診断的な検査を行い，問題があれば適切な治療を行うことで競技力が向上する可能性が考えられる．

> **ベッドパートナー**
> 隣りあるいは近くで眠る人．睡眠時無呼吸症候群の外来などで使用されることば．

4　パニック障害

パニック障害の症状を表14.4に示した．これらは，すべて同時に現

表14.4　パニック発作の診断基準（DSM-VI-TR）

以下の項目のうち4つ以上の症状が突然現れて10分以内にピークに達する．
1．動悸
2．発汗
3．身震い
4．息切れ感，息苦しさ
5．窒息感
6．胸部の不快感，胸の痛み
7．腹部の不快感，吐き気
8．眩暈（めまい），ふらつき，気が遠のく感覚
9．現実感の喪失，離人感
10．気が狂うのではないかという恐怖感
11．死に対する恐怖を覚える
12．感覚麻痺，うずき感
13．冷感，熱感

れるものではなく，人によってさまざまである．多くの場合は，「突然強い不安感に襲われ，動悸がして，息苦しく，発汗し倒れ込んでしまう．このまま死んでしまうのではないかという恐怖感に襲われる」などの訴えが多い．また，腹部の不快感，吐き気が主体であるケースも多い．

これと類似した症状として，過換気症候群がある．**過換気症候群**は，急に息苦しさを感じて過換気（深い呼吸を過剰にしてしまう）になり，それによって血中の二酸化酸素濃度が低下し酸素濃度が上昇するという状態が起こり，手足の冷感やしびれ，意識がもうろうとするなどさまざまな症状が出現する．過換気症候群は，パニック障害の一症状ととらえられる場合もあるが，スポーツなどで呼吸が早くなった場合に誘発されて出現することも多く，それだけではパニック障害であるとは診断できない．

パニック症状の原因については十分明らかになってはいないが，ひとつには心理的要因として根底にある緊張感，不安感がストレス発作の発現に関連があると考えられる．たとえば，重要な試合が近づく，トレーニングの場面での精神的なプレッシャーが強いなどである．そのような状況で頻繁にパニック発作が出現する場合でも，オフシーズンや引退したあとではパニック発作がほとんど消失してしまうケースもある．さらに，遺伝的あるいは体質的な要因もあると考えられている．パニック障害に特有の脳の特徴や，パニック発作を誘発する物質（二酸化炭素，乳酸ナトリウムなど）も同定されている．

パニック障害の治療には，**認知行動療法**が有効であると考えられている．パニック障害は，決して命に関わる疾患でないことや，発作の症状は時間が経てば軽快消失することなどについての知識を十分に与える．

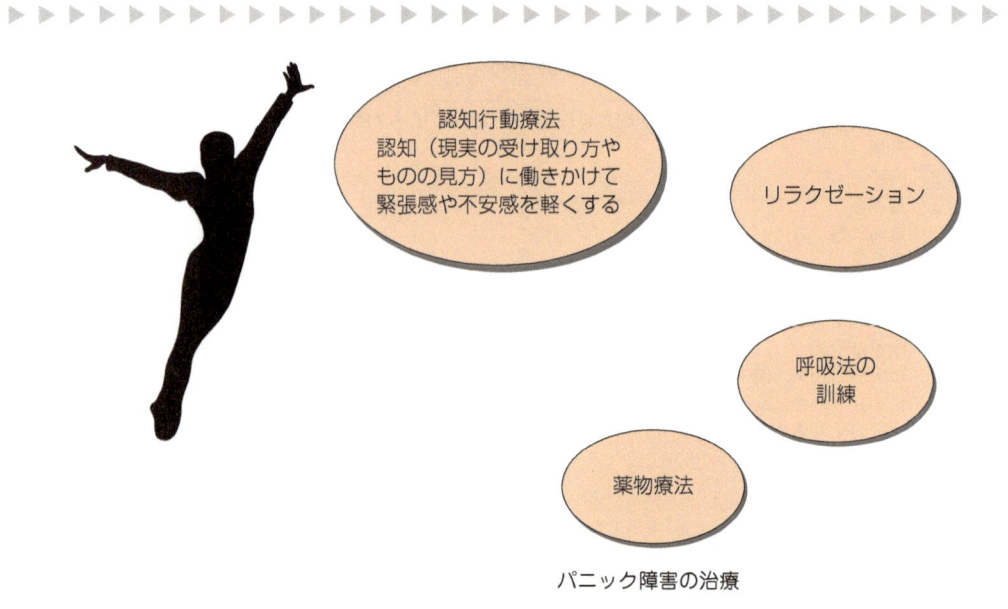

認知行動療法
認知（現実の受け取り方やものの見方）に働きかけて緊張感や不安感を軽くする

リラクゼーション

呼吸法の訓練

薬物療法

パニック障害の治療

あるいは，リラクゼーションや呼吸法の訓練なども良いと考えられている．一方で，薬物療法も効果を奏する．ベンゾジアゼピン系抗不安薬（アルプラゾラムなど）やSSRI（パロキセチン，フルボキサミンなど）など，さまざまな薬物が用いられるが，薬物療法と認知行動療法を併用するのが良い．

5　摂食障害

　女性アスリートには比較的頻繁に摂食障害が認められる．摂食障害は，神経性無食欲症と神経性大食症に分けられる．

（1）神経性無食欲症

　神経性無食欲症は，食事をとらず，やせるための極度な努力をするが，少なからぬ症例では無茶食いのあと，自己誘発嘔吐，下剤や利尿剤の使用などにより，摂取したものを無理に排出するなどがみられる．無茶食いはほとんどの場合，その後強い抑うつ感を伴う．

　神経性無食欲症では，家庭で母親に厳しくしつけられている場合があり，母親からの自立が十分になされておらず，母親依存ともいえるケースが多くみうけられる．このような患者では，非常に真面目でいわれたことをよく守るという側面がみられる．**拒食**という行為が，そういった自分自身の問題への拒否ととらえられる場合もある．

　治療は，非常に時間のかかる困難なものであるが，精神療法，行動療法，薬物療法などが行われる．家族面接などによって，家族関係の問題を解決することも意味がある場合がある．

神経性無食欲症　　　神経性大食症
体重は
正常範囲内

摂食障害

（2）神経性大食症

神経性大食症は，神経性無食欲症より多くみられる．名前のとおり，無茶食いがおもな症状である．神経性無食欲症では極度のやせ（るい痩）が認められるが，神経性大食症では，体重は正常範囲内にとどまる例も多くある．

神経性大食症は，神経性無食欲症と同様に，まわりからの要求に応える高い目標をもつ真面目な側面がみられることが多い．また，母親への依存も神経性無食欲症と同様に認められる．しかし，一方で自分自身の欲求に抑えの利かない傾向もあり，性的逸脱や反社会的な行動がときにみられたりもする．

治療的な予後あるいは経過は，神経性無食欲症よりも比較的良いと考えられるが，治療が困難な例もある．精神療法，行動療法，薬物療法などが行われる．

（3）アスリートにみられる摂食障害

自己誘発嘔吐のような行動は通常異常行動と考えられるが，競技によっては減量の一部として行われていることもある．しかし，オフシーズンなどを含めて，自己制御可能な範囲であれば健全とはいえないが，治療ベースに乗らないことも多くある．一方で，自己制御が不可能な状態になってしまっているケースがみられ，このような場合は治療が必要となる．

アスリートの摂食障害は，体重が関連する持久性種目，体型が関連する種目，体重による階級制種目などに多いとされているが，正確な統計

はない．著者の経験では，必ずしもそのような種目だけにみられるわけではないように思われる．一方で，優れたアスリートには，指導者のいうことを非常によく守る，自分の不完全な面が認められず，とことん努力をし，それでもできないと非常に落胆するなど，一般の摂食障害と共通する特徴もある．そういった症例では，自分自身の症状を許すことができず，長期にわたって一人で悩む場合が多い．

　摂食障害と無月経，骨粗鬆症をあわせて，**女性アスリートの三徴候**（female athlete triad）と呼ぶことがある．摂食障害により体脂肪率が低下し，さらに高強度トレーニングによる運動ストレスも加わって無月経が起こり，低栄養と低エストロゲン状態から骨粗鬆症を併発するという病態である．このような病態にあるアスリートでも，ひたすら，疲労骨折をしながら走る様子がときにみられるが，非常に危険な状態であり，すぐに治療を開始する必要がある．

　治療に関しては，競技との関連を考えながら，抗不安薬や抗うつ薬の投薬を行いながらカウンセリングを行っていく．ケースバイケースであるが，家族との関連についても注意をはらうほうが良い．アスリートの摂食障害に関しても，慎重に治療をしていく必要があるが，著者の経験では一般の摂食障害に比べて，体重と競技成績という直接的関連や，このような直接的関連でなくとも競技成績や競技上での葛藤などと関連ある場合が多く，いったん競技を離れると比較的速やかに症状が軽快するケースもあるように思われる．この点については，今後症例を重ねて明らかにする必要がある．

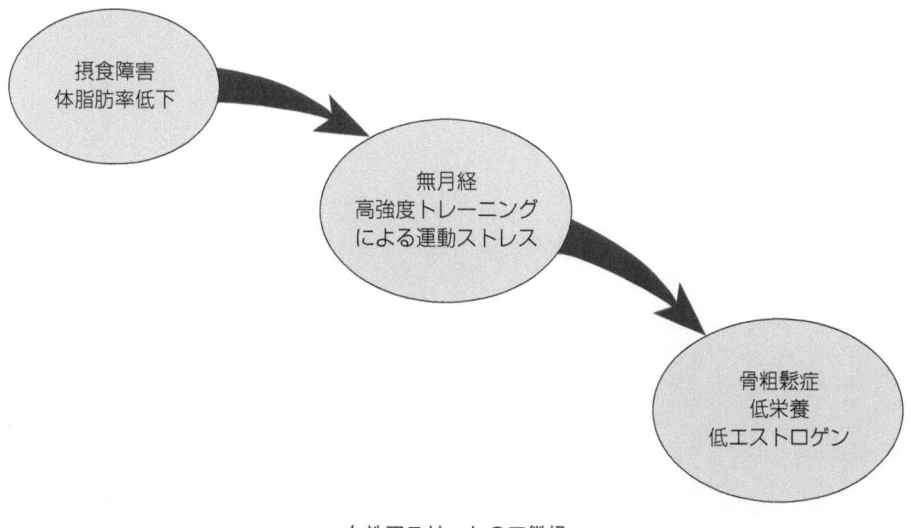

女性アスリートの三徴候

復習トレーニング

次の問いに答えなさい．

❶ 精神医学は医学のなかでは，どのような位置付けになっていますか．
　→ p.176 参照．

❷ アスリートの回復期のトレーニングについて，どのようにするのが良いか答えなさい．
　→ p.179 参照．

❸ パニック障害の患者さんに対して，どのような情報を与えることが治療的に役立つか述べなさい．
　→ p.184 参照．

❹ アスリートの摂食障害は，女性アスリートの三徴候のひとつであるが，これはどのような病態であるか述べなさい．
　→ p.187 参照．

15章

アンチ・ドーピング

15章のPOINT

- ◆ ドーピング，およびドーピングの目的を理解しておこう．
- ◆ ドーピング防止機関の設立について，その経緯を知っておこう．
- ◆ ドーピング防止規則（WADA Code）とはどのようなものか，概要を学ぼう．
- ◆ 世界および日本におけるドーピング防止に関する取組みを理解しよう．

15章 アンチ・ドーピング

1 スポーツとドーピング

（1）ドーピングとは？

　ドーピングとは，一般的に競技能力を向上させることを目的として，薬物，方法などを不正に使用することをいう．治療目的で薬を使用し，競技力向上の意図がなかったとしても，アスリートから採取した検体（尿，血液）から禁止物質が検出されると，ドーピング防止規則違反とみなされ，制裁が課される．

　今日のスポーツ界では，ドーピングを抑止，摘発するために，国際的に統一した規則が制定されている．これらの活動について，その成り立ちから確認していこう．その，おもな流れについては表 15.1 に示す．

（2）ドーピング防止機関の設立

① IOC から WADA 設立まで

　1990 年代後半までのドーピング検査活動は，**国際オリンピック委員会（IOC）**が牽引役となり推進されてきた．使用が禁止される薬物を規定した禁止物質リストが IOC により提示され，多くの国際競技連盟がそのリストを引用して競技団体のルールに反映させていた．

　このような IOC を中心とする活動は，スポーツ界の自主規制といった形態のものであったが，2000 年（平成 12）のシドニーオリンピックの開催を控えたオーストラリア政府は，禁止物質の流通規制，莫大な経費がかかるドーピング検査の実施件数の拡大などにより，スポーツ界を主体とする自主規制には限界があり，これらの点を補うためには政府機

表 15.1　アンチ・ドーピング活動の成り立ち

1961 年（昭和 36）	スポーツ振興法の制定
1964 年（昭和 39）	東京オリンピック開催
1999 年（平成 11）	IOC と政府が共同して，独立・中立的なアンチ・ドーピング機関設立を表明 世界アンチ・ドーピング機構の設立
2001 年（平成 13）	日本アンチ・ドーピング機構（JADA）の設立
2003 年（平成 15）	WADA code 策定
2004 年（平成 16）	アテネオリンピックの開催（WADA code 策定後に開催された初のオリンピック大会）
2005 年（平成 17）	UNESCO スポーツにおけるドーピングの防止に関する国際規約採択
2006 年（平成 18）	日本が上記国際規約を締結する
2007 年（平成 19）	UNESCO 国際規約発効．各国政府に対し，ドーピング問題への主体的な取組みを義務化 スポーツにおけるドーピングの防止に関するガイドラインの施行
2009 年（平成 21）	公認スポーツファーマシスト認定制度の開始
2011 年（平成 23 年）	スポーツ基本法の成立　ドーピング問題に言及

関の介入が必須であると考えた．

　IOCとしても，透明性と中立性の観点から，競技大会の主催者であるIOC自らがドーピング検査活動のすべてを管轄している体制を見直す必要を感じていた．透明性・中立性を確保した新たな枠組みへの転換が必要であるとも感じていたことから，シドニー大会開催を翌年に控えた1999年（平成11）の年末に，IOCから独立したドーピング防止機関の設立を表明した．

　他方，オーストラリア政府の問題意識に共鳴した日本，カナダ，ノルウェーの各国政府も同様に1999年（平成11）の年末に，公的な第三者機関を設立してのドーピング検査活動を実施することの必要性を指摘し，公的なドーピング防止機関の設立を提起した．時を同じくして立ちあがった2つの動きがひとつとなり，**世界アンチ・ドーピング機構**（World Anti-Doping Agency，**WADA**）が1999年（平成11）11月に設立されることとなった．IOCを代表とするスポーツ界と各国政府が同等の力関係で協力体制をとる組織形態が合意され，WADAがその活動を開始した．

世界アンチ・ドーピング機構
http://www.wada-ama.org

② **世界アンチ・ドーピング規程（WADA Code）の策定**

　その後，2003年（平成15）には，スポーツ界を統一するドーピング防止規則を定めた**世界アンチ・ドーピング規程**（World Anti-Doping Code，**WADA code**）がWADAにより策定された．2004年（平成16）のアテネオリンピックが，WADA Code策定後に開催された初のオリンピック大会となった．

　WADA Codeには，「オリンピックの開会式の前日までにWADA Codeの諸規則を批准し実施することを誓約する文書をWADAに提出

しなければ，オリンピック大会への参加資格を与えない」旨の条項が盛り込まれており，世界各国・各地域のオリンピック委員会と夏季オリンピックの実施競技である 28 の国際競技連盟および各国のドーピング防止機関は，アテネ大会の開会に先行して誓約の手続きを完了させた．

その後，上記以外の組織からも誓約書が提示されており，WADA Code は名実ともに世界統一規則としての機能を発揮している．

③ 国際的な連携ネットワーク

前述のとおり，WADA Code を頂点として，WADA，IOC，国際競技連盟（International Federations, IF），国内オリンピック委員会（National Olympic Committee, NOC），国内ドーピング防止機関（National Anti-Doping Organizations, NADO）がそれぞれの立場からドーピング防止活動を展開している．上記 5 種類の組織に障害者スポーツの統括団体である国際パラリンピック委員会（International Paralympic Committee, IPC），国内パラリンピック委員会（National Paralympic Committee, NPC），主要競技大会組織委員会が加わり、世界的な枠組みの中でドーピング防止活動が推進されている．

このように，世界中のほとんどのスポーツ団体の統括組織が WADA Code を批准し，自身の団体内に WADA Code に準拠した規則を策定しており，WADA Code が目標とする harmonization（調和）が実現されている．現状では，この harmonization（調和）が単なる理念ではなく，実効性のある形で機能しており，世界のどこで開催される競技会でも，統一された規則によりドーピング検査が実施される環境が整備されている（図 15.1）．

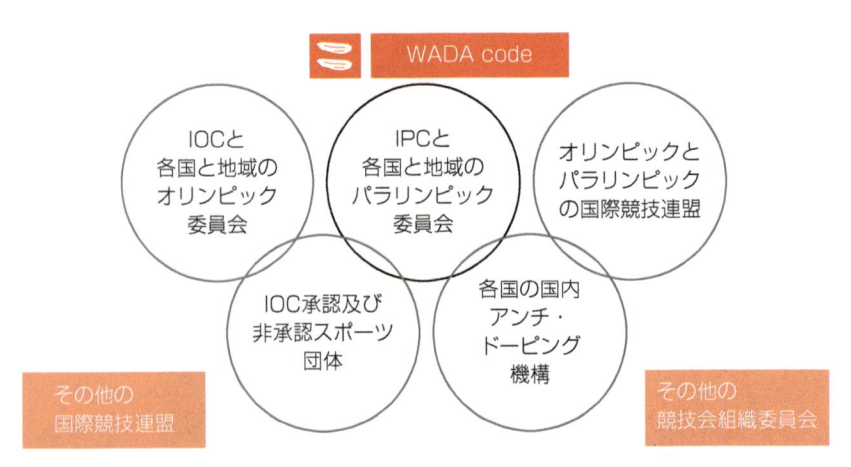

図 15.1 世界レベルでのドーピング防止プログラムの広がり
ドーピング防止活動は，これら多くのスポーツに関係する組織によって批准され，それぞれの組織の活動において遵守される体制が構築されている．

④ 日本アンチ・ドーピング機構の設立

　日本国内においても，国際的なトレンドとして，ドーピング検査の実施およびその結果の管理体制について，透明性と中立性が求められる機運が高まってきた．2001年（平成13）9月に日本オリンピック委員会（JOC）と日本体育協会および日本プロスポーツ協会が共同で，わが国におけるドーピング防止活動の統括組織として，財団法人**日本アンチ・ドーピング機構（JADA）**を設立した（法人名称は設立時のもの）（図15.2）．

　JADAの設立により，それ以前の同一組織が競技大会とドーピング検査の実施を主管するという状況から，競技会主催組織から独立した機関がドーピング検査を実施する体制へと移行することとなった．さらに，ドーピング違反事例の裁定については，JADAから独立した立場で事例を審査し，制裁措置の内容を決定する規律パネルが設置されている．

　また，規律パネルの決定内容に対して不服がある競技者は，日本スポーツ仲裁機構に上訴する権利が保証されており，競技者の権利が適切に担保される体制を重視する環境が整備されることとなった．次に，ドーピング防止規則について概要を示す．

（3）WADA Codeとは

　WADA Codeとは，ドーピング防止活動における国際統括組織である世界アンチ・ドーピング機構（WADA）が策定した，ドーピング防止に関する世界統一規則である．ドーピングの定義，罰則，聴聞会，上訴などの手続きや国際オリンピック委員会，国際競技連盟，各国オリンピック委員会などの責務などが規定されている．

JOC（公益財団法人日本オリンピック委員会）
http://www.joc.or.jp

JADA（公益財団法人日本アンチ・ドーピング機構）
http://www.playtruejapan.org

公益財団法人日本スポーツ協会
https://www.japan-sports.or.jp/

JPSA（財団法人日本プロスポーツ協会）
http://www.jpsa.jp

JSAA（公益財団法人日本スポーツ仲裁機構）
http://www.jsaa.jp

WADA code，禁止表国際基準，治療目的使用の適用措置
http://www.playtruejapan.org/code/

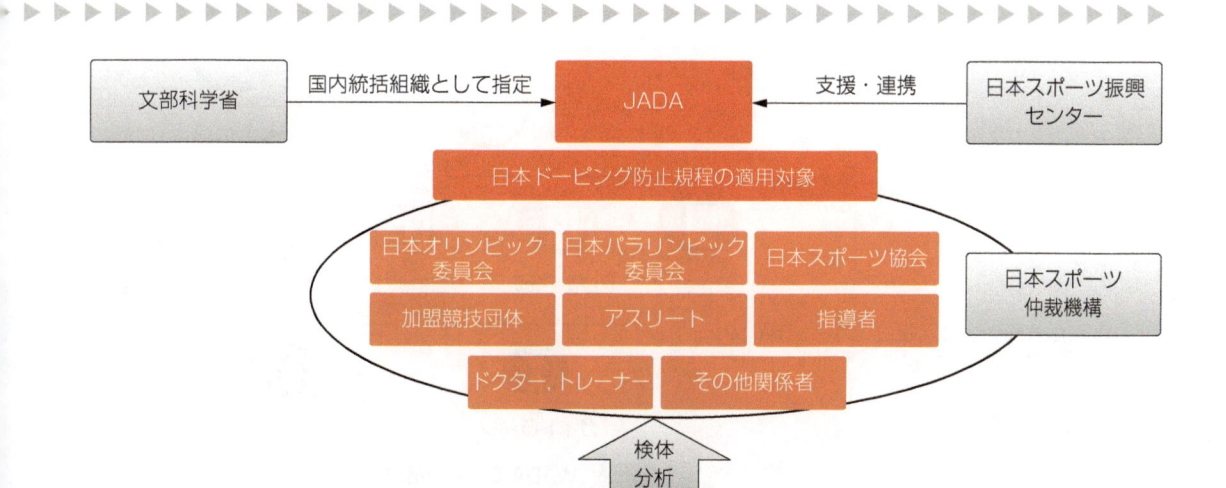

図15.2　国内アンチ・ドーピング体制

6年ごとに改訂作業が実施されており，次の改訂は2027年1月に予定されている．

JADAのホームページでは，WADA Codeと次に述べる禁止表国際基準，治療使用特例国際基準などを見ることができる（図15.3）．

① **禁止表国際基準**

WADAが策定し，毎年1月1日に改訂されるリストであり（The Prohibited List International Standard），禁止物質および禁止方法が記載されている．具体的な商標名が記載されていないので，薬理学や医学の専門家以外にはわかりにくい内容である．

禁止物質の中には，医薬品として広く市販されており，不注意によりドーピング防止規則違反をとくに誘発しやすいものがある．禁止表では，この種の物質を「特定物質」として区別している．アスリートの検体から特定物質が検出された場合，体内に取り入れた経路とその使用が治療目的であって競技力の向上を意図していないことをアスリートが立証できれば，資格停止期間が短縮される場合がある．

② **治療使用特例国際基準**

WADA Codeでは，**治療使用特例国際基準**（Therapeutic Use Exemptions，TUE）を申請し，承認を得ることにより，禁止表に記載されている物質または方法を治療目的で使用することができる．

TUE申請については，当該禁止物質の使用が競技力を向上しないこと，当該物質を使用する以外に適正な治療法が存在しないことなどの厳しい審査基準をクリアすることが必要である．また申請すればすべて承認されるということではない．

レベル1：WADA Code

WADA Code

レベル2：国際基準

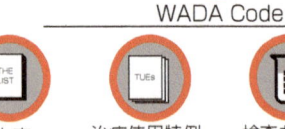

禁止表　治療使用特例　検査およびドーピング調査　個人情報保護　分析機関

レベル3：ガイドライン
　　　　　モデルルール

ガイドライン　モデルルール

図15.3　WADA Codeの構成

ドーピング防止規則は，上記の3段階の構造により構成されている．WADA Codeを批准する組織は，これらのルールに則った活動が求められる．2024年1月現在で，国際基準は3つ（教育，結果管理，規程遵守）追加されており，合計8つの国際基準がある．

2　ドーピング防止活動への公的機関の関与

（1）UNESCO 国際規約

　欧米各国では，スポーツは社会的，文化的価値のある公共財産と一般的に考えられている．このようなスポーツの社会的位置付けを背景として，ドーピング問題についてもスポーツ界の問題ということではなく，「社会全体の公共財産の価値を歪める社会問題」という位置付けで論じられていた．これらをうけて，近年，ドーピング防止活動は，スポーツ界単独の取組みという位置付けからスポーツ界と各国政府が共同で取り組む活動へと変化している．

　各国政府がスポーツにおけるドーピング問題へと参画していく過程については，2005 年（平成 17）10 月に開催された第 33 回国際連合教育科学文化機関（UNESCO）総会において採択され，その後，2007 年（平成 19）2 月に発効となった「UNESCO スポーツにおけるドーピングの防止に関する国際規約（UNESCO 国際規約，The International Convention against Doping in Sport）」が大きく寄与している．

　UNESCO 国際規約が策定される経緯については，WADA の行政上の取り扱いが大きく関係している．そもそも WADA 設立に際して，各国政府はドーピング防止活動への政府組織の介入の必要性を十分に認識し，WADA の活動に対して運営資金を IOC と折半で拠出するなどして，ドーピング防止活動への関与を開始していた．

　他方，WADA 自体は，スイス民法に基づく民間法人として取り扱われていることから，WADA が策定したドーピング防止に係る国際的な

統括規則である WADA Code も，WADA 自体の取扱いと同様にスポーツ界の独自規則として認識され，各国政府の責務を規定する文書という位置付けとはなり得なかった．

そこで，WADA Code の精神を受け継ぎ，各国政府のドーピング防止活動への参画の必要性と具体的な責務を規定する国際規約が策定された．この規約を各国政府が批准することにより，WADA Code の精神を各国政府に広げるという対応が取られ，UNESCO が WADA Code の精神を受け継いだ国際規約を策定する役割を担うこととなった．なお，わが国は，2006年（平成18）12月に同国際規約の締結手続きを済ませており，規約の発効と同時に締約国として活動を展開している．

（2）スポーツにおけるドーピングの防止に関するガイドライン

UNESCO 国際規約の締結をうけ，わが国（文部科学省）は，国内のドーピング防止活動を UNESCO 国際規約の規定に沿った内容として整備することが求められることとなった．競技スポーツ政策の担当省庁である文部科学省により 2007 年（平成 17）5 月 9 日付けで，**スポーツにおけるドーピングの防止に関するガイドライン**が施行された．JADA を文部科学省指定の国内アンチ・ドーピング機関として指定するとともに，スポーツ諸団体をはじめ各都道府県に対しては当事者としてドーピング防止活動への主体的な参画を求めている（図 15.4）．

なお，このガイドラインは，UNESCO 国際規約に沿った具体的な国内対応を定めたものとして策定されているものの，行政上の取扱いにおいては強制力のないガイドラインである．

スポーツ界独自の活動から，政府とスポーツ界の共同作業へ

WADA Code
2003年3月　→　ユネスコ
国際規約発効
2007年2月　→　文部科学省
ガイドライン施行
2007年5月　→　スポーツ基本法
2011年　→　スポーツ基本計画
2012年

◎WADA Code：世界統一のドーピング防止規則成立
◎ユネスコ国際規約：締約国政府にドーピング防止活動への参画を義務化
◎文科省ガイドライン：ユネスコ国際規約締結をうけ，ドーピング防止活動の推進を図るために策定
　　　　　　　　　　都道府県等にも活動の推進を要請
◎スポーツ基本法：スポーツの社会的・文化的位置付けを再明示化
　　　　　　　　　ドーピング防止活動を重点政策として位置付け
◎スポーツ基本計画：スポーツ基本法に基づき，具体的な政策目標を設定
　　　　　　　　　　JADAを中心に国内外での取組み課題を設定

図 15.4 日本および世界のドーピング防止に関する取組み

（3）スポーツ基本法とスポーツ基本計画

わが国のスポーツ振興政策においては，1961年（昭和36）に制定された**スポーツ振興法**を根拠法令として，さまざまな対応がなされてきた．しかしながら，同振興法は，1964年（昭和39）に開催された東京オリンピックの諸対応に関わる根拠法令という性格のもとに整備されたものであった．制定から50年以上が経過し，ドーピング問題への対応をはじめ多くの面で制定当時の国内事情から大きく様変わりしたため，現代の需要に即した内容に改訂する必要が生じていた．

こうした状況を背景として，現代の事情にあったスポーツ政策推進のための基本的な法律として，2011年（平成23）8月24日に**スポーツ基本法**が成立した．同基本法では，冒頭「第2条 基本理念」において，その文化的価値や意義，社会におけるスポーツの重要性に言及しており，第2条第8項では，とくにドーピング問題に言及している．また，「第29条 ドーピング防止活動の推進」では，ドーピングの検査および教育啓発その他のドーピング防止活動の実施に関わる体制整備を国の責務として明確に位置付けている（表15.2）．

また，文部科学省はスポーツ基本法の施行をうけて，スポーツの果たすべき役割を踏まえ，同基本法に規定されたさまざまな領域での施策実施のために**スポーツ基本計画**を策定した．同基本計画では，「国際的な水準のドーピング検査・調査体制の充実，検査技術・機器等の研究開発の推進，情報提供体制の充実，教育・研修，普及啓発を通じた，ドーピング防止活動を充実させる」＊ことを具体的な目的として掲げ，ドーピング防止活動を主要な政策課題として位置付けている．

＊スポーツ基本計画政策目標より引用．

表15.2 スポーツ基本法（抜粋）

【第2条 基本理念 8項】
スポーツは，スポーツを行う者に対し，不当に差別的取扱いをせず，また，スポーツに関するあらゆる活動を公正かつ適切に実施することを旨として，ドーピングの防止の重要性に対する国民の認識を深めるなど，スポーツに対する国民の幅広い理解及び支援が得られるよう推進されなければならない．

【第29条 ドーピング防止活動の推進】
国は，スポーツにおけるドーピングの防止に関する国際規約に従ってドーピングの防止活動を実施するため，公益財団法人日本アンチ・ドーピング機構と連携を図りつつ，ドーピングの検査，ドーピングの防止に関する教育及び啓発その他のドーピングの防止活動の実施に係る体制の整備，国際的なドーピングの防止に関する機関等への支援その他の必要な施策を講ずるものとする．

スポーツ基本法では，国内のドーピング防止活動推進にあたり，JADAと政府との連携のもと，さまざまな活動を展開することを定めている．2001年（平成13）にJADAが設立されてから10年の歳月を経て，「ドーピング」を社会問題として取り扱う体制が整った（図15.4参照）．

3 ドーピング防止教育啓発および情報提供活動

1990年代以前のドーピング防止活動においては，ドーピング検査を実施することによって「違反者を取り締まる」ことが，主たる目的として位置付けられていた．

これに対し，1999年（平成11）に世界アンチ・ドーピング機構（WADA）が設立され，ドーピング検査活動以外に教育啓発活動や研究開発活動にも重点をおく姿勢を鮮明に示したこと，および世界各国の政府に対してドーピング問題への主体的な取組みを義務化したUNESCO国際規約が2007年（平成19）に誕生したことなどをうけ，各国のドーピング防止機関は，ドーピング検査活動のみならず，教育啓発活動に積極的に取り組んでいる．

スポーツにおけるドーピング防止活動において，わが国が独自に推進し，世界各国から注目されている活動に，JADAと日本薬剤師会とのコラボレーションにより設立された**公認スポーツファーマシスト認定制度**がある（図15.5）．

「全国津々浦々・町の薬局，いつでもどこでも」
を目標に，日本薬剤師会の協力により活動を展開中

図15.5 最新のアンチ・ドーピングに関する知識をもつ薬剤師公認スポーツファーマシスト

(1) 日本の「ドーピング防止規則違反」の現状

わが国のスポーツ界はクリーンなので，ドーピング防止規則違反を犯すアスリートはいないと考えている人が多いかもしれないが，現実には，「ドーピング防止規則違反」が毎年複数件発生している．これら違反事例の多くは，競技力向上を意図してはいないものの，知識不足や不注意により禁止薬物を使用してしまう，いわゆる「意図しないドーピング」が大多数を占めている．2007年度から2012年度までのドーピング防止規則違反については表15.3に示すとおりである．

これら違反件数のうち，多くの事例は，競技者に対してドーピング防止規則および薬に関する適切な情報が提供されていれば，違反となることを防げたと考えられる内容であった．このような「意図しないドーピング」の発生予防対策として，JADAでは，ドーピング防止規則を把握し，薬の服用に関して適切なアドバイスを提供することができる人材の育成が急務であると考えている．

(2)「ドーピング防止規則違反」が発生した場合

ドーピング防止に関する国際統一規則であるWADA Codeの規定では，アスリートから採取した検体（尿，血液）から禁止物質が検出された場合，その禁止物質の摂取が競技力向上を意図していたかどうかに関係なく，ドーピング防止規則違反が成立する．禁止物質が体内に入った背景が，風邪薬の摂取によることが明らかであってもドーピング防止規則違反の発生を取り消すことはできない．

WADA Codeでは，禁止表国際基準において，**特定物質**（specified

表15.3 ドーピング防止規則違反の推移

年度	検査実施数	違反事例
2007（平成19）	4,479	7
2008（平成20）	4,901	10
2009（平成21）	5,449	3
2010（平成22）	5,529	5
2011（平成23）	4,681	6
2012（平成24）	5,504	8

substances）というカテゴリーを設定し，「そのような物質を含むドーピング防止規則違反が発生した場合においては，「この種の特定物質の使用が競技力向上を目的としたものでないこと，および当該物質が体内に入った経路をアスリートが特定できる」場合には制裁処置は軽減されることがある」としている．

　上述のように，「検出された禁止物質が特定物質であり，かつその物質の使用が競技力向上を目的としていないことおよび当該物質が体内に入った経路をアスリートが特定できる」ことをアスリートが証明できた場合に限り，制裁期間が短縮される可能性があるが，この場合でも「ドーピング防止規則違反」として扱われるため，個人の競技成績は抹消されてしまう．すなわち，アスリートにとっては，どのような理由であっても禁止物質を摂取してしまえば，そのスポーツキャリアにとっての致命傷となってしまうのである．

（3）「意図しないドーピング」を防止するために

　また規則では，すべての薬の使用が禁止されている訳ではなく，さまざまな症例に対して服用可能な薬が存在する．しかし，使用可能な薬に関する情報が適切に提供される仕組みが整備されていないため，意図しないドーピングによる違反の発生を恐れて薬の服用を避けた結果，適切なタイミングでの治療がなされずに体調を崩してしまう，といった事例が発生しているのが実情である．

　薬の専門家である薬剤師が規則を把握した上で，使用可能な薬に関する情報を提供する体制を整備できれば，意図しないドーピングの発生を防止でき，また競技者のコンディションづくりにも役立てることができる．

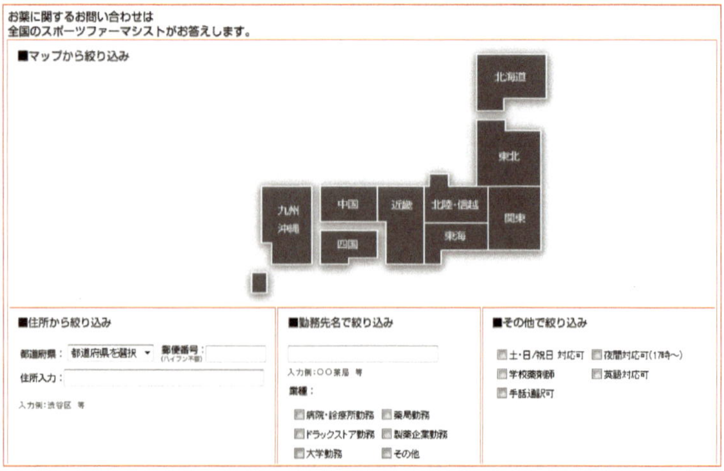

図 15.6　スポーツファーマシスト検索サイト
http://www3.playtruejapan.org/sports-pharmacist/search.php

これらの問題意識をもとに，JADAは日本薬剤師会に対して協力の要請を行ったところ快諾が得られ，日本薬剤師会の全面的な協力をうけて，2009年度に**公認スポーツファーマシスト認定制度**を立ち上げ，規則に精通した薬剤師の養成活動を開始した（名称は設立当時）．

　2023年4月現在，約12,700名の公認スポーツファーマシストが全国に存在しており，アスリートやコーチなどからの問合せに対応する体制が構築されている．なお，スポーツファーマシストHPでは，全国のスポーツファーマシストがweb上で検索できるシステムを公開しており全国のアスリートに活用されている（図15.6）．

復習トレーニング

次の文章のカッコの部分に適切な言葉を入れなさい．

❶ ドーピング検査活動は，1990年代後半までは（　　　　　　　）が，その後（　　　）と（　　　）の観点から，1999年に設立された（　　　　，　　　　）が行ってきた．WADAにより，2003年にはドーピング防止規則を定めた（　　　　，　　　　）が策定された．

❷ 日本では，2001年に日本オリンピック委員会と日本体育協会，日本プロスポーツ協会が共同で，（　　　　，　　　　）を設立した．

❸ 日本におけるスポーツ政策推進のために，（　　　　　　）と（　　　　　　）が定められている．

❹ 「意図しないドーピング」を防止するために，JADAは日本薬剤師会との協力のもと（　　　　　　　　　　　）を立ち上げた．

参考文献

1章

池上晴夫，『運動処方の実際』．大修館書店（1999）．

清水和弘，赤間高雄，河野一郎，スポーツ医科学領域におけるコンディショニング，臨床スポーツ医学（臨時増刊号），28，2（2011）．

和久貴洋ら，競技スポーツにおけるコンディショニングの成功・失敗要因に関する研究，国立スポーツ科学センター年報2004，4，66（2005）．

『スポーツ活動中の熱中症予防ガイドブック』，日本体育協会（2013）．

D. C. Nieman. Exercise, upper respiratory tract infection, and the immune system, *Med. Sci. Sports Exerc*., 26（2），128（1994）．

第14回アジア競技大会（2002年，釜山）報告書，日本オリンピック委員会（2003）．

第15回アジア競技大会（2006年，ドーハ）報告書，日本オリンピック委員会（2007）．

高齢社会白書（平成24年版），内閣府．

2章

清水和弘，赤間高雄，河野一郎，スポーツ医科学領域におけるコンディショニング，臨床スポーツ医学（臨時増刊号），28，2（2011）．

和久貴洋，コンディションの把握と管理，〈アスレティックトレーナーテキストⅠ〉，日本体育協会（2003），p.25～42．

国体選手における医・科学サポートとガイドライン，平成12年度日本体育協会スポーツ医・科学研究報告（2001），p.6～14．

4章

P. C. Nieman, Exercise, upper respiratory tract infection, and the immune system, *MSSE*, 26, 2, 128（1994）．

5章

R. J. Northcote, C. Flannigan, D. Ballantyne, Sudden death and vigorous exercise-a study of 60 deaths associated with squash, *Br. Heart J*., 55, 198（1986）．

B. F. Waller, Exercise-related sudden death in young (age ≤ 30 years) and old (age > 30 years) conditioned subjects, Exercise and the heart-edition 2 (Ed. Wenger), F. A. Davis（1985）p.9～73．

日本スポーツ振興センター学校安全部，『学校における突然死予防必携（第2版）』，日本スポーツ振興センター（2011）．

D. Corrado, A. Pelliccia, H. H. Bjornstad et al., Cardiovascular pre-participation screening of young competitive athletes for prevention of sudden death：proposal for a common European protocol, *Eur. Heart J*., 26, 516（2005）．

D. Corrado, F. Migliore, C. Basso, G. Thiene, Exercise and the risk of sudden cardiac death, *Herz*, 31, 553（2006）．

M. Montagnana, G. Lippi, M. Franchini et al., Sudden cardiac death in young athletes, *Inter Med*., 47, 1373（2008）．

参考文献

B. J. Maron, Sudden death in young athletes, *N. Engl. J. Med.*, **349**, 1064（2003）.

E. A. Giese, F. G. O'Connor, F. H. Brennan et al., The athletic preparticipation evaluation, cardiovascular assessment, *Am. Fam. Physician*, **75**, 1008（2007）.

M. D. Cheitlin and J. MacGregor, Congenital anomalies of coronary arteries, *Herz*, **34**, 268（2009）.

村山正博, 『スポーツのための心電図メディカルチェック』, 文光堂（1987）, p.39.

J. Rawlins, A. Bhan, S. Sharma, Left ventricular hypertrophy in athletes, *Eur. J. Echocardiography,* **10**, 350（2009）.

B. J. Maron, P. D. Thompson, M. J. Ackerman et al., Recommendations and considerations related to preparticipation screening for cardiovascular abnormalities in competitive athletes：2007 update：a scientific statement from the American Heart Association Council on Nutrition, Physical Activity, and Metabolism：endorsed by the American College of Cardiology Foundation, *Circulation,* **115**, 1643（2007）.

M. A. Chizner, The diagnosis of heart disease by clinical assessment alone, *Dis Mon,* **48**, 7（2002）.

S. Firoozi, S. Sharma, W. J. McKenna, Risk of competitive sport in young athletes with heart disease, *Heart,* **89**, 710（2003）.

A. Pelliccia, M. S. Maron, B. J. Maron, Assessment of left ventricular hypertrophy in a trained athlete：differential diagnosis of physiologic athlete's heart from pathologic hypertrophy, *Prog. Cardiovasc. Dis.,* **54**, 387（2012）.

R. Villuendas and A. H. Kadish, Cardiac magnetic resonance for risk stratification：the sudden death risk portrayed, *Prog. Cardiovasc. Dis.,* **51**, 128（2008）.

D. Corrado, C. Schmied, C. Basso et al., Risk of sports：do we need a pre-participation screening for competitive and leisure athletes？, *Eur. Heart J.,* **32**, 934（2011）.

B. J. Maron, Distinguishing hypertrophic cardiomyopathy from athlete's heart：a clinical problem of increasing magnitude and significance, *Heart,* **91**, 1380（2005）.

N. MacFarlane, D. B. Northridge, A. R. Wright et al., A comparative study of left ventricular structure and function in elite athletes, *Br. J. Sp. Med.,* **25**, 45（1991）.

J. Morganroth and B. J. Maron, The athlete'sheart syndrome：a new perspective, Annals of the New York Academy of Sciences, **301**, 931（1977）.

A. Pelliccia, B. J. Maron, R. D. Luca et al., Remodeling of left ventricular hypertrophy in elite athletes after long-term deconditioning, *Circulation* **105**, 944（2002）.

B. J. Maron, A. Pelliccia, A. Spataro, M. Granata, Reduction in left ventricular wall thickness after deconditioning in highly trained Olympic athletes, *Br. Heart J.,* **69**, 125（1993）.

齋藤宗靖, 心臓リハビリテーション, 総合臨床, **52**, 1421（2003）.

P. A. Ades, M. H. Grunvald, R. M. Weiss, J. S. Hanson, Usefulness of myocardial ischemia as predictor of training effect in cardiac rehabilitation after acute myocardial infarction or coronary artery bypass grafting, *Am. J. Cardiol.,* **63**, 1032（1989）.

6章

境　章, 『目でみるからだのメカニズム』, 医学書院（2000）.

W. D. McArdle, F. I. Katch, V. L. Katch, 田口貞善ら監訳,『運動生理学〜エネルギー・栄養・ヒューマンパフォーマンス〜』, 杏林書院（2000）, p.276.

小松　裕, 消化器系疾患,『健康管理とスポーツ医学』,〈アスレティックトレーナー専門科目テキスト4〉, 日本体育協会（2013）.

W.E. ギャレット Jr., D.T. カーケンダル, 宮永豊総監訳,『スポーツ運動科学—バイオメカニクスと生理学—』,〈スポーツ科学・医学大事典〉, 西村書店（2010）, p.178〜180.

小松　裕, 血液感染症,『健康管理とスポーツ医学』,〈アスレティックトレーナー専門科目テキスト4〉, 日本体育協会（2013）.

8章

荻田　太, 大平充宣, 酸素の運搬と運動能力, *THE LUNG perspectives,* 9（2）, 185（2001）.

大野秀樹ほか. 高地トレーニングと赤血球. 臨床スポーツ医学, 15, 1349（1998）.

D. C. Nieman, Exercise, upper respiratory tract infection, and the immune system, *Med. Sci. SportsExerc,* 26, 128（1994）.

B. K. Pedersen, H. Bruunsgaard, et al., Exercise and the immune system-influence of nutrition and ageing, *J. Sci. Med. Sport.,* 2（3）, 234（1999）.

赤間高雄, 木村文律ら, 42ヶ月間の運動継続による中高年者の唾液分泌型免疫グロブリンAの変化, スポーツ科学研究, 2, 22（2005）.

今川重彦, 血液疾患,『健康管理とスポーツ医学』,〈公認アスレティックトレーナー専門科目テキスト4〉, 日本体育協会（2013）, p.17〜20.

鼻アレルギー診療ガイドライン作成委員会,『鼻アレルギー診療ガイドライン-通年性鼻炎と花粉症-2013年版（改訂第7版）』, ライフサイエンス（2013）.

大木幹文, 持木茂樹, 花粉アレルギーの診断と治療. 臨床スポーツ医学, 24, 1（2007）.

11章

吉村寿人,『人の適応能—気候変化への適応を中心として』,〈環境科学叢書〉, 共立出版（1977）.

R. D. Sidman, E. J. Gallagher, Exertional heat stroke in a young woman: gender differences in response to thermal stress, *Acad. Emerg. Med.*, 2, 315（1995）.

『スポーツ活動中の熱中症予防ガイドブック』, 日本体育協会（2013）.

Y. Epstein, D. S. Moran, Y. Shapiro et al., Exertional heat stroke: a case series, *Med. Sci. Sports Exerc.*, 31, 224（1999）.

W. L. Kenny, Physiological correlates of heat intolerance, *Sports Medicine*, 2, 279（1985）.

L. E. Armstrong, D. J. Casa, M. Millard-Stafford et al., Exertional heat illness during training and competition, *Med. Sci. Sports Exerc.*, 44, 556（2007）.

R. L. Hughson, L. A. Standi, J. M. Mackie, Monitoring road racing in the heat, *Physician Sportsmed.*, 11, 94（1983）.

W. D. McArdle, F. I. Katch, V. L. Katch, Exercise and thermal stress, Exercise Physiology (Edition 3), Lea & Febiger (1991), p. 547〜579.

12章

山内亮平, 清水和弘, 古川拓生, 渡部厚一, 竹村雅裕, 赤間高雄, 秋本崇之, 河野一郎, 大学ラグビー選手における合宿期間中の唾液分泌型免疫グロブリンAの変動, 体力科学, 58（1）, 131（2009）.

参考文献

清水和弘，相澤勝治，鈴木なつ未，久木留 毅，木村文律，赤間髙雄，目崎 登，河野一郎．唾液SIgA を用いた全日本トップレスリング選手の急速減量時のコンディション評価，日本臨床スポーツ医学会誌，**15**（3），441（2007）．

K. Shimizu, N. Suzuki, M. Nakamura, K. Aizawa, T. Imai, S. Suzuki, N. Eda, Y. Hanaoka, K. Nakao, N. Suzuki, N. Mesaki, I. Kono, T. Akama, Mucosal immune function comparison between amenorrheic and eumenorrheic distance runners, *Journal of Strength and Conditioning Research*, **26**（5），1402（2012）．

V. Neville, M. Gleeson, J. P. Folland, Salivary IgA as a risk factor for upper respiratory infections in elite professional athletes, *Medicine & Science in Sports & Exercise*, **40**（7），1228（2008）．

13章

小野寺孝一，宮下充正，全身持久性運動における主観的強度と客観的強度の対応性，体育学研究，**21**（4），191（1976）．

推薦図書

1章

小出清一，福林徹，河野一郎 編，『スポーツ指導者のためのスポーツ医学（改訂第2版）』，南江堂（2009）．

目崎登，『スポーツ医学入門』，文光堂（2009）．

臨床スポーツ医学編集委員会 編，『スポーツ損傷予防と競技復帰のためのコンディショニング技術ガイド』，臨床スポーツ医学（臨時増刊号），28，文光堂（2011）．

日本体育協会指導者育成専門委員会アスレティックトレーナー部会 監，赤間高雄 編，『健康管理とスポーツ医学』，〈アスレティックトレーナー専門科目テキスト4〉，日本体育協会（2007）．

2章

臨床スポーツ医学編集委員会 編，『スポーツ損傷予防と競技復帰のためのコンディショニング技術ガイド』，臨床スポーツ医学（臨時増刊号），28，文光堂（2011）．

小出清一，福林徹，河野一郎 編，『スポーツ指導者のための スポーツ医学（改訂第2版）』，南江堂（2009）．

5章

日本スポーツ振興センター学校安全部，『学校における突然死予防必携（第2版）』，日本スポーツ振興センター（2011）．

6章，

日本体育協会指導者育成専門委員会アスレティックトレーナー部会 監，赤間高雄 編，『健康管理とスポーツ医学』，〈アスレティックトレーナー専門科目テキスト4〉，日本体育協会（2007）．

W.E. ギャレット .Jr., D.T. カーケンダル 編，宮永豊 総監訳，阿江通良，河野一郎，高松薫，徳山薫平 監訳，『スポーツ運動科学：バイオメカニクスと生理学』，西村書店（2010）．

W.E. ギャレット .Jr., D.T. カーケンダル, D.L. スクワイアー 編，宮永豊 総監訳，赤間高雄，宮川俊平，向井直樹 監訳，『スポーツ医学プライマリケア：理論と実践』，〈スポーツ科学・医学大事典〉，西村書店（2010）．

8章

小出清一，福林徹，河野一郎 編，『スポーツ指導者のためのスポーツ医学（改訂第2版）』，南江堂（2009）．

日本体育協会指導者育成専門委員会アスレティックトレーナー部会 監，赤間高雄 編，『健康管理とスポーツ医学』，〈アスレティックトレーナー専門科目テキスト4〉，日本体育協会（2007）．

W.E. ギャレット .Jr., D.T. カーケンダル 編，宮永豊 総監訳，阿江通良，河野一郎，高松薫，徳山薫平 監訳，『スポーツ運動科学：バイオメカニクスと生理学』，西村書店（2010）．

W.E. ギャレット .Jr., D.T. カーケンダル, D.L. スクワイアー 編，宮永豊 総監訳，赤間高雄，宮川俊平，向井直樹 監訳，『スポーツ医学プライマリケア：理論と実践』，〈スポーツ科学・医学大事典〉，西村書店（2010）．

ピーター・パーラム，笹月健彦 監訳，『エッセンシャル免疫学（第2版）』，メディカル・サイエンス・インターナショナル（2010）．

推薦図書

11章
『スポーツ活動中の熱中症予防ガイドブック』，日本体育協会（2013）．

12章
臨床スポーツ医学編集委員会 編，『スポーツ損傷予防と競技復帰のためのコンディショニング技術ガイド』，臨床スポーツ医学（臨時増刊号），28，文光堂（2011）．

小出清一，福林徹，河野一郎 編，『スポーツ指導者のための スポーツ医学（改訂第2版）』，南江堂（2009）．

13章
Mary Lloyd Ireland, Aurelia Nattiv, "The Female Athlete", Saunders（2002）

坂元正一，水野正彦，武谷 雄二 監，『プリンシプル産科婦人科学1』，メジカルビュー社（2005）．

15章
マイケル・J・サンデル，林芳紀，伊吹友秀 訳，『完全な人間を目指さなくてもよい理由：遺伝子操作とエンハンスメントの倫理』，ナカニシヤ出版（2010）．

用語解説

カッコ内に関連するページを示す．

生活習慣病（p. 2, 3）
病気の環境要因として，運動習慣，食習慣，飲酒，喫煙などの生活習慣が密接に関わる疾患．

コンディショニング（p. 5, 6．第2章も参照）
アスリートの競技力に影響する，すべての要因を最適な状態（コンディション）に整えていくこと．「身体的因子」，「精神的因子」，「環境的因子」，「情報的因子」に分類することができる．

上気道感染症（p. 9）
かぜ症候群，感冒，急性上気道炎とともに，いわゆる普通の「かぜ」を表す用語として使用される．

脂質異常症（p. 11）
血液中の脂質濃度が異常な状態．以前は高脂血症と呼ばれたが，高LDLコレステロール（悪玉コレステロール）と高中性脂肪の状態以外に低HDLコレステロール（善玉コレステロール）も含める必要があるため，脂質異常症の名称が用いられる．

QOL（quality of life）（p. 11）
生活の質．人間が人間らしく充実した生活を送っているかを評価する尺度．

運動処方（p. 11）
治療として実施する運動の種類，運動強度，実施時間，実施頻度を具体的に指示すること．

健康管理体制（p. 17）
アスリートの健康管理には，セルフケア，プライマリーケア，セカンダリーケアが必要である．セルフケアは健康管理の基盤であるため，アスリートが自身の健康をしっかり管理できないと，プライマリーケアもセカンダリーケアもその効果が期待できない．

メディカルチェック（p. 18）
アスリートにおける怪我や故障，疾患を予防するために，定期的な医学的検査が必要である．とくにスポーツ活動中の突然死は，アスリートおいても一般においても問題になっており，循環器系のメディカルチェックや自覚的な疲労感などのチェックはとくに重要視する．

喉頭蓋（p. 34）
喉の入り口にあり，気道と食道を使い分ける弁の役割を果たす．

CPR（心肺蘇生）（p. 34）
CPRは，cardio-pulmonary resuscitationの略．胸骨圧迫と人工呼吸を組み合わせて行う方法．

AED（自動体外式除細動器）（p. 35）
AEDは，automated external defibrillatorの略．心電図解析から通電までを自動的に行う装置（ただしショックボタンは救助者が押す）で，一般市民による使用が可能である．

閉塞性障害（p. 52）
呼吸機能検査で努力呼気によりはじめの1秒間に呼出される量を一秒量といい，一秒量を肺活量で除した値を一秒率という．一般に一秒率70％以下を示した場合に閉塞性障害があるといい，気管支喘息やCOPDで認められる．

呼吸困難（p. 53）
呼吸困難は呼吸器疾患のあるもののADLやQOLに関与する重要な因子である．生活環境での呼吸困難を示す間接的評価法としてF-H-J分類があり，身体障害者（呼吸機能障害）申請時などに医師が記載する．一方，Borgスケールは患者が運動時の自覚的な呼吸困難の程度を評価する方法で，運動負荷試験時などに使用される．

拘束性障害（p. 53）
呼吸機能検査で最大吸気位から最大呼気位までの肺容積の変化量を肺活量という．肺活量は性・年齢・身長などに依存するが，これらにより予測される肺活量の80％以下を示した場合，拘束性障害があるという．肺線維症など肺が硬くなったり，神経筋疾患のように肺をふくらませられない場合に認められる．

冠（状）動脈（p. 56）
心臓全体の心筋に血液を搬送している血管で，右冠動脈，左冠動脈，さらに左冠動脈は前下行枝および回旋枝の2枝に分岐する．この3本の冠動脈により心臓全体が栄養されていることになる．この冠動脈の内腔に狭窄が認められ運動時などに胸痛が認められる病態が狭心症であり，冠動脈の内腔が完全に閉塞してしまった病態が心筋梗塞である．

肥大型心筋症（p. 57）
若年スポーツ選手のスポーツに関連した突然死の原因と

用語解説

して，非常に多い疾患である．左室後壁および心室中隔の極端な肥厚を示すが，とくに心室中隔の肥厚が顕著である．心筋の組織を顕微鏡でみると，心筋細胞の並び方に乱れが認められることも特徴である．閉塞性といって血液流出路の部分が肥大しているタイプは，とくに突然死につながりやすいと考えられている．

先天性冠動脈奇形 (p. 57)
胸部大動脈からの冠動脈の分岐の解剖学的異常で，数種類のタイプがある．典型的なタイプで突然死の原因として多いものが，左冠動脈奇形である．胸部大動脈から鋭角に分岐していること，胸部大動脈と肺動脈との間を走行することが，突然死につながりやすいと考えられている．

心臓震盪 (p. 60)
最近，スポーツに関連した突然死の原因として注目されている．硬式野球のボールのように球状の物が前胸部中央に衝突することにより，心停止や心室細動などを起こし，突然死するものである．バット，ゴルフクラブ，頭部が前胸部に衝突しても，同様なことが起こりうる．

運動負荷心電図 (p. 65)
自転車エルゴメータやトレッドミルを使用して運動負荷を加え，その際心電図記録を行い，その心電図変化をみる検査である．運動中の心筋虚血の有無を判定する上で非常に有用な検査であり，スポーツのためのメディカルチェックの検査の中で，最も重要なものである．

炭水化物 (p. 74)
単糖が結合してできたもので，化学的には二糖類や多糖類，栄養的には糖質や食物繊維が含まれる．単糖には，ブドウ糖（グルコース），果糖（フルクトース），ガラクトースなどがあり，二糖類には，ショ糖（ブドウ糖＋果糖），乳糖（ブドウ糖＋ガラクトース），麦芽糖（ブドウ糖×2），多糖類には，デンプン（ブドウ糖多数），グリコーゲン（ブドウ糖多数），セルロース（食物繊維）などがある．

中性脂肪 (p. 74)
グリセリンに脂肪酸が結合したもので，脂肪酸が1つ結合したモノグリセリド，2つ結合したジグリセリド，3つの脂肪酸が結合したトリグリセリドがあり，通常はトリグリセリドのことをさす．おもにエネルギーの貯蔵物質として働く．

ミセル (p. 74)
親水性と疎水性の部分をもつ分子が，親水性の部分を外に向け，疎水性部分を内側にして集合体（ミセル）をつくり水溶性となっている．石鹸で油が水に溶けるのは，石鹸が油を内側に取り囲んでミセルをつくるためである．

肝炎ウイルス (p. 78)
肝炎を起こすウイルスで，いくつか種類がある．食べ物を介して感染するA型とE型，血液を介して感染するB型とC型が代表的である．なかでもC型肝炎ウイルスは慢性化しやすい．

乏尿，無尿 (p. 83)
人間の1日の尿量は500〜1000 mL程度といわれている．一般に，尿量が400 mL以下の場合を乏尿，100 mL以下の場合を無尿と呼ぶ．逆におよそ2000 mL以上の場合を多尿という．また，朝起きてから就寝までの排尿回数が8回以上の場合を頻尿という．

糸球体濾過量 (glomerular filtration rate, GFR) (p. 83)
腎臓の糸球体で濾過される血漿量のことで，腎機能評価指標の1つである．イヌリンという物質が糸球体で完全に濾過されるため，測定法としては正確であるが煩雑なため，血清クレアチニンからのGFR推算式（eGFR）〔男性：$194 \times Cr^{-1.094} \times$ 年齢$^{-0.287}$，女性：eGFR（男性）$\times 0.739$〕やクレアチニンクリアランスが用いられる．

造血幹細胞 (p. 92)
血液中の細胞（赤血球，白血球，血小板）のもとになる細胞で，おもに骨髄にある．造血幹細胞の状態では共通であるが，造血幹細胞が分裂増殖して，赤血球，白血球，あるいは血小板と，異なる構造と機能をもった細胞系統に変化していく（分化）．

血漿タンパク質 (p. 92)
血漿に溶けているタンパク質で，アルブミン，免疫グロブリン，凝固因子など，多数の種類がある．アルブミンは血漿タンパク質の約半分を占め，最も多い．アルブミンは肝臓でつくられ，栄養状態の指標にもなり，血液の浸透圧の保持や物質の運搬に働く．

Bリンパ球 (p. 93)
リンパ球の1種で，B細胞ともいう．鳥類ではファブリキウス囊（bursa Fabricii）という器官で分化成熟するためBリンパ球というが，ヒトではファブリキウス囊は存在せず，骨髄（bone marrow）で分化成熟する．抗体（免疫グロブリン）を産生する．Bリンパ球が2型ヘルパーTリンパ球の補助をうけて形質細胞に分化すると，Bリンパ球の細胞表面に存在していた抗原レセプターが分泌されて抗体となる．

Tリンパ球 (p. 93)
リンパ球の1種で，T細胞ともいう．胸腺（thymus）で成熟するので，Tリンパ球という．細胞表面の分子の種類が細胞機能に関係するので，それによって分類する．1型ヘルパーTリンパ球はマクロファージや細胞障害性Tリンパ球を活性化し，2型ヘルパーTリンパ

球はBリンパ球を活性化する．細胞障害性Tリンパ球はキラーT細胞ともいわれ，ウイルス感染細胞や腫瘍細胞を攻撃する．

エリスロポエチン（erythropoietin, EPO）(p. 94)
赤血球の産生を増加させるホルモンで，腎臓でつくられる．慢性腎疾患ではEPOの産生が低下して貧血（腎性貧血）になるため，治療薬としてEPOが使用される．ドーピングとして使用すると赤血球量（ヘモグロビン量）を増やして持久力を向上させることができるので，ドーピング禁止物質に指定されている．

速筋線維，遅筋線維 (p. 105)
筋線維には，出力は強いが疲労しやすい速筋（type Ⅱ）線維と，出力は弱いが持久力に優れる遅筋（type Ⅰ）線維の2つがある．この2つのタイプの筋組成の個人差が，得意とする運動競技の特性を決定するといわれている．type Ⅱ線維には，もっぱら酸素に依存しないエネルギー産生のみを行う type Ⅱb 線維と，酸素を利用したエネルギー産生の可能な type Ⅱa 線維が存在する．運動トレーニングにより，type Ⅱb 線維から type Ⅱa 線維へと筋の組成変化を起こすことが知られている．

最大酸素摂取量（$\dot{V}O_2$ max）(p. 108)
運動強度が高くなるにつれ，必要な酸素需要量が高まり，酸素摂取量が増加する．生体が取り込むことのできる酸素摂取量の最大値を最大酸素摂取量という．有酸素運動が酸素に依存する運動であるため，最大酸素摂取量は，有酸素性作業能力の指標とされている．最大酸素摂取量と安静時酸素摂取量の差を予備酸素摂取量という．一般に，有酸素運動の運動強度は，運動により増加する酸素摂取量（運動中の酸素摂取量－安静時酸素摂取量）の予備酸素摂取量に対する相対値（％）で示されることが多い．

オーバートレーニング症候群 (p. 110，第12章も参照)
運動強度または運動量の大きな運動を日常的に行うことにより，運動により生じた生理的な疲労が十分に回復しないまま積み重なることで引き起こされる．視床下部や脳下垂体から分泌されるホルモンのバランスが崩れるため，単に疲労感のみならず，集中力の欠如，睡眠障害，食欲の異常，情緒不安定など，日常生活に支障をきたすさまざまな心身の症状が生じる．

グライセミック・インデックス（glycemic index, GI）(p. 110)
食品に含まれる糖質の吸収度合いの指標であり，一定量（50 g）のグルコースを摂取したときの血糖値上昇曲線面積を100としたときに，対象となる食物を摂取したときの血糖値上昇曲線面積を相対値で示した値を用いる．多くの果物および野菜，豆類は低 GI 食品（55以下）であり，ジャガイモ，白パン，白米，シリアルなどは高 GI 食品（70以上），全粒粉製品，サツマイモ，砂糖などはその中間とされている．食物の吸収速度が速いと血糖値のピーク値は高くなり，一般的にはそれに伴って GI 値も高くなる．砂糖のように，急激に高い血糖値へ上昇し，その後インスリンの過剰分泌によって血糖値が急降下するような食品では，糖の吸収速度は速いものの GI 値は低くなる点に注意する．

無酸素性作業閾値 (p. 113)
運動強度が高くなると，有酸素性ATP産生機構ではエネルギーを十分にまかないきれなくなり，酸素を必要としないATP産生機構が動員される．軽い運動から運動の強さを徐々に増していくとき，ATP産生機構が切り替わる転換点となる運動強度のレベルを無酸素性作業閾値という．一般的には，このような漸増負荷運動中の血中乳酸濃度を計測し，乳酸値が上昇し始める（乳酸性作業閾値）か，血中乳酸濃度が4 mmol/Lに達したときの（乳酸蓄積開始点）運動強度で決定する方法と，呼気ガス（酸素と二酸化炭素）を分析し，二酸化炭素排出量が急激に上昇する（換気性作業閾値）時の運動強度で決定する方法がある．ただし，これらの値は必ずしも一致しない点に注意する．無酸素性作業閾値が高いほど，より高い運動強度で有酸素運動が可能になるため，この指標は，最大酸素摂取量と並んで有酸素性作業能力の指標となる．

予測最大心拍数 (p. 115)
一般に，220－年齢を予測最大心拍数とする．最大酸素摂取量の測定には，前述のとおり，運動強度の計算には最大酸素摂取量の測定が必要であるが，それには，多くの時間と費用が必要であり，最大酸素摂取量の代わりに予備心拍数を活用することが多い．その際，運動強度は，運動により増加する心拍数（運動中の心拍数と安静時心拍数の差）を予備心拍数（予測最大心拍数と安静時心拍数の差）で割った相対値で示される．ただし，β受容体遮断薬などの降圧薬服用中，心臓機能低下，糖尿病自律神経障害などの患者では，運動による心拍応答が低下しているため，実際の最大心拍数と予測最大心拍数には大きなずれが生じることが多い．

有棘細胞がん (p. 127)
皮膚の悪性腫瘍には「基底細胞がん」，「有棘細胞がん」，「ボーエン病」，「パジェット病」，「悪性黒色腫」の5種類があり，それぞれ特徴がある．このうち有棘細胞がんは，紫外線防御を行うと発生率が低下することが報告されている．紫外線のうちUVBがこの発がんに影響を与えている．UVBは，オゾン層で大部分が吸収されてご

用語解説

く一部が地表に到達する．オゾン層が破壊されると地表に到達する UVB の量が飛躍的に増加し，有棘細胞がんの発生率が増加することが危惧される．オゾン層を破壊するとされているフロンガスは，1980 年代後半以降製造・輸出入が禁止され，順次回収され処理されている．

DIC（Disseminated Intravascular Coagulopathy 全身性血管内凝固症候群）（p. 135）
全身に存在している血管内のごく一部を除いて，血液中の血小板数が極端に減少している病態．そのために血管が何らかの原因で破れると大量出血を起こし，死につながると考えられている．以前は悪性腫瘍末期あるいは重症感染症のときに多く認められると考えられていたが，熱射病においても認められることが判明している．

WBGT（湿球黒球温度）（p. 138）
湿球温度（湿度）が最も重要視されており，次いで黒球温度（輻射熱）で，乾球温度（気温）が最も軽視されている．下記の式によって求められるが，現在は手持ち型 WBGT 計で簡易に測定できる．気温のみで判定するよりも，この WBGT 値でスポーツ実施の可否を決定するほうが有用である．
【WBGT の算出方法】
屋外：0.7× 湿球温度 ＋ 0.2× 黒球温度 ＋ 0.1× 乾球温度
屋内：0.7× 湿球温度 ＋ 0.3× 黒球温度

運動中の水分補給（p. 140）
水分補給は，熱中症予防のために重要であるが，運動パフォーマンス維持のためにも重要と考えられている．水分補給，とくに糖質を含む水分の補給は，水分を補給しない場合に比較して明らかにパフォーマンスが向上することが確認されている

ホメオスタシス（p. 144．第 1 章も参照）
内部や外部の環境因子の変化に関わらず，生体の内部環境を常に一定の状態に保つ働きであり，ストレッサーによる刺激によって内部環境が乱されるが，ホメオスタシスが働くことでもとの状態に戻される．

ストレッサー（p. 144．第 1 章も参照）
生体の内部環境を乱す刺激であり，物理・化学的ストレッサー（温度，放射線など），生理的・生物的ストレッサー（運動，病原体など），心理的・社会的ストレッサー（緊張，人間関係など）に分けられる．私たちは常にこれらのストレッサーによる刺激を受けている．

ストレス（p. 144．第 1 章も参照）
ストレッサーによる刺激により，生体の内部環境に乱れが生じた状態である．ストレッサーによる刺激が強く，生体におけるホメオスタシスが対応しきれないと疲労をはじめとする，さまざまな症状が生じる．

月経前症候群（premenstrual syndrome, PMS）（p. 161）
通常 28 〜 30 日ほどの周期で繰り返される月経周期（月経→卵胞期→排卵→黄体期→月経）は，「視床下部—下垂体—卵巣系」という精妙なホルモン調節により規則正しく発来する．女性アスリートでは，黄体期にコンディションが悪くなる人が多く，女性ホルモン（黄体ホルモン）分泌のためと考えられる．黄体ホルモンには体温上昇作用，中枢性麻酔作用，水分貯留作用などがあり，アスリートの自覚的なコンディション不良，メンタルの落ち込み，意欲の減退などの症状を月経前症候群という．

女性アスリートの三徴候（p. 165）
摂食障害，無月経，骨粗鬆症の 3 つは合併しやすいので，このように呼ばれている．摂食障害⇒無月経⇒骨粗鬆症の順に病態が進むと考えられている．

うつ病と双極性障害（躁うつ病）（p. 176）
精神科の疾患分類では，従来躁うつ病と呼ばれていた疾患は双極性障害と呼ばれている．うつ病と双極性障害のうつ状態は，症状的にはみわけることが困難であるが，この 2 つの疾患は，現在別の異なる疾患であると考えられている．双極性障害は，時代や文化，社会によらず，生涯有病率は人口の 1 〜 2 ％であり，遺伝的な背景がより強いのに対し，うつ病性障害は，ストレスの関与がより強いと考えられている．

CPAP（シーパップ）**療法**（p. 183）
睡眠時無呼吸症候群の診断には，終夜睡眠ポリグラフィ検査を行う．これにより，夜間睡眠中の無呼吸の回数を正確に測定し，1 時間あたりの無呼吸と低呼吸の回数を無呼吸低呼吸インデックス（AHI）として算出する．AHI が 5 以上であれば睡眠時無呼吸症候群と診断されるが，保険診療上 CPAP の適応となるのは AHI が 20 以上のケースである．

世界アンチ・ドーピング規程（WADA Code）（p. 193）
世界アンチ・ドーピング機構（WADA）が策定した，ドーピング防止規則．世界統一規則であり，2003 年に定められた．ドーピングの定義，罰則，聴聞会，上訴などの手続きや，国際オリンピック委員会，国際競技連盟，各国オリンピック委員会の責務なども規定されている．

公認スポーツファーマシスト認定制度（p. 198）
日本アンチ・ドーピング機構（JADA）と日本薬剤師会の協力により設立された．「意図しないドーピング」を防止するため，薬の服用に関して適切なアドバイスを提供できる人材（公認スポーツファーマシスト）を育成する制度である．公認スポーツファーマシストは全国に存在し，アスリートやコーチなどからの問い合せに対応する体制が構築されている．

索　引

アルファベット

ACT	49
ACTH	107, 108, 145, 146
ADLトレーニング	53
AED	34〜36
AHA	63
AIDS	101
AMP	113
AT	113
ATレベル	67
ATP	104
ATP-CP	104
B型肝炎	10
Bリンパ球	93
C型肝炎	10
CKD	87
COPD	52
CPR	34
CTスキャン	64
DIC	135
2,3-DPG	94
DSM-IV	180
FFA	118
FSH	158
GCS	32
GI	110
GnRH	162
Hb	97
HbA1c	25
HDLコレステロール	117, 118
HERGチャンネル	180
HIV	101, 102
HRT	164
HTGL	118
ICD-10	180
IF	192
Ig	92
IOC	190
IPC	192
J字モデル	95
JADA	193, 201
JCS	32
JOC	193
JPSA	193
JSAA	193
LDLコレステロール	117, 118
LH	158
LPL	118
LT	67
MRI	64
NADO	192
NK細胞	93
N/L比	150
NOC	192
NPC	192
NSAIDs	83
OC	161
open window	95
PA	128
PMS	161
POMS	147, 148
QOL	11, 102
RPE	167
SIgA	150
Smart Life Project	10
SPF	128
SpO_2	46
SSRI	185
STAI	147
T/C比	151
TCA回路	105
TG	118
TUE	194
UNESCO国際規約（UNESCOスポーツにおけるドーピングの防止に関する国際規約）	195
UVA	128
UVB	128
$\dot{V}O_2max$	108
VT	67
WADA	190, 191
WADA Code	191, 193, 194
WBGT	138, 139

あ

アイスバーグ（氷山）型（POMSテスト）	148, 149
あせも（汗疹）	129
アデノシン一リン酸	113
アデノシン三リン酸	104
アナフィラキシー	95, 96
アポクリン腺	124
アレルギー	94
アレルギー性鼻炎	100
アレルギー反応	126
アンダーラップ	131
アンチ・ドーピング活動	190
異化	106
異型運動誘発アナフィラキシー	96
意識障害	32
I型アレルギー	94
1型糖尿病	114
1型ヘルパーTリンパ球	93
一秒率低下	52
一般健康診断	23
遺伝要因	2
意図しないドーピング	200
インスリン	73, 106
インスリン感受性の増加	108
インスリン抵抗性	113
インフルエンザ	51
うおのめ	128
うつ病	176〜181
うつ病の診断基準	176
運動処方	11
運動性血尿	85
運動性タンパク尿	86
運動性低血糖	109, 110
運動性無月経	163
運動中の水分補給	138
運動トレーニング	65, 67

索引

運動負荷試験	11, 21, 26, 115	冠危険因子	62	月経異常	162
運動負荷心電図	65, 180	肝機能検査	25	月経周期	160
運動プログラムの目安（糖尿病患者）	115	環境要因	2	月経随伴症状	160
		乾性溺死	48	月経前症候群	161
運動誘発アナフィラキシー	95〜97	肝性トリグリセリドリパーゼ	118	血漿	90
運動誘発試験	50	汗腺	124	血小板	90
運動誘発性気管支攣縮	49	感染症	9	血中エストラジオール値	163
運動誘発喘息	22, 49	感染防止吹き込み用具	35	血尿	84
運動療法	68	肝臓	73	ケラチノサイト	123
エイズ	101	間代性けいれん	37〜39	下痢	76
エクリン汗腺	124, 126	冠動脈	56	嫌気性作業閾値	113
エストラジオール	151, 152	既往歴	19	健康寿命	10
エストロゲン	158	気管支喘息	48〜50, 52	健康診断	23
エネルギー代謝	104	気胸	46, 47	健康日本21	10
エピネフリン（アドレナリン）自己注射薬	40, 97	基礎体温	159	顕微鏡的血尿	85
		気道	44	現病歴	19
エリスロポエチン	82	気分プロフィール検査	147, 148	好塩基球	93, 150
嚥下	72	基本健康診断用紙	21	交感神経	75
炎症性サイトカイン	145, 146	逆アイスバーグ型（POMSテスト）	148, 149	交感神経系	106
横隔膜	44			交感神経β作用薬	49
応急処置の手当	30	急性腎不全	83	行軍症候群	86
黄体	158	急性疲労	144	抗原	92
黄体化ホルモン	158	急速減量	151	抗原提示	93
黄体期	158, 161	胸郭	44	好酸球	93, 150
横紋筋融解	8	競技スポーツ	6	高山病	47
オーバートレーニング症候群	9, 95, 153〜155, 180, 181	競技復帰	179	抗体	92
		胸腔ドレナージ	47	高地脳浮腫	48
オーバーユース症候群	19	胸骨圧迫	34	高地肺水腫	48
オプソニン作用	93	強直性けいれん	37〜39	好中球	93, 150
おもなホルモンの種類と役割	107	胸部エックス線検査	21	好中球／リンパ球比	150
		虚血性心疾患	67, 68	高張性脱水	111, 112
		起立性（体位性）タンパク尿	86	後天性免疫不全症候群	101
		禁止表国際基準	194	喉頭	44

か

		クエン酸回路	105	行動体力	4
外呼吸	45	口	72	高尿酸血症	113
外傷性気胸	47	靴ずれ	129	公認スポーツファーマシスト認定制度	198, 200, 201
回復体位（リカバリーポジション）	33, 34	グライセミック・インデックス	110		
カイロミクロン	74, 118	グリコーゲン節約効果	109	呼吸器系	44〜53
過換気	45	グリコヘモグロビン	25	呼吸原性心肺停止	34
過換気症候群	37, 45, 184	グルカゴン	73, 106	呼吸困難	40
下気道	44	クレアチンリン酸系	104	呼吸指標	46
角質層	122	毛	124	呼吸リハビリテーション	53
過呼吸	45	経口鉄剤	99	国際オリンピック委員会	190
かぜ症候群	9	経口避妊薬	161	国際競技連盟	192
家族歴	20	外科系スポーツ障害	19	国際疾病分類	180
学校保健安全法	23	血液	90	国際パラリンピック委員会	192
花粉症	99, 100	血液検査	24	国体選手における医・科学サポートとガイドライン	21
顆粒球	93, 150	月経	158		
換気閾値	67				

214

索　引

国内オリンピック委員会	192	
国内ドーピング防止機関	192	
国民健康づくり運動	10	
ゴナドトロピン放出ホルモン	162	
5 METs（メッツ）の運動	88	
コラーゲン	123	
コルチゾール	151, 152	
コレステロール	117〜119	
コンディショニング	5, 6, 14〜16, 146〜153	

さ

最大酸素摂取量	94, 108
細胞障害性Tリンパ球	93
酸化的リン酸系	105
サンスクリーン剤	127, 128
サンタン	127
産熱機構	134
サンバーン	127
自覚症状	19
色素尿	84
子宮内膜の変化	159
刺激伝導系	56
自己評価記録	147, 148
脂質異常症	117〜119
脂質検査	25
視床下部	106
視診	20
自然気胸	47
湿球黒球温度	138
失神	99
湿性溺死	48
自動体外式除細動器	34〜36
脂肪	74
脂肪肝	76
十二指腸	73
主観的コンディション	160
手掌基部	34
受精	158
出血	7
循環器系	56〜68
生涯スポーツ	6, 22〜26
消化管	72
消化管出血	76
消化器系	71〜78
上気道	44
上気道感染症	9, 50〜52

蒸散	134
消退出血	161
状態・特性不安検査	147
小腸粘膜上皮細胞	74
触診	20
食物依存性運動誘発アナフィラキシー	96
女性アスリートの三徴候	165, 187
ショック	38, 39
アナフィラキシー——	39
循環血液量減少性——	38
神経原性——	39
心原性——	38
敗血症性——	39
自律神経	56
自律神経系	106, 145, 146
自立神経系指標	149
心エコー図所見	63
神経性大食症	186
神経性無食欲症	185
神経伝達物質	106
心原性心肺停止	34
人工呼吸	35
診察	20, 24
腎臓	82
心臓震盪	60
心電図解析	35
心電図所見	63
心肺蘇生	34〜37
心肺蘇生における評価と手当て	33
心拍変動	149
真皮	123
真皮乳頭	123
腎・泌尿器系	82〜88
膵液	73
水死	48
膵臓	73
水分補給のめやす	140
睡眠衛生指導	182
睡眠時無呼吸症候群	181, 183
睡眠障害	181〜183
睡眠不足症候群	182
スキンケア	131, 132
スキンタイプ	126
スクリーニングフローチャート（運動参加前）	64
すこやか生活習慣国民運動	10
ストレス	6, 144

ストレスホルモン	56, 177, 181
ストレッサー	3, 144
スポーツ医学	2
スポーツ医学（外科）	2
スポーツ医学（内科）	2
スポーツ外傷	18
スポーツ活動中の突然死	19
スポーツ基本計画	197
スポーツ基本法	14, 197
スポーツ振興法	197
スポーツ心臓	57, 65〜67
スポーツにおけるドーピングの防止に関するガイドライン	196
生活習慣病	3
精神医学	176〜187
精神刺激薬	179
精神生理性不眠症	181
精神的ストレッサー	4
生体の内部環境	145
生物的ストレッサー	4
生理的ストレッサー	4
世界アンチ・ドーピング機構	191
世界アンチ・ドーピング規程	191
セカンダリーケア	17, 18
赤褐色尿	8
赤血球	90
セットポイント	126
セルフケア	17, 18
セルフチェック	26
全身けいれん	37
全身性血管内凝固症候群	135
喘息コントロールテスト	49
先天性冠動脈奇形	57
爪郭	125
爪甲	125
爪床	125
臓側胸膜	46
続発性無月経	162

た

胎位	169
胎児奇形	166
対流	134
体力の分類	5
唾液中SIgA	150, 151
たこ	128
多剤併用療法	102

索引

多胎妊娠	166
脱水症	111, 112
脱水の予防法	112
単球	93, 150
胆汁	73
炭水化物	74
タンパク尿	86, 87
中高年女性のスポーツ活動	170
聴診	20
聴力検査	24
治療使用特例国際基準	194
チンリフト	32, 33
爪	125
爪の血豆	130
低血糖予防	116
低骨密度	164
低体重	163
低張性脱水	111, 112
低ナトリウム血症	84
溺死	48
テストステロン	151, 152
テストステロン／コルチゾール比	151
テタニー	45
鉄欠乏性貧血	9, 97～99
テーピング	131
テープかぶれ	131
電解質異常	84
電子伝達系	105
伝導	134
同化	106
糖質コルチコイド	49, 177
糖新生	109
糖代謝検査	24
糖尿病	114～117
動脈血酸素飽和度モニタ	46
特定物質	194, 199
突然死	7, 20, 57～65
ドーピング	60, 190～201
ドーピング防止規則違反	199
トリグリセリド	118

な

内因性突然死	58
内科系スポーツ障害	3, 18
内呼吸	45
内部環境	4, 90

内分泌系	106, 145, 146
内分泌腺	106
2型糖尿病	2, 114
2型ヘルパーTリンパ球	93
肉眼的血尿	85
日本アンチ・ドーピング機構	193
日本オリンピック委員会	193
日本学校保健会学校生活管理指導表	
日本スポーツ協会	193
日本スポーツ仲裁機構	193
日本体育協会	193
日本プロスポーツ協会	193
日本薬剤師会	201
乳酸閾値	68
尿検査	20, 25
尿細管	82
尿酸	113
尿タンパク	86, 87
尿路の損傷	85
人間ドック	23
妊娠	158
妊娠高血圧症	167, 168
妊娠糖尿病	114, 167, 168
認知行動療法	184
妊婦スポーツ	165～169
妊婦スポーツの安全管理基準	165, 166
妊孕性	164
熱けいれん	134
熱射病	134
熱耐容能	137
熱中症	7, 135
熱疲労	134
ネフローゼ症候群	86
喉チェック	51

は

肺胞実質系	44
白癬菌	129
バソプレッシン	106
白血球	90, 93, 150
パニック障害	45, 183～185
パルス状分泌	162
皮下組織	123
ピークパフォーマンス	14
ピークフローメータ	49
皮脂腺	124
ヒステリー	37

非ステロイド系消炎鎮痛薬	83
肥大型心筋症	57, 60, 65
ヒト免疫不全ウイルス	10, 101
皮膚	122～132
皮膚の機能	125
肥満細胞	94
日焼け（紫外線皮膚炎）	127
表皮	122
疲労評価法	152, 153
貧血	8, 97～99
フォトスキンタイプ	127
副交感神経	75
輻射	134
副腎皮質刺激ホルモン	107, 108, 145, 146
副腎皮質ステロイド	100
腹痛	75
不整脈源性右室心筋症	58, 61
不定愁訴	169
不眠症	181
プライマリーケア	17, 18
分泌型免疫グロブリンA	150
分泌期	158
ペーパーバッグ法	40
ペプシノーゲン	73
ペプシン	73
ヘマトクリット量	20
ヘモグロビン	92, 97
ヘモグロビン尿	8, 85
ヘモグロビン量	20
ヘルパーTリンパ球	93
ベンゾジアゼピン系抗不安薬	185
防衛体力	4
乏尿	83
放熱機構	134
母子健康手帳	169
補体	93
ホメオスタシス（恒常性）	4, 90, 144, 146
ボルグの自覚的運動強度	167, 172
ホルモン	91
ホルモン補充療法	164

ま

巻き爪	130
マクロファージ	93
マタニティーブルー	169
まめ	129

マルファン症候群	60	メランコリー親和型性格	178		
慢性肝疾患	78	免疫機能	9	**ら**	
慢性腎臓病	87	免疫グロブリン	92	ランゲルハンス島	74
慢性疲労	145, 146	免疫系	92〜94, 145, 146	卵胞刺激ホルモン	158
慢性閉塞性肺疾患	52	毛周期	124	リスクマネジメント	51
ミオグロビン尿	8, 85	毛包	124	リポタンパクリパーゼ	118
みかけ上の貧血	98	毛母細胞	124	流早産	166
水虫	129	問診	19, 23, 24	旅行者下痢症	77
脈拍数	149			リンパ球	94, 150
無酸素運動	104, 172	**や**		レジスタンス運動	115, 119
無酸素的作業閾値	67			6分間歩行距離	53
無尿	83	有酸素運動	104, 115, 119, 171	6分間歩行試験	53
メタボリックシンドローム	11, 25	遊離脂肪酸	118		
メディカルチェック	17〜26, 62〜65, 169	溶血	7, 98		
		余裕度の概念	163		

執筆者略歴

赤間　高雄（あかま　たかお）
筑波大学大学院医学研究科修了
現在　早稲田大学スポーツ科学学術院 教授
専門　スポーツ医学，スポーツ免疫学，アンチ・ドーピング
医学博士

浅川　伸（あさかわ　しん）
筑波大学大学院体育研究科修了
現在　公益財団法人日本アンチ・ドーピング機構 専務理事
専門　アンチ・ドーピング
博士(スポーツウェルネス学)

伊東　和雄（いとう　かずお）
慶応義塾大学商学部卒業
現在　有限会社マスターワークス 代表取締役
　　　早稲田大学スポーツ科学学術院 講師（非常勤）
専門　救急処置法教育

内田　直（うちだ　すなお）
滋賀医科大学医学部卒業
現在　早稲田大学名誉教授
専門　スポーツ神経精神医科学
博士（医学）

児玉　暁（こだま　さとる）
筑波大学大学院スポーツ医学研究科修了
現在　新潟大学医歯学総合研究科 特任准教授
専門　人間ドック医
博士(スポーツ医学)

坂本　静男（さかもと　しずお）
弘前大学医学部卒業
現在　早稲田大学 名誉教授
専門　スポーツ医学，運動心臓病学，健康管理学
医学博士

清水　和弘（しみず　かずひろ）
筑波大学大学院人間総合科学研究科修了
現在　筑波大学スポーツ Research & Development コア研究員
専門　国立スポーツ科学センター スポーツ研究部 主任研究員
博士（スポーツ医学）

曽根　博仁（そね　ひろひと）
筑波大学医学専門学群卒業
現在　新潟大学大学院医歯学総合研究科 教授
専門　内分泌・代謝内科学
博士（医学）

夏井　裕明（なつい　ひろあき）
筑波大学大学院医学研究科修了
現在　日本女子体育大学体育学部 教授
専門　スポーツ医学，形成外科学，登山医学，微小循環
博士（医学）

難波　聡（なんば　あきら）
東京大学大学院医学系研究科修了
現在　埼玉医科大学医学部 准教授
専門　生殖内分泌学，臨床遺伝学，女性スポーツ医学
医学博士

渡部　厚一（わたなべ　こういち）
筑波大学医学専門学群卒業
現在　筑波大学体育系 教授
専門　スポーツ内科学，呼吸器病学
博士(スポーツ医学)

（五十音順）

はじめて学ぶ 健康・スポーツ科学シリーズ⑧			スポーツ医学【内科】

第1版 第1刷	2014年3月31日	編 者	赤間 高雄
第4刷	2024年3月1日	発 行 者	曽根 良介
	検印廃止	発 行 所	㈱化学同人

JCOPY〈出版者著作権管理機構委託出版物〉

本書の無断複写は著作権法上での例外を除き禁じられています．複写される場合は，そのつど事前に，出版者著作権管理機構（電話 03-5244-5088, FAX 03-5244-5089, e-mail: info@jcopy.or.jp）の許諾を得てください．

本書のコピー，スキャン，デジタル化などの無断複製は著作権法上での例外を除き禁じられています．本書を代行業者などの第三者に依頼してスキャンやデジタル化することは，たとえ個人や家庭内の利用でも著作権法違反です．

〒600-8074 京都市下京区仏光寺通柳馬場西入ル
編集部　TEL 075-352-3711　FAX 075-352-0371
営業部　TEL 075-352-3373　FAX 075-351-8301
　　　　振　替　01010-7-5702
e-mail　webmaster@kagakudojin.co.jp
URL　https://www.kagakudojin.co.jp
印刷・製本　㈱ウイル・コーポレーション

Printed in Japan　©T. Akama et al.　2014　無断転載・複製を禁ず　　ISBN978-4-7598-1705-8
乱丁・落丁本は送料小社負担にてお取りかえいたします．